Knaur.

*Im Knaur Taschenbuch Verlag sind bereits
folgende Bücher des Autors erschienen:*
Das Koch-Buch. Die unglaubliche Karriere des Roland Koch
Die Stümper. Über die Unfähigkeit unserer Politiker

Über den Autor:
Thomas Wieczorek, Jahrgang 1953, ist Journalist und Parteienforscher. Nach dem Volkswirtschaftsstudium an der Freien Universität Berlin war er bei der dpa Volontär, politischer Redakteur und Chef vom Dienst, anschließend Leiter des Baden-Württemberg-Büros von *Reuters* und Journalist bei *Bild*. Als freier Autor arbeitete er u. a. für die *Frankfurter Rundschau,* den Deutschlandfunk und den Südwestfunk, seit 1989 auch für das Satiremagazin *Eulenspiegel*. Am Berliner Otto-Suhr-Institut promovierte er über »Die Normalität der Politischen Korruption«. Das Spektrum seiner Radio- und Fernsehauftritte reicht von RBB bis Sat 1. Von Thomas Wieczorek sind bereits mehrere Bücher erschienen.

Thomas Wieczorek

Schwarzbuch Beamte

Wie der Behördenapparat unser Land ruiniert

Knaur Taschenbuch Verlag

Besuchen Sie uns im Internet:
www.knaur.de

Originalausgabe März 2007
Copyright © 2007 bei Knaur Taschenbuch.
Ein Unternehmen der Droemerschen Verlagsanstalt
Th. Knaur Nachf. GmbH & Co. KG, München
Alle Rechte vorbehalten. Das Werk darf – auch teilweise –
nur mit Genehmigung des Verlages wiedergegeben werden.
Redaktion: Marko Jacob
Umschlaggestaltung: ZERO Werbeagentur, München
Umschlagabbildung: FinePic, München
Satz: Adobe InDesign im Verlag
Druck und Bindung: Clausen & Bosse, Leck
Printed in Germany
ISBN 978-3-426-77935-4

5 4 3 2 1

»Wer während der Arbeit einschläft,
vom Bürostuhl fällt und sich dabei verletzt,
hat dann einen Arbeitsunfall erlitten,
wenn er infolge betrieblicher Überarbeitung
vom Schlaf übermannt worden ist.«

Sozialgericht Dortmund S 36 U 294 / 97

Inhalt

Vorwort 9

Einleitung 13

Teil I – Der Beamtenstaat – Fakten, Fakten, Fakten 19

Teil II – Wo kommen die Beamten eigentlich her? 27

Teil III – Die Beamten – Eine ganz besondere Spezies 55

Teil IV – Ausgewählte Berufsgruppen 145

Teil V – Die Bürokratie 207

Teil VI – Allheilmittel Privatisierung? 253

Teil VII – Was wirklich getan werden kann und muss 299

Teil VIII – Fazit 315

Danksagung 327

Literatur 329

Anmerkungen 333

Register 361

Vorwort

von Wolf-Dieter Narr

> (Fast) alle schimpfen auf sie.
> (Fast) alle brauchen sie –
> Gibt es aus der bürokratischen Lebendfalle einen Ausweg?

Bürokratie (zu Deutsch: Herrschaft des Büros) ist nahezu allseits verpönt. Eine Fülle negativer Assoziationen umkreisen sie und werden ihr dick und dicker werdend aufgeklebt. Beiwörter wie faul, inkompetent, unwirksam, teuer und ähnliche mehr muten noch harmlos an. Nicht selten mischen sich Töne ein, die menschenverachtend klingen. Der bürokratische Umgang mit Menschen berührt deren Würde, ja er scheint sie nicht selten geradezu systematisch, eben bürokratisch zu verletzen.

Wer als Ausländerin oder Ausländer mit der zuständigen Ausländerbehörde zu tun hat, wer auf Hartz-IV-Unterstützung für langfristig Arbeitslose angewiesen ist, wer heute das Privileg eines Studiums genießen will, wer sich ins Krankenhaus begeben muss und ins Geschiebe der Apparate und Zuständigkeiten kommt – jede und jeder von uns hat mehr oder minder gewichtige Erfahrungen auf dem Buckel. Sie drücken um so mehr, je weniger wir über eigene Mittel und Vergünstigungen und sei es nur als bundesdeutsche Staatsbürger verfügen. Sie drücken uns in die Abhängigkeit von abgehobenen Apparaten und denjenigen, die ihre Anforderungen vertreten. Sie drücken uns zur Ohnmacht. Sie machen aus uns Subjekte im ersten lateinischen Sinne, nämlich Unterworfene.

In Deutschland sind es meist Beamte, die den bürokratischen Apparat, die endlos erscheinenden Gänge, die Serie der numerierten Zimmer, die die in Gängen und Zimmern versteinerten Zuständigkeiten und Kompetenzen uns gegenüber vertreten. Wie der bürokratische Apparat, dem sie dienen, haben sie keinen guten Ruf, wenngleich jede und jeder von uns »ausgezeichnete Beamte« kennt, die uns gut beraten, helfen, entgegenkommen, uns einen Weg durch den Dschungel der Gesetze und das Labyrinth der bürokratischen Umsetzung derselben zeigen. Die vorherrschende Farbe der Assoziation ist grau.

Beamte treten den Bürgerinnen und Bürgern dabei nicht nur als mehr oder minder erhabene Staatsdiener gegenüber, die durch einen Herrschaftsvorsprung ausgezeichnet sind. Sie können Lebenschancen eröffnen oder vernichten und dies um so mehr, je loser die gesetzlichen Bestimmungen wie beispielsweise bei Hartz IV im Abschnitt »Fördern und Fordern« oder im Zuwanderungs-/Aufenthaltsgesetz qua Integrationsbestimmungen sind.

Beamtinnen und Beamte werden jedoch auch neidisch betrachtet. Ihr Gehalt ist immer gesichert. Um ihre Pension müssen sie sich nicht kümmern. Konjunkturflauten müssen sie nicht ängstigen. Sie sind staatsgesichert. Meist wird freilich übersehen, dass sie anders als die meisten anderen Bürgerinnen und Bürger in einem Netz positiver Sanktionen, also der genannten Vergünstigungen eingefangen sind, aber auch in gleichfalls geknüpften Maschen negativer Sanktionen, sprich eines eigenen Disziplinarrechts. Letzteres mag für viele wenig bedeuten, verhalten sie sich »von Natur« brav und anpassungswillig.

Sobald diese Staatsdiener ihre Grundrechte beispielsweise als Bürger einer Demokratie ernst nehmen, können sie in Schwierigkeiten kommen. Sie genießen nicht nur, wie es in Artikel 33 des Grundgesetzes heißt, die »hergebrachten Grundsätze des Berufsbeamtentums«. Sie sind auch in deren Rahmen gehalten, jederzeit »die Gewähr« dafür zu bieten, beidbeinig auf dem Boden der aktuellen, regierungsamtlich vertretenen Verfassungswahrheiten zu stehen. Richtig aber ist, dass in Deutschland aufgrund seiner Geschichte mehr als in den meisten vergleichbaren westlichen Staaten das alte Motto gilt: Geschlechter kommen, Geschlechter gehen, Beamtenrechte bleiben bestehen. Ein maßgeblicher Verfassungs- und Verwaltungsrechtler mit dem verwechselbaren Namen Mayer hat in der nach 1918 erschienenen Neuauflage seines Verwaltungsrechts darum auch notiert: Verfassungsrecht vergeht, Verwaltungsrecht aber besteht, so auch unerhörterweise über den Grabenbruch 1945 hinweg. Dieser Graben wird kaum bemerkt. Er wird von der Brücke massiver Kontinuität überspannt (Thomas Wieczorek widmet aus gutem Grund diesem Umstand ein Kapitel seines Buches).

Wie kommt es aber, dass solche Kontinuität dominiert: vom friderizianischen Preußen über den ausgebauten bürokratischen Koloss im autoritären 2. Deutschen Kaiserreich nach 1871 zur nationalsozialistischen Herrschaft und ihre bürokratischen Exzesse bis in die Todeslager und schließlich zur Bonner und Berliner Republik? Gerade der nationalsozialistische Extremfall hätte doch dazu führen müssen oder müsste es heute noch und erst recht tun, andere Formen der Verwaltung einzurichten. Diese müssten es wahrscheinlicher machen, dass Beamte zuerst selbstbewusste, ihre eigenen Grund- und Menschenrechte und die anderer befolgende Bedienstete öffentlicher Verwaltung sind und nicht prinzipiell technisch kompetente Herrschaftsdiener ohne eigensinnigen Kopf.

In deutscher Geschichte gilt besonders erhaben: wem Gott ein (Staats-)Amt gibt, dem gibt er auch den (Staats-)Amtsverstand. Bürokratische Verkrustungen und Lähmungen sind jedoch bei allen großen Organisationen zu beobachten. Bei öffentlichen wie etwa der EU und der UNO ebenso wie bei privaten wie etwa den großen Unternehmen. Diese Verkrustungen und Lähmungen, die, wenn nicht personenbezogene, so doch Korruption in der Sache, sprich Aufgabenverfehlungen und verprasste Milliardenkosten zur Folge haben, sind selbstredend auch in formell privaten Bürokratien zu beobachten.

Thomas Wieczoreks ernüchterndes, aber abwechslungs- und überaus informationsreich geratenes Sektfrühstück zu Beamten und Bürokratie überzeugt nicht zuletzt dadurch, dass er allem wonnevollen Privatisierungswahn wohlbegründete Riegel vorschiebt.

Nebenbei kann auf das deutsche Beamtentum und seine ambivalenten Privilegien sehr wohl und vorweg verzichtet werden. Wenn Demokratie von der Einübung in den Ungehorsam lebt, dann ist die spätabsolutistisch autoritäre Einübung des Gehorsams weit über staatliche Bürokratien hinaus, zu denen kennzeichnenderweise Schulen und Hochschulen gehören, so überholt, dass dafür keine Steigerungsform mehr gefunden werden kann. Wenn, wie gesagt, selbstbewusste Menschen und demokratische, menschenrechtlich gerichtete Formen zählten. Die Gefahren, die heute drohen, weisen in die Richtung, dass Bedingungen für alte und neue Formen der Banalität des Bösen wachsen.

Wolf-Dieter Narr
(Emeritierter Professor der Politischen Wissenschaften an der Freien Universität Berlin. Seit dem 1. April 1966 Beamter mit einem nur qua Unterschrift geleisteten Amtseid, der freilich ansonsten grundrechtswidrige Elemente enthielt)

Einleitung

In 500 Millionen Jahren schließt sich das Fenster für jedes irdische Dasein: Die Sonne wird zu heiß geworden sein und alles Leben vernichten – bis auf das deutsche Berufsbeamtentum, wie Experten vermuten. Diese Schicksalsgemeinschaft hat selbst die größten Irrungen und Wirrungen der Geschichte überstanden. Sie überlebte die Monarchie, die Weimarer Republik, den Nationalsozialismus und sogar die Entnazifizierung – die Reformversuche seit 1945 sowieso. Selbst die DDR konnte zwar das Berufsbeamtentum abschaffen, nicht aber die Beamtenmentalität.

Der Konsens der nicht beamteten bundesdeutschen Gesellschaft über das Feindbild »*Die* Beamten« ist beträchtlich:

- Beamte drehen den ganzen Tag Däumchen. Bestens bezahlt und befördert werden sie trotzdem.
- Wenn Beamte wirklich mal arbeiten, dann zu umständlich oder falsch. Sie lösen bestenfalls Probleme, die es ohne sie gar nicht gäbe.
- Beamte haben keinerlei Sorgen um ihren Arbeitsplatz und streichen später fürstliche Pensionen ein. Sie leben in einer paradiesischen Parallelgesellschaft.
- Wir können uns die Beamten finanziell nicht mehr leisten. Was für sie draufgeht, fehlt dem Staat an allen Ecken und Enden.

Ebenso einig ist man sich in der genialen Erkenntnis: »Es muss etwas geschehen.«

Aber was und – vor allem – wann?

»Nichts ist so dringend, als dass es durch Liegenlassen nicht noch dringender würde« – ausgerechnet nach dieser Beamtenweisheit scheint die Politik beim Beamtenproblem zu verfahren.

Vollmundigen Ankündigungen zu Bürokratieabbau und anderen Reformen des Staatsapparates folgen statt Taten allzu oft neue bürokratische Einfälle, die das Ganze noch weiter verkomplizieren. Doch selbst die kühlsten Analytiker und zukunftsgläubigsten Politpropheten packt bei diesem Thema mittlerweile das kalte Grausen.

Die Lage scheint mehr als bedrohlich:

- *Laufende Kosten:* Von derzeit knapp 39 Millionen Erwerbstätigen sind 1,88 Millionen (mehr als Hamburg Einwohner hat) aktive Beamte. Hinzu kommen noch rund 1,35 Millionen Pensionäre. Bei 29,8 Millionen Steuerzahlern finanzieren neun Steuerzahler einen Beamten. Für Pensionszahlungen geht schon heute fast jeder zwanzigste Euro bei Bund, Ländern und Gemeinden oder 1,6 Prozent des Bruttonationaleinkommens drauf. 2005 waren das immerhin 35,4 Milliarden Euro. Im Jahre 2050 erhalten die dann knapp 1,6 Millionen Pensionäre bis zu 149,9 Milliarden Euro.
- *Frühpensionäre:* Nur neun Prozent der Beamten erreichen die »Regelaltersgrenze« von 65 Jahren. Fast jeder zweite Pensionär ist ein Frühruheständler, davon die Hälfte wegen Krankheit. Fast zwei Drittel der Lehrer und gar neunzig Prozent der neuen Pensionäre der ehemaligen Staatsunternehmen Post, Postbank, Telekom und Bahn sind Frühruheständler. Was Wunder: Der Bund zahlt 96 Prozent der Pensionen.
- *Extrawürste:* In Zeiten der Arbeitslosigkeit sind Beamte unkündbar, in Zeiten der Altersarmut lebenslang versorgt. Und in ihrer aktiven Zeit leben sie wahrlich nicht schlecht: Sie erhalten Zulagen zumeist für selbstverständliche Leistungen. Sie zahlen nicht in die gesetzliche Krankenkasse ein und werden beim Arzt überdies bevorzugt behandelt.
- *Nebenjobs:* Viele Beamte scheinen nicht voll ausgelastet: Bis

zu zehn Prozent jobben nebenbei als Versicherungsvertreter, Taxifahrer, Detektiv oder Kellner.
- *Der Beamtenapparat:* Manche Behörden mit insgesamt zigtausend Beamten sind komplett überflüssig und verwalten sich lediglich selbst, wie etwa die Oberfinanzdirektionen, andere sind zu mindestens zehn Prozent übersetzt, wie etwa die Regierungspräsidien, oder dilettantisch organisiert. Wieder andere sind ein ständiger Quell von Skandalen oder Ungereimtheiten, allen voran die Bundesagentur für Arbeit und die Bauämter.
- *Der Amtsschimmel:* Mal ist ein Firmenschild 2 Zentimeter zu lang; mal muss ein mobiler Getränkeverkäufer seine Ich-AG trotz reißenden Umsatzes dichtmachen; mal wird von den Hygienevorschriften etwas zwingend verlangt, was nach den Unfallvorschriften streng verboten ist. Vor allem die Kleingewerbler stöhnen über die irrwitzige Formularflut. Manche Geschäftsgründung gerät so zum endlosen Paragraphenmarathon. Auch haarsträubende Fälle von bodenloser Unverschämtheit von Staatsdienern hat fast jeder schon erlebt. Obwohl der Bürger der Brötchengeber der Beamten ist, verfahren viele von ihnen nach dem Motto: »Das Beamtenleben könnte so schön sein, wenn nur der lästige Bürger nicht wäre.«

Das Beamtenproblem läuft auf drei Fragen hinaus:
1. Können wir uns das Beamtentum noch leisten?
2. Müssen wir uns jede Unverschämtheit bieten lassen?
3. Wie können wir das Verhängnis abwenden?

Um diesen Fragen systematisch auf den Grund gehen und den deutschen Beamtenstaat möglichst so zu zeigen, wie er wirklich ist, liefert Teil I des Buches die harten Fakten über den heutigen Beamtenstaat. Auch wenn dies natürlich kein *Statistisches Jahrbuch* ist, so sollten doch vorab einige Zahlen vertraut sein, die möglicherweise auch die überraschen, die am muntersten mitdiskutieren.

Teil II lässt Geschichte Revue passieren. Wir können das deutsche Berufsbeamtentum nicht verstehen und ihm nicht gerecht werden, wenn wir die Grundzüge seiner Entwicklung nicht kennen.

Teil III beleuchtet die Beamten als ganz besondere Spezies, zunächst die Pflichten der Beamten, um Treue und Hingabe, Neutralität und Verschwiegenheit, Gehorsam und nötigen Widerspruch. Die angenehme Kehrseite sind die Rechte und Privilegien: lebenslang ein gutbezahlter und vor allem sicherer Arbeitsplatz, dazu ohne eigene Beiträge soziale Sicherheit auch für die Familie, häufig Routinebeförderung statt Leistungsprinzip und jede Menge Vorteile beim Einkaufen, nur weil man Beamter ist.

Während Teil IV ausgewählte Berufsgruppen – Polizisten, Lehrer, Professoren und die »in-sich-beurlaubten« Beamten in privatisierten Unternehmen und natürlich die Beamten der Arbeitsagentur und die politischen Beamten sowie umgekehrt die Beamten in der Politik – untersucht, widmet sich Teil V der Bürokratie: Wo ist sie notwendig und wo überflüssig? Was verstehen Reformer unter Bürokratieabbau und »Deregulierung«, wie sieht die seltsame oder kriminelle »Deregulierung auf eigene Faust« aus, und ist der Sozialstaat eine Geldfrage? Und sind nicht zahlreiche Gesetze und Behörden schlicht überflüssig?

Teil VI behandelt das Allheilmittel Privatisierung, für das Beamtentum natürlich eine entscheidende Frage. Dabei liegt es nahe, zunächst die bisherigen Erfahrungen zu betrachten. Funktionieren Seniorenbetreuung und Kindergärten, Rentensystem und Gesundheitswesen, Post und Bahn, Energieversorgung und Abfallbeseitigung besser oder schlechter als vor der Privatisierung? Welche Schlussfolgerungen ergeben sich daraus für künftige Entstaatlichungen?

Teil VII schließlich versucht zu zeigen, was wirklich getan werden kann und muss. Kann man den Staat wie einen Großkonzern führen? Ist das Berufsbeamtentum erhaltenswert? Wie wichtig ist der Faktor Mensch, wie funktioniert echter Bürokratieabbau, und welche Rolle spielen Kleinunternehmen dabei?

Selbstverständlich wird auch die Frage beantwortet, ob wir uns Beamtentum und öffentlichen Dienst in seiner bisherigen oder in einer sinnvoll reformierten Form überhaupt leisten können.

Ein Ausblick auf die Reformen und die Rolle der Bevölkerung schließen das Buch ab.

Teil I

Der Beamtenstaat –
Fakten, Fakten, Fakten

Der Personalstand

Wenn Zahlen für sich sprechen, wie es so schön heißt, dann soll man sie auch sprechen lassen:

- Im öffentlichen Dienst arbeiten derzeit 4 669 872 Beschäftigte, davon 547 723 (11,73 Prozent) beim Bund, 2 116 067 (45,31 Prozent) bei den Ländern und 1 327 246 (29,81 Prozent) bei den Gemeinden. Dabei werden seit Jahren ständig Stellen abgebaut, allein von 1991 bis 2004 insgesamt knapp 1,3 Millionen.
- Davon arbeiten in den Bereichen *Politische Führung und zentrale Verwaltung* 363 607 Beschäftigte, *Auswärtige Angelegenheiten* 8452, *Verteidigung* 307 755, *Öffentliche Sicherheit und Ordnung* 438 620 (darunter Bundesgrenzschutz 39 084 und Polizei 278 826), *Rechtsschutz* 190 770 (darunter ordentliche Gerichte und Staatsanwaltschaften 130 089), *Finanzverwaltung* 256 473, *Bildungswesen, Wissenschaft, Forschung, Kultur* 1 200 073 (darunter allgemeinbildende und berufliche Schulen 925 300 sowie Hochschulen 164 042), *Soziale Sicherung* 307 802 sowie im Bereich *Gesundheit, Umwelt, Sport* 101 938 Mitarbeiter.
- 1 884 616 der Staatsdiener sind Beamte, davon 83,28 Prozent in den alten Ländern und 71,25 Prozent als Vollzeitkräfte.
- Im unmittelbaren öffentlichen Dienst[1] arbeiten 1 820 339 Beamte, davon 371 924 (20,43 Prozent) beim Bund, 1 268 256 (69,67 Prozent) bei den Ländern und 179 983 (9,89 Prozent) bei den Gemeinden. Dies sind etwa 23 Beamte pro 1000 Einwohner.
- Zum höheren Dienst gehören 391 596 (21,51 Prozent), zum gehobenen Dienst 870 360 (47,81 Prozent), zum mittleren Dienst 512 259 (28,14 Prozent) und zum einfachen Dienst 46 124 (2,53 Prozent) Beamte. Dies ist insofern wichtig, als es natürlich für

die Beamtenvertreter verlockend ist, die Einkommen der 2,5 Prozent Beamten des einfachen Dienstes als typisch vorzuschieben.
- 1 464 498 (80,45 Prozent) der Beamten sind Vollzeitbeschäftigte, und nur 690 491 (37,93 Prozent) sind Frauen, während das Verhältnis bei den 1 722 494 Angestellten mit 32,03 Prozent Männern nahezu umgekehrt ist.
- Derzeit gibt es 1 351 000 Versorgungsempfänger[2]. Davon erhalten 936 000 Personen Ruhegehälter und 415 000 Witwen- oder Waisengeld. Hinzu kommen über 2 Millionen Rentenempfänger.
- Etwa 10,5 Prozent der Haushaltsmittel gibt der Bund für Personalkosten aus, die Länder knapp 38 Prozent und die Gemeinden rund 27 Prozent.

Damit wir jedoch vor lauter Zahlen nicht gleich am Anfang die Relation verlieren: Wenn jemand zum Friseur, ins Restaurant, in die Disco, ins Konzert oder ins Kino geht, zahlt er Personalkosten. Jede Dienstleistung besteht vor allem aus Personalkosten. Auch in den Preisen der Produkte stecken Personalkosten – die Privaten liegen uns ja damit ständig in den Ohren.

Die unterschwellige Behauptung, Personalkosten im öffentlichen Dienst seien von vornherein mehr oder minder rausgeworfenes Geld, ist also ebenso geistreich wie die Feststellung, bei Aldi sei der Wein billiger als im Nobelhotel Adlon.

Die Entwicklung

Als einer der entscheidendsten Gründe für die gegenwärtigen finanziellen Engpässe wird die umfangreiche Einstellung von

Beamten in den sechziger und siebziger Jahren angesehen: Im Zusammenhang mit der Studentenbewegung und den daraus resultierenden Reformversprechen der Regierung Willy Brandt galt Bildung als hohes gesellschaftliches Gut, was zur massenhaften Einstellung neuer Staatsdiener führte. Ein übriges taten die »gestiegenen gesellschaftlichen Anforderungen« in puncto »Innere Sicherheit«:

- So gab es 1960 erst 666 000 »klassische« Beamte[3],
- 1970 schon über 902 000 und
- 1980 knapp 1,2 Millionen.

Im Zuge der Vereinigung waren es 1990 schließlich etwa 1,3 Millionen. Weniger dramatisch klingt die Entwicklung der gesamten Beamtenschaft von 1,2 Millionen 1960 über 1,4 Millionen 1970, 1,7 Millionen 1980 bis 1,8 Millionen im Jahre 1990.

Vor allem im Bildungsbereich beruhte die Verbeamtung auf der trickreichen, im nachhinein als »Milchmädchenrechnung« verharmlosten Überlegung, dass für Beamte anders als für Angestellte keine Sozialversicherungsbeiträge anfallen, sondern die gesamte Rechnung erst später in Form der Pension fällig wird. Da man dafür keine Rücklagen bildete, konnte man bei gleichen Finanzmitteln deutlich höhere Leistungen anbieten. »Insoweit hat hier die Politik einen nicht als solchen ausgewiesenen Kredit in Multimilliardenhöhe ... aufgenommen, der nun zur Bedienung ansteht.«[4]

Daraus folgt aber auch, dass es sich nicht um einen vorübergehenden »Pensionsberg« handelt. Der gegenwärtige Anstieg der Versorgungskosten bedeutet im wesentlichen nur die Rückkehr zur normalen Kostensituation.

Nun wirkt der Anstieg der Versorgungsempfänger von 1,25 Millionen im Jahre 1970 auf 1,35 Millionen im Jahre 2005 nicht sensationell. Schon eher geeignet für Schauergeschichten erscheint die Entwicklung der Versorgungsleistungen von 6,6 auf 35,4 Milliarden Euro – allerdings nur, solange man die Steigerung des Bruttonationaleinkommens von 352 auf 2300 Milliarden Euro verschweigt. Der Versorgungsaufwand ist um 536 Prozent, das Bruttonationaleinkommen um 653 Prozent gestiegen.

Der aktuelle *Dritte Versorgungsbericht der Bundesregierung* von 2005 wagt sogar eine Prognose für 2050. Man tippt auf dann 1,8 Millionen Versorgungsempfänger und bietet – je nach Anpassung der Pensionen – vier Varianten der Kostenexplosion an:

- bei 0 Prozent Anhebung vierzig Milliarden Euro,
- bei 1,5 Prozent 81,6 Milliarden,
- bei 2 Prozent 100 Milliarden und
- bei 3 Prozent Erhöhung 149,9 Milliarden Euro.[5]

Die Pensionslast für 45 Jahre im voraus zu berechnen ist allerdings eine reife Leistung. Wie hätten wohl vor 45 Jahren, also vor Mauerbau, Fotokopierer, PC und Internet, entsprechende Hellsehereien für heute ausgesehen?

Kurzum: Derlei »Prognosen« sind eine Mischung aus Lottotip und Raumschiff Enterprise.

Der Lebensstandard: Wie die Maden im Speck?

Ebenso wie die aktiven Beamten eignen sich auch die Pensionäre kaum für Berichte über Altersarmut:

- Nur 1,5 Prozent erhalten monatlich unter 1000 Euro,
- lediglich 6,8 Prozent unter 1500 und

- 25,4 Prozent unter 2000 Euro, aber
- 50 Prozent über 2500 Euro und
- immerhin 14,6 Prozent über 3500 Euro.

Weit weniger üppig sieht es für die Pensionäre von Post und Bahn aus:

- Knapp 37 Prozent erhalten weniger als 1500 und
- nur 18 Prozent mehr als 2000 Euro Ruhegehalt.[6]

Vorab sei aber schon daran erinnert, dass arm und reich relative Begriffe sind. Natürlich sind die Beamten wohlhabend im Vergleich mit Obdachlosen oder gar mit Menschen aus anderen Regionen der Erde. So richtig es ist, diese Gruppen nicht aus den Augen zu verlieren: Bei der Frage, welchen Mitgliedern der Gesellschaft wohl am ehesten Opfer zuzumuten wären, können nicht alle Bürger mit noch höheren Einkommen als denen der Beamten so einfach ausgeblendet werden.

Teil II

Wo kommen die Beamten
eigentlich her?

1. Wie das alles begann

Das Beamtentum ist eines der ältesten Gewerbe der Welt. In China gab es gelehrte Mandarine, in Ägypten Schreiber, in Rom Quaestoren und Zensoren als Steuerverwalter. Auch Byzanz und die Staaten des Orients nutzten Beamtenapparate zur Sicherung ihrer Imperien. Staatsdiener waren mit dem befasst, was wir heute »Kernbereiche« nennen: Verwaltung, Militär, Polizei, Finanzwesen und Rechtsprechung. Sogar die Verpflichtung nicht (nur) auf die Herrscher, sondern auf Gesetz und Gemeinwesen war zumindest der Anspruch der hellenischen und römischen Demokratien. Die Beamten im Rom der Kaiserzeit kannten sogar schon Hierarchien, Laufbahnen und Besoldungsstufen.

Vorläufer der heutigen Beamten waren die Fürstendiener im Europa des ausgehenden Mittelalters. Kaiser Friedrich II. verfügte 1231 eine Neuordnung des Beamtentums. Damit wurde erstmals ein Staat auf eine rein weltliche Verwaltung gestützt, deren Beamte bei guter Besoldung und geregelter Altersversorgung (statt des »Panisbriefs«[1] als Almosen), einer umfassenden Kontrolle und besonderen Gehorsamspflichten unterworfen waren.

Im Deutschland des 17. und 18. Jahrhunderts entstanden Verwaltungen nach Landsherren-Art. Die Verwaltungen der Höfe und Länder wurden voneinander getrennt und ein unabhängiges Gerichtswesen geschaffen. An den neuen Universitäten wurden nach dem Beispiel von Neapel Untertanen zu Beratern und Beamten der Fürsten ausgebildet. Nach dem Studium bezogen sie feste Einkünfte und waren durchaus Vorläufer der heutigen Beamten. Die Bezeichnung »Fürstendiener« weist darauf hin, dass sie in den sozialen Auseinandersetzungen stets treu auf der Seite ihrer Herren standen. Der Titel »Beamter« für den Leiter landesherrlicher Ämter verbreitete sich seit Anfang des 18. Jahrhunderts.

Im Absolutismus allerdings wurde der Machtzuwachs dieser Herrschaften den Herrschern bald zum Ärgernis. Die deutschen Fürsten wollten fähige, uneigennützige und vor allem unbestechliche Amtleute.

Die Einführung des Beamtentums in die Ständegesellschaft des Mittelalters glich einer Revolution. Schließlich wollten sich die regierenden Adelsstände nur ungern verdrängen lassen.

Als Vater des deutschen Berufsbeamtentums gilt Friedrich Wilhelm I. von Preußen, der »Soldatenkönig« (1713–1740). Er berief ausgediente Soldaten zu Beamten und schuf die Treuepflicht als ziviles Pendant zum Gehorsam bei Militär: Die Beamten sollten ihrem König mit voller Hingabe dienen.

Er war es auch, der Rangordnungen und Prüfungen einführte und vor allem Pflichtbewusstsein, Sachkenntnis und Unbestechlichkeit verlangte: Das »Beamtenethos« war geboren. Da Friedrich Wilhelm I. als Beamte qualifizierte Bürgerliche bevorzugte und dies die Position des Bürgertums insgesamt stärkte, sahen die Adligen das Beamtentum zu Recht bald als eine Gefahr.

Und tatsächlich erwiesen sich die ersten preußischen Beamten als »eine kleine Revolutionstruppe«[2], die einen vielfach korrupten und inkompetenten Landadel verdrängte. Dieser Aufstieg in die Spitzen der sozialen Hierarchie galt allerdings nicht für die schlecht ausgebildeten und bezahlten unteren Ränge, sondern nur für die universitätsgebildete hohe Beamtenschaft.

Gegen verbliebene Extrawürste aus aristokratischer Herkunft setzte sie das bürgerliche Leistungsprinzip. Sie wollte »so dastehen wie der Adel, ihr gehasstes und geliebtes Vorbild«.[3]

Dem trug zunächst Friedrich II. von Preußen durch das »Preußische Allgemeine Landrecht« von 1794 Rechnung, das erstmals die Dienstverhältnisse von Beamten regelte. Wichtigste Grundsätze waren Qualifikationsnachweis, lebenslanges Beamtenverhältnis und Schutz vor willkürlicher Entlassung. Umgekehrt schuldete der Beamte dem Monarchen persönlich Treue und Gehorsam. Auch wurden dem Geburtsadel die Spitzenpositionen im Staat noch garantiert.[4]

Ende des 18. Jahrhunderts veränderten sich unter dem Einfluss der Französischen Revolution und der napoleonischen Fremdherrschaft die politischen Strukturen.

Nicht mehr der Monarch verkörperte den Staat, und Staatszweck war nicht mehr das Wohlergehen des Herrschers. Oberste Instanz wurde der Staat an sich, und er sollte nach Lesart der Herrschenden Wohlfahrt und Sicherheit seiner Bürger garantieren. Der Regent wurde zum Staatsoberhaupt, der Fürstendiener zum Staatsdiener.

Nun avancierte die hohe Beamtenschaft zur »politischen Klasse ... zur eigentlich staatstragenden Schicht«[5] und zum Vorkämpfer sozialer und politischer Modernisierung.

Fortan schufen sich die Staatsdiener – gleichsam als Gegenleistung für die Pflichten – ihre Privilegien selbst, so etwa mit der bayerischen »Hauptlandespragmatik über die Dienstverhältnisse der Staatsdiener« von 1805, bis heute Vorbild für alle Beamtengesetze. Glanzlicht war neben der Unkündbarkeitsgarantie das lebenslange Einkommen, und zwar nicht nach Leistung, sondern nach Unterhaltskosten: Je nach Rang erhielt der Beamte Geld für eine »standesgemäße Lebensführung«. Hinzu kamen Inflationsausgleich, bezahlter Urlaub und Gehaltsfortzahlung bei Krankheit, all das, was 200 Jahre später trotz unermesslichen Produktivitätszuwachses wegen angeblicher Unbezahlbarkeit auf dem Prüfstand steht.

Es folgten die Verwaltungsreformen durch Heinrich Friedrich Karl Freiherr vom und zum Stein und Staatskanzler Karl August Fürst von Hardenberg (1810–1822) – mangels einer regulären Verfassung eine Art Ersatzverfassung. Entsprechend lästerte Karl Marx 1843: »... die Bürokratie ist der Staat, der sich wirklich zur bürgerlichen Gesellschaft gemacht hat«[6], und für den Historiker Barthold Georg Niebuhr (1776–1831), selbst preußischer Gesandter am Heiligen Stuhl, beruhte die Freiheit mehr »auf der Verwaltung als auf der Verfassung«[7].

Allerdings hatte die Schaffung des Rechts- und Verwaltungsstaates auch eine eigennützige Seite: Je wirkungsvoller gegen königliche Willkür, je freiheitlicher und demokratischer im Geiste der Aufklärung er agierte, desto mehr stärkte er die Macht der Beamten: Sie wurden zur Staats- oder Regierungspartei.

Die Gegenleistung allerdings, die vorbehaltlose Loyalität gegenüber Staat und König, passte nicht jedem: Heinrich Simon, im Jahre 1849 Präsident der deutschen Nationalversammlung, gab 1844 wegen der Einführung des Disziplinarrechts in Preußen die Beamtenlaufbahn auf: »Ich trete ab als Beamter, um Bürger bleiben zu können.«[8]

In dem Maße, wie die Beamten aufgrund ihrer zahlreichen Privilegien eine Menge zu verlieren hatten, rannten die preußischen Machthaber mit ihrer Forderung nach mehr oder minder blinder und skrupelloser Treue offene Türen ein. Was sollten ihnen humanistisch und sozial ausgerichtete Parteien und Bewegungen noch an persönlichem Vorteil bringen? So wurden sie aus Vorreitern des rechtsstaatlichen demokratischen Fortschritts zu willfährigen Dienern einer autoritären obrigkeitsstaatlichen Politik im Dienste der Reichen und zu Lasten der Armen.

Nun hieß es: »Ein Beamter ist immer im Dienst« – also auch nach Feierabend und rund um die Uhr. Folglich waren Nebentätigkeiten verboten. Pflicht für den höheren Dienst war zudem eine akademische Ausbildung, die schrittweise zum *Juristenmonopol*[9] wurde.

Leider galten die Privilegien aber nur für zehn bis fünfzehn Prozent der Staatsdiener; daher forderte auch der riesige Rest eine Verbeamtung und damit Pensionsanspruch und Unkündbarkeit. Dies war der erste Grund für die meerschweinchenhafte Vermehrung der preußischen Beamten von 150000 im Jahr 1858 bis auf 947000 im Jahr 1907. Der zweite war die Verstaatlichung neuer Dienstleistungsbranchen wie Post, Bahn, Bildung und Armenfürsorge.[10] Der dritte und nicht unwichtigste Grund aber war – ähnlich wie bei den Sozialistengesetzen – die Überlegung, mit sozialem Entgegenkommen den Linksradikalen bei den kleinen Leuten das Wasser abzugraben. Wobei sich die Sozialleistungen in Grenzen hielten: Pensionen gab es erst ab 1867, und zwar ohne jede Altersgrenze – der Ruhestand ab 65 Jahren wurde ja erst in der Weimarer Republik eingeführt. Die Beamten mussten buchstäblich schuften, bis sie tot umfielen, und Witwenpensionen gab's erst ab den achtziger Jahren des vorletzten Jahrhunderts.

Andersdenkende hatten freilich unter Bismarck im öffentlichen Dienst nichts zu suchen; sie wurden nicht befördert, flogen raus oder kamen gar nicht erst rein. »Reichsfeinde« – offenbar die Vorfahren der heutigen »Verfassungsfeinde« – waren nationale Minderheiten und Katholiken ebenso wie Republikaner, Sozialisten und Linksliberale. Und natürlich – aufgrund ihrer »traditionellen Diskriminierung« – die Juden.

Mit dem Ende des Ersten Weltkrieges wurde die Beamtenschaft aber erst richtig »staatstragend«. Noch im Oktober 1918 glänzten ihre Standesvertreter mit monarchistischen Durchhalteparolen, bevor Kaiser Wilhelm II. sie am 19. November 1918, neun Tage vor seiner Abdankung, feierlichst vom Treueeid entband. Dennoch schafften neunzig Prozent von ihnen den Sprung in die nächste Gesellschaftsordnung.

Nunmehr, in der Weimarer Demokratie, wurden die Beamten nur noch auf den Staat vereidigt – und fürchteten erst recht um ihre Privilegien. Und da sie »das Beamtenrecht nicht politisch, sondern nur sozialpolitisch – als Privilegierung – sahen«[11], konnte sie auch das Neutralitätsgebot nicht schrecken. Wie die meisten

Herrschenden zu aller Zeit betrachteten auch die Weimarer Herrscher ihre untergebenen Gesinnungsgenossen als »neutral«, die Mitglieder von SPD oder Zentrum dagegen als »Parteibuchbeamte.«[12]

In einer solchen Atmosphäre war an Republikanisierung der Beamtenschaft nicht zu denken, im Gegenteil. Seit der Bildung des »Kabinetts der nationalen Konzentration«, das Reichskanzler Franz von Papen am 1. Juni 1932 nicht zufällig vor allem aus adligen Beamten ohne politisches Mandat zusammenstellte, und der faktischen Gleichschaltung Preußens am 20. Juli 1932 wird die Beamtenschaft durch Entlassung und Frühpensionierung aller auch nur ansatzweise republikanischer Geister dermaßen auf antidemokratischen Kurs gebracht, dass selbst Joseph Goebbels in seinem Tagebuch staunt, »dass für uns fast nichts mehr zu tun übrig bleibt«.[13]

2. Die Nazizeit

Dieses »fast nichts« erledigte Hitlers am 30. Januar 1933 von Reichspräsident Paul von Hindenburg ganz legal eingesetztes und ebenfalls so genanntes »Kabinett der nationalen Konzentration«[14] mit dem »Gesetz zur Wiederherstellung des Berufsbeamtentums« vom 7. April 1933. Der Staatsdienst wurde nun endgültig von Juden, Kommunisten, Sozialdemokraten und von vielen Zentrumsanhängern »gesäubert«. Sehr geschätzt waren dagegen die Deutschnationalen.

Hordenweise traten sie seit März 1933 der NSDAP bei, so dass die Beamtenschaft bald zu achtzig Prozent aus Parteigenossen bestand. Entsprechend konnten die neuen Machthaber den Diensteid, der noch am 2. Dezember der »Treue zu Volk und Vaterland« galt, am 20. August 1934 im Vereidigungsgesetz für Beamte und Soldaten in einen persönlichen Schwur auf Adolf Hitler umwandeln. Damit verlor der Beamte jegliche persönlichen Rechte zugunsten eines vordemokratischen Gefolgschaftsverhältnisses.

Den juristischen Höhepunkt setzte das *Deutsche Beamtengesetz* vom 26. Januar 1937 mit dem Schwerpunkt Lebensstellung gegen unbedingten Gehorsam und Treue gegenüber Hitler »bis zum Tode«.

Der Historiker Martin Broszat macht dabei zwei gegenläufige Strömungen aus. Die eine hoffte auf ein Ende ständig wechselnder Richtungen und Regierungen und einen – in diesem Fall eben nationalsozialistischen, aber was soll's – einheitlichen, langfristigen Staatswillen. Dadurch wollte man unter Zurückdrängen der Adelsvorteile und des Juristenmonopols zugunsten eines pragmatisch orientierten Leistungsprinzips vom subalternen Befehlsempfänger zum neuen Typ des »Verwaltungsführers« aufsteigen. Die andere Strömung bestand aus alten Kämpfern und Funktionären der NSDAP, die im Beamtentum einen die NS-Herrschaft behindernden »Staat im Staate« sahen und durch »Säuberungen« eine Kontrolle über »die Beamten« anstrebten und letztlich die Oberhand gewannen.

Folglich klappte es für die traditionellen »wertneutralen« Duckmäuser mit der Karriere immer schlechter. Auf der Überholspur drängten sich zusehends Aufsteiger aus dem Propagandaministerium, dem SS-Apparat oder anderen sogenannten »sekundären Bürokratien«.[15] Anders als die alteingesessenen Beamten selbst sah Hitler die Verwaltung nie als Selbstzweck, was bei den »pflichtbewussten« Bürokraten als »bürokratiefeindlich« herüberkam.

Allerdings mangelte es der NSDAP schlicht an qualifiziertem Nachwuchs. So waren 1935 laut Parteistatistik von 2228 städtischen Oberbürgermeistern und Bürgermeistern nur 47 Prozent Altparteigenossen[16], von den 49 443 Gemeindebürgermeistern gar nur 19,3 Prozent. Dass insgesamt der Anteil der Altparteigenossen unter den höheren Beamten stetig zurückging, der Anteil aller NSDAP-Mitglieder aber anstieg, zeigt: Die Beamtenschaft »hatte verstanden«.

3. Die Nachkriegszeit

Selbstverständlich waren mit der Naziherrschaft auch die Beamtenverhältnisse beendet. Damit schien es möglich, den braunen Sumpf trockenzulegen und auch mit diesem monströsen Staat im Staate aufzuräumen. Notwendig war es allemal: Immerhin hatten alle Beamte Adolf Hitler persönlich die Treue geschworen; und auch der Holocaust mit der Ermordung von sechs Millionen Juden wäre ohne die gründliche, zuverlässige und aufopferungsvolle Beteiligung der Beamtenschaft ebenso undenkbar gewesen wie der barbarische Angriffskrieg mit weltweit über 55 Millionen Toten.

Deshalb waren sich die Alliierten sofort einig, den Nationalsozialismus aus dem Leben und aus den Köpfen der Deutschen ein für allemal zu streichen.

Im Potsdamer Abkommen vom August 1945 hieß es dazu ganz präzise:

> »Alle Mitglieder der nazistischen Partei, welche mehr als nominell an ihrer Tätigkeit teilgenommen haben, und alle anderen Personen, die den alliierten Zielen feindlich gegenüberstehen, sind aus den öffentlichen oder halböffentlichen Ämtern und von den verantwortlichen Posten in wichtigen Privatunternehmungen zu entfernen. Diese Personen müssen durch Personen ersetzt werden, welche nach ihren politischen und moralischen Eigenschaften fähig erscheinen, an der Entwicklung wahrhaft demokratischer Einrichtungen in Deutschland mitzuwirken.«[17]

Leider wurde die Entnazifizierung entgegen den Potsdamer Beschlüssen in den einzelnen Besatzungszonen mit unterschiedlicher Härte durchgesetzt.

Sowjetische Besatzungszone (SBZ)

Die Entnazifizierung in der Sowjetischen Zone war mit einem grundlegenden gesellschaftlichen Umbau verbunden und wurde am schnellsten und radikalsten durchgeführt. Das bisherige Beamtentum wurde etappenweise völlig beseitigt.

Die Entnazifizierung in der Ostzone galt seit dem 26. Februar 1948 als abgeschlossen. Insgesamt wurden von 1945 bis 1948 zirka 520 000 Nazis aus der Verwaltung und Wirtschaft, 20 000 Lehrer und über 80 Prozent aller Justizbeamten (Richter, Anwälte) irreversibel aus Ämtern entfernt und teilweise in Lagern interniert. Die hierdurch entstandenen Engpässe nahm man dabei bewusst in Kauf, denn man konnte die freien Posten bald wieder mit jüngeren, in der UdSSR geschulten Menschen besetzen. Dass nach einigen Quellen Mitte der fünfziger Jahre die Anzahl ehemaliger Nazis in der SED je nach Bezirk zwischen 15 und 50 Prozent gelegen habe[18], sei am Rande erwähnt.

Französische und britische Zone

Franzosen und Briten legten in ihren Zonen eine laxere Gangart an den Tag. Eine Entnazifizierung fand hier nur in sehr begrenztem Umfang statt und konzentrierte sich hauptsächlich auf die schnelle Auswechslung der Eliten.

Amerikanische Zone

Anfangs betrieb die US-Militärregierung die Überprüfung äußerst gründlich und darum mit riesigem bürokratischem Aufwand. Aber schon mit dem »Befreiungsgesetz«[19] vom 5. März 1946 überließ sie die Entnazifizierung faktisch den Deutschen selbst: Der Ministerpräsident sollte einen Minister für politische Befreiung ernennen, der wiederum eine Meldepflicht für alle

Deutschen über 18 Jahre organisieren und sie einen Fragebogen mit 131 Detailfragen zur beruflichen und politischen Vergangenheit beantworten lassen musste.

Anhand dieser Fragebogen entschieden nun ebenfalls vom Befreiungsminister zusammengestellte »unabhängige« Laiengerichte, die Spruchkammern, über die Einstufung als »Kriegsverbrecher und Personen, die möglicherweise gefährlich werden können«.[20]

Dies geschah in fünf Hauptgruppen: 1. Hauptschuldige, 2. Belastete (Aktivisten, Militaristen und Nutznießer), 3. Minderbelastete (Bewährungsgruppe), 4. Mitläufer und 5. Entlastete.

- *Hauptschuldige* Regierungsbeamte[21] waren unter anderem alle politischen Beamten einschließlich Reichsminister, Staatsminister, Staatssekretäre, Reichsstatthalter; Botschafter und Gesandte, Beamte abwärts bis zum Ministerialdirektor, Reichsbevollmächtigte, Reichskommissare, Generalinspekteure, alle Richter, Oberreichsanwälte und Staatsanwälte des Volksgerichtshofs, Präsidenten der Oberlandesgerichte[22], Oberreichsanwälte, Reichsanwälte, Generalstaatsanwälte[23] sowie alle seit 1938 ernannten Universitätsrektoren.
- *Belastete* Regierungsbeamte waren alle Ministerialräte und Attachés des auswärtigen Dienstes, alle Beamten des höheren Dienstes, die nach dem 1. April 1933 außerplanmäßig und außer der Reihe und ohne die fachliche Eignung zu besitzen in den höheren Dienst befördert wurden; außerdem alle Mitglieder des Deutschen Reichstags oder des Preußischen Staatsrats seit 1. Januar 1934, alle Beamten des Reichsministeriums für Volksaufklärung und Propaganda, des höheren Dienstes im Reichsministerium für Rüstung und Kriegsproduktion, im Kirchenministerium, die Oberfinanzpräsidenten, Regierungspräsidenten, Landräte und Bürgermeister, Präsidenten und Oberstaatsanwäl-

te an Landgerichten, Personalreferenten der Gerichte sowie seit dem 31. Dezember 1933 ernannte Senatspräsidenten und Vizepräsidenten beim Reichsgericht, außerdem generell die unteren Chargen der NS-Organisationen, alle NSDAP-Mitglieder vor dem 1. Mai 1937, alle Mitglieder der SS und Waffen-SS sowie hohe Berufsoffiziere nach 1936.

Hauptschuldige und Belastete sollten »kein öffentliches Amt bekleiden« dürfen, also aus der Beamtenschaft verschwinden, außerdem alle Pensionsansprüche verlieren. Minderbelasteten drohte »Kürzung des Ruhegehalts, Versetzung in den Ruhestand oder in ein Amt mit geringerem Rang oder in eine andere Dienststelle unter Kürzung der Bezüge, Rückgängigmachung einer Beförderung, Überführung aus dem Beamtenverhältnis in ein Angestelltenverhältnis«.

Bei Mitläufern unter den Beamten konnte »Versetzung in den Ruhestand oder in ein Amt mit geringerem Rang oder an eine andere Dienststelle, gegebenenfalls unter Kürzung der Bezüge oder Rückgängigmachung einer während der Zugehörigkeit zur NSDAP erlangten Beförderung« angeordnet werden.

All dies diente dem Ziel, »die Ausschaltung des Nationalsozialismus und Militarismus aus dem Leben des deutschen Volkes und die Wiedergutmachung des verursachten Schadens zu erzielen«.

Am 30. Juni 1949, kurz nach Gründung der Bundesrepublik Deutschland, präsentierte die amerikanische Militärregierung ihre Entnazifizierungsbilanz, nach der 99,8 Prozent aller Fälle abgeschlossen waren. Die Zahl der nach dem »Gesetz zur Befreiung von Nationalsozialismus und Militarismus« erfassten Personen belief sich auf über 13 Millionen. In den Besatzungszonen der drei Westmächte befassten sich die Behörden mit insgesamt 3 660 648 Fällen. Dabei ermittelten sie 1667 Hauptschuldige, 23 060 Belastete, 150 425 Minderbelastete und 1 005 874 Mitläufer. Ein Entlastungszeugnis erhielten 1 213 873 Personen.

»Je länger sich in den Westzonen die Verfahren hinschleppten, desto mehr mutierten die Spruchkammern zu wahren ›Mitläufer‹-Fabriken. Wechselseitig stellten sich alte Nazis ›Persilscheine‹ aus und schafften es millionenfach, sich als verführte Unschuldige aus der Affäre zu mogeln. Allein in Bayern wurden mehr als 2,5 Millionen solcher Gefälligkeitsschreiben verfasst. Im Durchschnitt brachte jeder Beschuldigte fünf ›Unbedenklichkeitsbescheinigungen‹ bei.«[24]

Grund für dieses milde Praxis und ihre Duldung durch die Alliierten war die Weltpolitik: Im Frühjahr 1948 erreichten der Kalte Krieg und der Antikommunismus auch die Entnazifizierung. Nicht mehr der eigene Anteil an den barbarischen Verbrechen Hitlerdeutschlands schien der Gradmesser zu sein, sondern die Position im Kampf »Freiheit oder Sozialismus«[25].

Noch aus einem zweiten Grund führte das Kriegsende keineswegs zur anfangs geplanten vollständigen Abrechnung mit dem NS-Regime: Zu tief und zu massenhaft hatte sich die deutsche Gesellschaft in den Nationalsozialismus verstrickt und sich zum Komplizen von Rassenwahn, Völkermord und Vernichtungskrieg gemacht, als dass man nun zwischen Regime, Staat und Volk eindeutig hätte trennen können. Schließlich hatten die Deutschen das NS-Regime ja nicht selbst gestürzt, sondern mussten von Alliierten militärisch befreit werden.[26]

Bei Kriegsende führte die NSDAP-Kartei 6,5 Millionen Mitglieder[27]. Vor allem die Staatsdiener waren eng mit der Nazi-Herrschaft verbunden. Über 65 Prozent der Beamten, mehr als achtzig Prozent aller Richter und Justizbeamten waren Parteigenossen. Der NS-Lehrerbund meldete 491 000, der Ärztebund 72 000 Gefolgsleute. Es war die breite deutsche Mitte, die sich Hitler und seiner Politik verschrieben hatte.

Dies darf aber nicht darüber hinwegtäuschen, dass Mitläufer nicht etwa »ehrbare Leute« waren, sondern erbärmliches Gesindel, für das auch aufrechte Antifaschisten wie Hermann Hesse und Luise Rinser nicht viel übrig hatten.

Der große Rest der Westdeutschen aber konnte sich als völlig unschuldig fühlen, zumal man sich ja auf irgendwelche Befehle herausreden konnte.

Besonders die Beamtenschaft verfuhr nach der Methode »Frechheit siegt«. Nicht nur, dass niemand irgend etwas gewusst oder gar getan haben wollte – man war sogar politisch unterdrückt, wenn nicht sogar antifaschistischer Widerstandkämpfer.

Tatsächlich hielt Hitler recht wenig von seinen Staatsdienern.[28] Grund war aber natürlich nicht deren mangelnde NS-Gesinnung – dann wäre er wohl anders mit ihnen verfahren –, sondern seine sprichwörtliche Aversion gegen Verwaltung und Bürokratie. Dies wiederum verdrehten einige Beamtenführer nach dem Krieg in Verfolgung durch das Naziregime und pochten auf Wiederherstellung ihrer vormaligen Rechte.

Mit Erfolg: Wegen der vermuteten strammen »antikommunistischen Grundhaltung« der auf Hitler vereidigten Beamtenschaft und ihrer vermeintlichen fachlichen Unersetzbarkeit griffen die westlichen Alliierten beim Wiederaufbau der Verwaltung gern auf das alte Berufsbeamtentum zurück. So regenerierte es sich, noch bevor die Entnazifizierungsmaßnahmen gegriffen hatten und es funktionierende Parteien oder Wahlen gab – und stellte sich einmal mehr als politische Klasse dar.[29]

Dass es sich bei diesen »unersetzlichen Fachleuten« fast ausschließlich um Nazi-Beamtenschaft handelte, gab auch der damalige Bundeskanzler Konrad Adenauer unumwunden zu: »Wer kein sauberes Wasser hat, sollte schmutziges Wasser nicht wegschütten.«[30]

Letzteres ergoss sich wie eine Sturmflut über Nachkriegsdeutschlands öffentlichen Dienst.

- Laut amerikanischer Militärregierung waren 41,5 Prozent der Beamten der Bayerischen Staatsregierung nicht unbelastet.
- In Württemberg-Baden stellten im Frühjahr 1948 ehemalige NSDAP-Mitglieder 44,3 Prozent der Beamten des gehobenen und 41,2 Prozent des höheren Dienstes.[31]
- Und nach Erkenntnissen des Rechtshistorikers Bernd Diestelkamp[32] waren in der britischen Zone schon 1948 fast ein Drittel der Gerichtspräsidenten und bis zu neunzig Prozent der Landgerichtsdirektoren und Landgerichtsräte frühere NSDAP-Mitglieder.

Dies wurde offenbar auch den Besatzungsbehörden der Bizone zu viel des Althergebrachten. Mit dem Militärgesetz Nr. 15 vom 15. März 1949 versuchten sie, noch vor Inkrafttreten des Grundgesetzes das Ruder herumzureißen: Anstelle des Treueeids war lediglich eine Verpflichtungserklärung vorgesehen, das Juristenmonopol sollte fallen, und unfähige oder faule Beamte sollten degradiert und entlassen werden können. Vor allem aber sollten sie ihren Beamtenstatus aufgeben, bevor sie sich politisch betätigten. Ebenso geplant war die Beseitigung der dienstrechtlichen Unterschiede zwischen Beamten und Angestellten.[33]

Dieses ärgerliche Militärgesetz Nr. 15 war aber mit der Zustimmung der Alliierten zum Grundgesetz im Frühjahr 1949 vom Tisch.

Kernstück der Restauration der nationalsozialistischen Beamtenschaft in der neugeborenen Bundesrepublik waren der Artikel 131 des Grundgesetzes (siehe Kasten) und das *131er-Gesetz*[34], das den meisten NS-Beamten die Wiedereinstellung garantierte.

Der Artikel 131 des Grundgesetzes lautet:

»Die Rechtsverhältnisse von Personen einschließlich der Flüchtlinge und Vertriebenen, die am 8. Mai 1945 im öffentlichen Dienste standen, *aus anderen als beamten- oder tarifrechtlichen Gründen ausgeschieden*[35] sind und bisher nicht oder nicht ihrer früheren Stellung entsprechend verwendet werden, sind durch Bundesgesetz zu regeln. Entsprechendes gilt für Personen einschließlich der Flüchtlinge und Vertriebenen, die am 8. Mai 1945 versorgungsberechtigt waren und aus anderen als beamten- oder tarifrechtlichen Gründen keine oder keine entsprechende Versorgung mehr erhalten...«

Wer aber war »*aus anderen als beamten- oder tarifrechtlichen Gründen ausgeschieden*«, wenn nicht belastete Nationalsozialisten?

Alle öffentlichen Verwaltungen mussten mindestens zwanzig Prozent ihrer Stellen an zwischenzeitlich arbeitslose und nicht gerade als »Haupttäter« eingestufte NS-Staatsbüttel vergeben.

Damit hatten sich NSDAP-Mitgliedschaft und Verstrickung in Naziverbrechen – denn natürlich meinte das *131er-Gesetz* auch die als »belastet« entlassenen Beamten – von einem Nachteil in einen Vorteil verwandelt. Mehr als eine halbe Million Altnazis kamen auf dem 131er-Ticket wieder in den Staatsdienst.

Zwar stieß bei den Hohen Kommissaren[36] der Alliierten eine derart schwungvolle »Renazifizierung«[37] auf wenig Gegenliebe. So erinnerten sie die Bundesregierung noch am 12. September 1949, »dass das Militärregierungsgesetz Nr. 15 betreffend die Funktionen und Organisationen der bizonalen Beamten auf die Bundesebene anzuwenden sei«.

Aber das konnte der Mehrheit des kurz zuvor, am 14. August

1949, gewählten Bundestages herzlich egal sein – die Musik spielte längst woanders, auf der Bühne der Weltpolitik. Man war ja jetzt Vorposten des Freien Westens im Kalten Krieg und hatte den hübschen Vergleich der Nazis mit den schneidigen, patriotischen und gottesfürchtigen US-Republikanern noch im Kopf.

So konnte Konrad Adenauer schon am 20. September 1949 in seiner Regierungserklärung die Hohen Kommissare düpieren:

> »Wir werden das Beamtenrecht neu ordnen müssen. Wir stehen grundsätzlich und entschlossen auf dem Boden des Berufsbeamtentums. Durch die Denazifizierung ist viel Unglück und viel Unheil angerichtet worden. Die wirklich Schuldigen an den Verbrechen, die in der nationalsozialistischen Zeit und im Kriege begangen worden sind, sollen mit aller Strenge bestraft werden. Aber im übrigen dürften wir nicht mehr zwei Klassen von Menschen in Deutschland unterscheiden: die politisch Einwandfreien und die Nichteinwandfreien. Diese Unterscheidung muß baldigst verschwinden.«[38]

Im Jahr 1952 wurde er noch deutlicher: Man solle »mit der Nazi-Riecherei Schluss machen«.[39]

Nicht zufällig war eines der ersten Gesetze, das der Deutsche Bundestag 1949 erließ, das einstimmig verabschiedete Amnestiegesetz. Dem folgte 1954 die zweite Bundesamnestie, nach der die große Mehrheit der verurteilten NS-Täter begnadigt und die Urteile aus dem Strafregister gelöscht wurden.

- Das Straffreiheitsgesetz vom 31. Dezember 1949 amnestiert alle vor dem 15. September dieses Jahres begangenen Taten, die mit Gefängnis bis zu sechs Monaten beziehungsweise bis zu einem Jahr auf Bewährung bestraft werden können.
- 1951 folgt das Gesetz zum Grundgesetz-Artikel 131, das die

Rückkehr von belasteten Angehörigen des öffentlichen Dienstes auf ihre alten Stellen ermöglicht.
- Das Straffreiheitsgesetz vom 17. Juli 1954 stellt eine Amnestie für jene Delikte in Aussicht, die mit Strafen bis zu drei Jahren belegt sind – so etwa für vorsätzliche Tötung bei mildernden Umständen.
- 1955 treffen die Bundesregierung und die Alliierten eine Vereinbarung, wonach Verfahren gegen Personen ausgeschlossen sind, die bereits von alliierten Gerichten verurteilt worden sind. Auf diese Weise bleiben NS-Täter von weiterer rechtlicher Verfolgung verschont – selbst wenn gegen sie neues Material vorliegt.

Mit einer Änderung des Deutschen Beamtengesetzes von 1937, dem »Gesetz zur vorläufigen Regelung der Rechtsverhältnisse der im Dienst des Bundes stehenden Personen« vom 17. Mai 1950[40], vollzieht der Gesetzgeber nun auch juristisch die Rückkehr zum »bewährten« Berufsbeamtentum.

Besonderes Augenmerk verdient der Umstand, dass man eines der schlimmsten Gesetze der Nazizeit nicht etwa ein für alle Male abschaffte, sondern in geänderter Form einfach übernahm, was auch ohne viel Bosheit als Realisierung des Spruchs »Bei Adolf war auch nicht alles schlecht« gewertet werden kann. Erst am 14. Juni 1953 bequemte man sich dazu, das Nazigesetz durch das Bundesbeamtengesetz (BBG) zu ersetzen, das am 1. Juli 1957 durch das Beamtenrechtsrahmengesetz (BRRG) für die Landesgesetzgebung ergänzt wurde.

Der Fisch stinkt vom Kopfe her

Nun wurde rehabilitiert, was die Naziverbrecher-Kartei hergab.

Der Fisch stinkt vom Kopfe her, hier also von der Bundesregierung und der Spitzenbürokratie.

Sieht man einmal vom genialsten Coup der Restauration ab, der Installierung des früheren Nationalsozialisten Kurt Georg Kiesinger[41] als Kanzler ausgerechnet einer großen Koalition (1966–1969), so ging auch Bundeskanzler Konrad Adenauer schon von Anfang an in die vollen. Namen alter Hitler-Schergen wie der des Bundeskanzleramts-Chefs Hans Globke, des Bundesministers Theodor Oberländer sowie der Staatssekretäre Friedrich Karl Vialon, Franz Thedieck, Alfred Hartmann, Hans Ritter von Lex und Ludger Westrick, aber auch die von Ministerialdirektor Walter Roemer und Ministerialrat Franz Massfeller lassen noch heute rechtsextreme Herzen höher schlagen.

Anfang der fünfziger Jahre waren laut aktuellen Studien knapp ein Drittel der Bundesbeamten frühere NSDAP-Mitglieder. Im Bundesinnenministerium sollen es sogar über vierzig Prozent gewesen sein.[42]

Und da in einem Rechtsstaat die Jurisdiktion im Wortsinne die letzte Instanz ist, wurde zum Beispiel der Bundesgerichtshof (BGH) zu etwa achtzig Prozent mit ehemaligen NS-Richtern besetzt.

Wen wundert es da, dass auch etwa 800 Sonder- und Kriegsrichter der Wehrmacht, die etwa 30 000 Todesurteile gefällt hatten, in der bundesdeutschen Nachkriegsjustiz unterkamen.

Im Grunde war eine gründliche Säuberung der Juristenschaft gar nicht beabsichtigt. Es »zeichnete sich die Tendenz ab, NS-Verbrecher immer häufiger als Gehilfen statt als Täter zu qualifizieren«.[43]

Allerdings brandmarkt der Bundesgerichtshof in seinem Urteil vom 16. November 1995 die Wehrmachtsjustiz als eine »Blutjustiz«, deren Richter sich »wegen Rechtsbeugung in Tateinheit mit Kapitalverbrechen hätten verantworten müssen«. Dass der BGH seinerzeit jedwede Anklage gegen NS-Blutrichter erstickt hatte, sei ein »folgenschweres Versagen bundesdeutscher Strafjustiz ... Eine Vielzahl ehemaliger NS-Richter hätte wegen Rechtsbeugung in Tateinheit mit Kapitalverbrechen zur Verantwortung gezogen werden müssen.« In Wahrheit sei kein einziger NS-Jurist wegen »willkürlichen Tötens unter dem Vorwand eines justizförmigen Verfahrens« bestraft worden.[44]

Die damalige Rechtsprechung handelte offenbar nach der Devise, was in Hitlers Schreckensherrschaft legal gewesen sei, könne heute nicht Unrecht sein – ansonsten hätten sich die meisten der erfolgreich in der bundesdeutschen Justiz und Politik angekommenen NS-Richter ja selbst belasten müssen.

Wie Hitlers Jurist Hans Filbinger zum Beispiel, von 1933 bis 1936 Mitglied des Nationalsozialistischen Deutschen Studentenbundes (NSDStB), von 1934 bis 1937 in der SA, ab 1937 in der NSDAP. 1939 (!) macht er seinen Doktor, 1940 wird er zur Marine eingezogen und 1943 zur Militärjustiz abkommandiert, wo er als Staatsanwalt und Richter an mehreren Todesurteilen mitwirkt. 1951 wird Filbinger CDU-Mitglied, 1960 Innenminister und 1966 Ministerpräsident von Baden-Württemberg. 1978 rechtfertigt er seine Tätigkeit als Nazijurist mit jenem seither beinahe mit Kultstatus behafteten Wort: »Was damals Recht war, kann heute nicht Unrecht sein.« Kurz nach seinem (von der Öffentlichkeit und seiner eigenen Partei eben wegen seiner NS-Vergangenheit erzwungenen) Rücktritt am 7. August 1978 wird er Ehrenvorsitzender der Landes-CDU.

Schnee von gestern? Zum 90. Geburtstag Mitte September 2003 ehrt ihn die Partei durch einen Empfang im Schloss Ludwigsburg. Mit dabei: der damalige Ministerpräsident Erwin Teufel, dessen Vorgänger Lothar Späth sowie fast das gesamte CDU/FDP-Kabinett.

Und am 23. Mai 2004 wählt Filbinger als von der Landes-CDU nominiertes Mitglied der Bundesversammlung Horst Köhler zum Bundespräsidenten, für Markus Deggerich vom *Spiegel* »Die Rückkehr des ›furchtbaren Juristen‹ Filbinger«. Es protestierten SPD, PDS, Grüne, der Schriftstellerverband P.E.N. und vor allem der Zentralrat der Juden.

Reinwaschung und dicke Pensionen für verdiente Nazibeamte

Nun hätte man denken können, dass verurteilte Naziverbrecher im öffentlichen Dienst nichts mehr zu suchen haben und auch keinen Pfennig Pension sehen. Aber da kennt man die traditionsbewusste deutsche Nachkriegspolitik schlecht. Denn bei der Anwendung des Grundsatzes, einen vorbestraften Beamten zu entlassen und seine Pension zu streichen, wurden nur deutsche Gerichtsurteile berücksichtigt. Nun entspricht es sicher der Gepflogenheit souveräner Staaten, die Urteile ausländischer Gerichte für nicht bindend zu halten. Aber zum einen war die junge Bundesrepublik damals alles andere als ein souveräner Staat und wurde es erst am 3. Oktober 1990. Zum anderen mutet es absurd an, ausgerechnet Kriegsverbrecherurteile der Alliierten frech zu ignorieren.

Es spricht also einiges dafür, dass – im Geiste des Kalten Krieges – dieser scheinbare Affront in Wahrheit im stillschweigenden Einverständnis mit den West-Alliierten geschah.

So werden gleich drei der im Nürnberger Juristenprozess von 1947[45] von einem US-Gericht verurteilten Kriegsverbrecher von den deutschen Behörden großzügigst alimentiert.

- Im März 1951 wird der ehemalige Staatssekretär im Reichsjustizministerium Curt Rothenberger (sieben Jahre Zuchthaus) vom Entnazifizierungs-Hauptausschuss Schleswig-Holsteins als »Entlasteter« eingestuft. Insbesondere sei »eine Belastung im Sinne deutschen Rechts« nicht zu erkennen. Das Landesinnenministerium gewährt Rothenberger ab 1. Oktober 1951 die vollen Versorgungsbezüge als »Oberlandesgerichtspräsident a. D.« in Höhe von 1200 Mark monatlich, die bis 1959 auf über 2000 angehoben werden.[46]
- Auch der zu lebenslänglich verurteilte frühere stellvertretende Reichsjustizminister Franz Schlegelberger und der Oberreichsanwalt beim Volksgerichtshof Ernst Lautz (zehn Jahre) werden ebenfalls im »Schnelldurchlauf« entnazifiziert, freigelassen und von der Kieler Landesregierung mit hohen Pensionen bedacht. Schlegelberger streicht eine Nachzahlung von 160 000 Mark und monatlich 2894 Mark ein – zu einer Zeit, als ein Facharbeiter rund 400 Mark verdient. Lautz erhält seit dem 1. April 1951 die Pension eines Generalstaatsanwalts in Höhe von monatlich 1342 Mark.

Angesichts internationaler Kritik macht Adenauer 1961 mit einem neuen Richtergesetz den NS-Juristen ein tolles Angebot. Alle Richter und Staatsanwälte, die »in der Zeit vom 1. September 1939 bis zum 9. Mai 1945 in der Strafrechtspflege mitgewirkt« hatten, konnten bei ungeschmälerten Pensionsbezügen den Dienst quittieren. 149 Nazi-Juristen sagten da nicht nein. Immer waren noch 1964 über siebzig Prozent der Richter am BGH frühere Nazi-Richter.

Und die Meinung des Volkes?

Bereits im Dezember 1947 bemerkte der spätere Bundespräsident und damalige Justizminister in Nordrhein-Westfalen, Gustav Heinemann: »Anstelle einer Isolierung der wirklichen Verantwortlichen des Dritten Reiches hat sich eine Solidarität ergeben, die man mit Renazifizierung einigermaßen richtig bezeichnen kann.«[47]

Dazu passt, dass es bis zum 8. Mai 1985 dauerte, bis mit Richard von Weizsäcker ein bundesdeutsches Staatsoberhaupt ein Tabu brach und das Kriegsende nicht als »Zusammenbruch« bejammerte, sondern »Befreiung« nannte.

Längst vergangene Zeiten? Das Beispiel Außenministerium

Kann man das Ganze also als Episoden aus längst vergangenen Zeiten abtun? Noch im Jahre 2005, sechzig Jahre nach Kriegsende, wurde das Außenministerium von der Geschichte eingeholt.

Ein Beispiel für Patriotismus und Geschichtsbewusstsein vieler heutiger Außenamtsmitarbeiter war die erbitterte Diskussion um den verstorbenen Diplomaten Franz Krapf, 26 Jahre lang bundesdeutscher Diplomat und unter anderem Nato-Botschafter unter den Kanzlern Brandt und Schmidt. Nun verweigerte ihm der damalige Außenminister Joschka Fischer den ehrenden Nachruf, nur weil er in grauer Vorzeit einmal NSDAP-Mitglied war. Allerdings nicht nur: Historiker fanden heraus, dass Krapf schon 1933 in die SS eingetreten war und ab 1938 als ehrenamtlicher Mitarbeiter des berüchtigten SS-Geheimdienstes SD geführt wurde.

Für Diplomaten wie Krapf wollte Fischer in der Hauszeitschrift künftig statt ehrender Nachrufe nur noch neutrale Todesnachrichten.

Dagegen liefen siebzig altgediente Botschafter in einem offenen Brief förmlich Amok. Sie warfen Fischer eine – Zitat – »posthume Gerechtigkeitsfarce« vor. Eine andere Gruppe von Diplomaten stellte sich hinter Fischer und nannte die Änderung in einem Leserbrief für die Hauszeitschrift *internAA* überfällig.

Auslöser für das Verbot solcher Nachrufe für NSDAP-Mitglieder war 2003 der ehrende Nachruf für Franz Nüßlein, bundesdeutscher Generalkonsul in Barcelona, in der Nazizeit Oberstaatsanwalt in der annektierten Tschechoslowakei und nach dem Krieg in Prag wegen persönlicher Verantwortung für zahlreiche Todesurteile als Kriegsverbrecher zu zwanzig Jahren Haft verurteilt. Nach sieben Jahren kam er frei und begann seine zweite Karriere im Auswärtigen Amt.

Ex-Botschafter Arnold nennt Fischers Entscheidung »eine Ohrfeige für den ganzen Dienst«. Denn beim aktuellen Streit ging es in Wahrheit gar nicht um die neue Nachruf-Praxis. Vielmehr sollte die Legende erhalten werden, das Auswärtige Amt habe unter Hitler mit der Tagespolitik und den NS-Verbrechen nichts zu tun gehabt und sei gar ein Zentrum des Widerstands gegen das Nazi-Regime gewesen.

Dabei waren kurz nach der Gründung des Auswärtigen Amtes am 15. März 1951 zwei Drittel der leitenden Beamten ehemalige NSDAP-Mitglieder. Anfang der fünfziger Jahre gab es eine Debatte, als festgestellt wurde, dass im Auswärtigen Amt mehr Parteigenossen tätig waren als 1938.

Nicht darunter war Fritz Kolbe. Er diente dem Auswärtigen Amt von 1925 bis 1945. Während des Zweiten Weltkriegs aber lieferte er auf Kurierreisen in die Schweiz den Amerikanern geheime Dokumente und riskierte dabei sein Leben. 1951 versuchte Kolbe, ins Außenministerium zurückzukehren. Allerdings vergeblich. Seine Kollegen betrachteten ihn als Vaterlandsverräter und ächteten ihn.

Spät, 60 Jahre nach Kriegsende, holt Fischers Ministerium die Geschichte ein. Jetzt soll eine unabhängige Historikerkommission die Rolle des Amtes während der NS-Herrschaft, die Umstände des Neuanfangs und damit die Frage der Kontinuität genauer erforschen. Bislang nämlich beschränkt sich die Aufarbeitung auf Einzelaspekte wie die zunehmende Machtübernahme des Amtes durch SS und SD unter Reichaußenminister Joachim von Ribbentrop und die Beteiligung des Amtes an der »Endlösung der Judenfrage«. Beim Stichwort »Aufarbeitung der NS-Zeit des Beamtentums« springt einigen transhistorischen Patrioten der Draht aus der Mütze.

So hält der vorübergehend als Merkels Außenminister gehandelte Friedbert Pflüger (CDU) »überhaupt nichts davon, jetzt, sechzig Jahre nach dem Krieg, einen neuen Generalverdacht gegenüber diesem Amt auszusprechen, das zu den wirklichen Eliteinstitutionen unseres Landes gehört«.[48]

Ähnlich gereizt lehnt es der damalige Innenminister Otto Schily ab, »eine historische Untersuchung vorzunehmen, die dem Eindruck Vorschub leistet, dass es hier eine Kontinuität gibt; dann wird wieder unterstellt, als ob die Bundesministerien eine nationalsozialistische Vergangenheit hätten«. Schily sieht keinen personellen Zusammenhang zwischen den Reichsministerien unter nationalsozialistischer Herrschaft und den Ministerien nach Gründung der Bundesrepublik Deutschland.

Fazit

Erstens: Dass man beim Aufbau der Nachkriegsverwaltung aus Personalmangel auf Nazis angewiesen gewesen sei, ist dasselbe, als müsse man zum Betrieb eines Kinderladens auf vorbestrafte Kinderschänder zurückgreifen.

Zweitens: Dass bloße NSDAP-Mitgliedschaft als Schuldbeweis nicht ausreicht, heißt keineswegs, dass sie ein Grund für eine Auszeichnung ist. Nicht vorbestrafte Zuhälter sind gewöhnlich heilfroh über ihre juristisch weiße Weste und beanspruchen nicht auch noch das Bundesverdienstkreuz.

Selbstverständlich ist die heutige Beamtenschaft kein brauner Sumpf mehr. So meint der Historiker Hans Mommsen,

> »dass mit dem Anwachsen einer demokratischen politischen Kultur in der Bundesrepublik auch eine stillschweigende Veränderung der Mentalität der Beamtenschaft eingetreten ist, die ältere, autoritär-obrigkeitsstaatliche Einstellungen eher zurücktreten lässt und bewirkt, dass die Beamten in ihrem ganzen Auftreten sich gerade nicht als eine herausgehobene Schicht von Staatsdienern verstehen«.[49]

Inwieweit dieser Optimismus gerechtfertigt ist, soll zunächst ein Blick auf die Grundlagen des heutigen Berufsbeamtentums zeigen.

Teil III

Die Beamten –
Eine ganz besondere Spezies

1. Neuanfang oder Tradition?

Ohne beim Urschlamm anzufangen, sei darin erinnert, dass das menschliche Zusammenleben seit jeher wesentlich durch Tauschen geregelt wird, also durch Leistung und Gegenleistung. Selbst der Sklave tauschte – unfreiwilligerweise zwar – mit dem Sklavenhalter Arbeitskraft gegen Lebensunterhalt. Ebenso geht der bundesdeutsche Beamte einen Tauschhandel mit dem Staat ein: Er tauscht Pflichten gegen Rechte. Polemiker sagen, er tausche Vasallentreue gegen ein sorgenfreies Leben.

Angesichts der deutschen Geschichte ist natürlich besonders interessant, ob es sich bei der Wiedererweckung des deutschen Berufsbeamtentums nach Ende des Zweiten Weltkrieges um einen Neuanfang oder um die Fortschreibung der Tradition handelt.

Das Wesentliche sagt das Grundgesetz in Artikel 33, Absatz 5:

»Das Recht des öffentlichen Dienstes ist unter Berücksichtigung der hergebrachten Grundsätze des Berufsbeamtentums zu regeln.«

Für Begriffsstutzige stellt Walter Spieß vom Bundesvorstand des Deutschen Beamtenbundes unmissverständlich klar:

»Sowohl der Begriff ›Berufsbeamtentum‹ als auch die ›hergebrachten Grundsätze‹ haben einen historischen Bezug. Der Weg des Beamten führte vom ›Fürstendiener‹ zum ›Staatsdiener‹. Als Vater des Berufsbeamtentums gilt der Soldatenkönig Friedrich Wilhelm I. und von Preußen kennen wir auch die in heutiger Zeit hoffentlich noch aktuellen Beamtentugenden wie Pflichtbewusstsein, Sachkenntnis und Unbestechlichkeit. Trotzdem war auch hier nicht alles Gold, was glänzte. Es war praktisch schon ein Privileg, in den Dienst des Königs und später unter dem geltenden Preußischen Allgemeinen Landrecht von 1794 – dem ersten Beamtengesetz – unter Friedrich Wilhelm II. in den Staatsdienst übernommen zu werden.«[1]

Man weiß nicht so recht, was einen mehr verwundern soll: die stillschweigende Einbeziehung der NS-Beamtenschaft, also auch der auf Hitler vereidigten Massenmörder und Helfershelfer, in die Staatsdiener? Das Fazit für undemokratische Staatswesen: »Es war nicht alles Gold, was glänzte«? Oder dass Funktionär Spieß offenbar das einzige Manko des Beamtentums der Feudalzeit darin sieht, dass der privilegierte Staatsdienst wirklich ein Privileg gewesen sei?

Unter der Maske der »politischen Neutralität« lugt der moralfreie materielle Eigennutz der *offiziellen* Beamtenschaft hervor. Damit aber erscheint der Staatsdienst gerade nicht als besonderer, womöglich noch durch höhere ethische Ansprüche hervorgehobener Beruf, sondern als Job wie der von Paparazzi, Werbetextern oder Tabakhändlern, die eben kein besonderes Treueverhältnis zum Staat haben und auch meist nicht den Anspruch erheben.

2. Die Aufgaben und Pflichten

Über allem Handeln der Staatsdiener schwebt der Artikel 33, Absatz 4 des Grundgesetzes:

> »Die Ausübung hoheitsrechtlicher Befugnisse ist als ständige Aufgabe in der Regel Angehörigen des öffentlichen Dienstes zu übertragen, die in einem öffentlich-rechtlichen Dienst- und Treueverhältnis stehen.«

Das ist wahrlich unmissverständlich, so unmissverständlich, dass für den Historiker Mommsen »schlechterdings nicht mehr begreiflich zu machen (ist), was staatliche Hoheitsakte sind und wozu es der ›Funktionsvorbehalte‹ zugunsten der Beamten bedarf«.[2]

Aber ist es wirklich so mysteriös, was jene staatlichen Hoheitsakte sind, die man tunlichst nicht dem profitorientierten Gutdünken der Privaten überlassen sollte oder laut Grundgesetz gar nicht darf? Ob man dafür allerdings unbedingt Beamte braucht und es nicht auch normale sterbliche staatliche Angestellte tun, wird im Laufe des Buches zu klären sein.

Unstrittige hoheitliche Aufgaben der Beamten beziehungsweise *Kernaufgaben* des Staates sind innere und äußere Sicherheit, Justiz und Steuereintreibung. Dies wäre der *schlanke Staat* als Minimalkonsens. Aber dann scheiden sich die Geister.

Der Heiland der Neoliberalen, Nobelpreisträger Milton Friedman, ging davon aus, dass ein *schlanker Staat* das Arm-Reich-Gefälle forciere und zu »sozialen Unruhen« führe, und fordert daher als Ergänzung zur freien Marktwirtschaft den *starken Staat*:

»Seine vorrangige Aufgabe muss sein, *unsere* Freiheit zu schützen sowohl gegen den äußeren Feind als auch gegen *unsere Mitbürger*, um mit ›Law and Order‹ private Geschäftsbedingungen zu garantieren und konkurrierende Märkte zu schützen.«[3]

Aus allem anderen habe sich der Staat herauszuhalten.[4]

Wer ob dieses »wissenschaftlichen« Plädoyers für den schlanken Schnüffel- und Polizeistaat im Dienste der freien Marktwirtschaft jetzt die Nase rümpft oder sie als veraltet abtut, hat noch nicht die Ergüsse der FDP-Werbeagentur *Friedrich-Naumann-Stiftung* gelesen:

»Zu den Kernaufgaben des Staates in der Marktwirtschaft gehören ... der Schutz privater Eigentumsrechte und die Gestaltung der übrigen Rahmenbedingungen, die das Eigeninteresse der Einzelnen auch in den Dienst der Allgemeinheit stellen: Dominanz von Privateigentum unter den Bedingungen von Wettbewerb gehört zu den Funktionsbedingungen der Marktwirtschaft.«[5]

Nun wird man das Privatisierungsgebot im Grundgesetz beim besten Willen nicht finden, wohl aber in Artikel 20, Absatz 1 das *Sozialstaatsgebot:*

»Die Bundesrepublik Deutschland ist ein demokratischer und sozialer Bundesstaat.«

Was aber bedeutet »sozial« in diesem Zusammenhang? »Sozial ist, *wer* Arbeit schafft«, wie Nazi-Wegbereiter Alfred Hugenberg im Februar 1933 formulierte, oder »Sozial ist, *was* Arbeit schafft«, wie die CDU/CSU im Wahlkampf 2005 verkündete?

Die SPD-Programmkommission formuliert dagegen schon mehr Kernaufgaben, wenn auch sehr nebulös:

»Kernaufgaben des Staates bleiben die Garantie von Freiheit und Gerechtigkeit, von Grund- und Bürgerrechten, von innerer und äußerer Sicherheit, von Verteilungs- und Teilhabegerechtigkeit. Zugleich mindert der Staat Risiken der Gemeinschaft und solche, die der Einzelne nicht alleine schultern kann. Ferner garantiert er eine unabhängige Rechtsprechung sowie gleichen Zugang zu lebensnotwendigen Gütern und zu Information und Kommunikation.«[6]

So genau wollte das der Bürger gar nicht wissen. Hat man »gleichen Zugang zu lebensnotwendigen Gütern« schon dann, wenn es sie legal zu kaufen gibt? Und was ist »lebensnotwendig«?

Nehmen wir als Kernaufgaben einfach die Dinge, die funktionieren *müssen*, also außer den bereits erwähnten die sogenannte *Daseinsfürsorge*. Sie umfasst Bereiche, die für die heutige Gesellschaft und ihre Zukunft existenznotwendig sind. Dazu gehört im Bereich der allgemeinen Vorsorge:

- Umweltschutz. Manchen Anhänger der US-Kyoto-Politik dürfte es überraschen, dass er ins Grundgesetz (Artikel 20a) gelangt ist.
- Katastrophenschutz, zum Beispiel bei Hochwasser oder Atomunfällen.

Für jeden Bürger garantiert und bezahlbar sein müssen:

- Bildung, vor allem durch Schule und Hochschule. Kein Bürger darf auf windige private Institutionen mit zweifelhaften Sponsoren und entsprechenden Inhalten angewiesen sein.
- Mobilität »zu Lande, zu Wasser und in der Luft«, also die Nutzung von Auto, Bahn, Flugzeug und Nahverkehr. Sie darf nicht unbezahlbar und damit Quelle von Einschränkung der Freizügigkeit sein.

- Energieversorgung und Kommunikation, also die Nutzung von Strom, Gas, Wasser sowie von Post, Telefon, Internet und Mediengrundversorgung. Sie dürfen kein Glücksspiel sein, auf das der Staat kaum Einfluss hat.
- Sozialstaat, also Gesundheitswesen, Rettungsdienst, Krankenhäuser, Alterssicherung, Altenheime, Schutz vor Armut, menschenwürdiges Wohnen, Straßenreinigung sowie Entsorgung von Abfall und Abwasser. Der Sozialstaat hat sich nach den Bedürfnissen der Bürger zu richten, nicht nach der Rentabilität für die Kapitalanleger.
- »Lebensqualität«, also Kulturpflege, Museen, Bibliotheken, Erholungsgebiete, Schwimmbäder, Sportstätten und ähnliches.
- Menschenrechte, also zum Beispiel das Beschreiten des »Rechtswegs«, Beratung für Menschen in Not, Frauenhäuser und Kampf gegen Rassismus.
- Arbeitsvermittlung sollte entweder ganz privat oder ganz staatlich sein. Dass privaten Betrügern Steuermilliarden zugeschustert werden, ist jedenfalls kaum der Wille der Bevölkerung.

Es versteht sich von selbst, dass das A und O die staatliche Kontrolle ist, ihrerseits selbst eine hoheitliche Aufgabe. Schließlich gibt es beim Zoll oder beim Alkoholtest auch keine »freiwillige Selbstkontrolle«.

Nun folgern einige, alle wichtigen Aufgaben der staatlichen Daseinsvorsorge müssten auch von Beamten erfüllt werden. Dies allerdings wurde in der Vergangenheit als Freibrief zum willkürlichen und ausufernden Ausbau des Berufsbeamtentums missverstanden und missbraucht, wie etwa bei Müllmännern, Briefträgern, Lokführern, Sozialarbeitern oder Lehrern, ebenso bei Mitarbeitern in staatlichen Museen und Musikern in staatlichen Orchestern.

Die Treuepflicht

Ein klassisches Beispiel für Verfassungstreue im Gegensatz zur Treue zum Herrscher lieferten die *Göttinger Sieben*. Als König Ernst August von Hannover am 18. November 1837 die Verfassung von 1833 für ungültig erklärte, da sie »in ihrer allzu großen Liberalität keine hinreichende Gewähr für das Glück meiner getreuen Untertanen« biete, und alle Untertanen nur dem König – also sich selbst – persönlich verpflichten wollte, da schrieben immerhin sieben von 42 Professoren der Universität Georgia Augusta, unter ihnen die Gebrüder Jacob und Wilhelm Grimm:

> »Die Unterzeichner dieses Schreibens lehnen es ab, ihren auf die frühere Verfassung geleisteten Eid zu brechen und beharren auf dem Zusammenhang von Wahrheit und Recht. Sie wollen nicht stillschweigend die Beseitigung des Staatsgrundgesetzes allein auf dem Wege der Macht geschehen lassen.«

Die Folge waren fristlose Entlassung, teilweise Ausweisung aus dem Königreich und der Kommentar des Monarchen:

> »Professoren haben kein Vaterland. Professoren, Huren und Tänzerinnen können überall anheuern, wenn man ihnen ein paar Taler bietet.«[7]

Ein Schelm, wer da gleich an heutige Professoren als hochdotierte »Gutachter« oder »unabhängige Wirtschaftsexperten« in Diensten finanzkräftiger Kreise denkt.

Lassen wir die genannten drei Berufsgruppen einmal aus dem Spiel. Die deutsche Beamtenschaft jedenfalls hatte mehrheitlich keine Probleme, sich von Kaiserreich auf Weimar, von da auf das

Dritte Reich und von da auf Bundesrepublik umzustellen. Man schwört halt seinen Eid – »wenn der Preis stimmt«.

So lautet die aktuelle Eidesformel für Bundesbeamte nach Paragraph 58 des Bundesbeamtengesetzes:

> »(1) Der Beamte hat folgenden Diensteid zu leisten: ›Ich schwöre, das Grundgesetz für die Bundesrepublik Deutschland und alle in der Bundesrepublik geltenden Gesetze zu wahren und meine Amtspflichten gewissenhaft zu erfüllen, so wahr mir Gott helfe.‹ (2) Der Eid kann auch ohne die Worte ›so wahr mir Gott helfe‹ geleistet werden.«

Die Frage ist nun, ob man auf der politisch korrekten – oder richtiger: der demokratischen – Seite steht, wenn man für einen Treueeid zum Rechtsstaat plädiert.

Wozu wird die Einhaltung der Gesetze überhaupt besonders betont? Muss nicht jeder Bürger die Gesetze einhalten? Und wieso bedarf es eines Eides, um einen Beamten zur Pflichterfüllung zu animieren?

Wann vereidigen die Supermärkte ihr Personal, die Kunden korrekt und freundlich zu bedienen?

Für die politischen Spitzenbeamten, auf die wir noch zu sprechen kommen werden, mag die besondere Betonung der Treue berechtigt sein. Natürlich sollte zwischen der politischen Führung und ihren engsten beamteten Mitarbeitern ein besonderes Loyalitäts- und Vertrauensverhältnis bestehen.[8] Dies gilt aber auch in der Privatwirtschaft und im Grunde sogar für die Beziehung zwischen Minister und Fahrer oder Kanzlerin und Sekretär. Erreicht man diese besondere Ergebenheit aber durch Schwören auf die Bibel?

Das Beamtenrechtsrahmengesetz löst das Problem besonderer Vertrauensverhältnisse noch vergleichsweise realistisch dadurch, dass

> »der Beamte auf Lebenszeit jederzeit in den einstweiligen Ruhestand versetzt werden kann, wenn er ein Amt bekleidet, bei dessen Ausübung er in fortdauernder Übereinstimmung mit den grundsätzlichen politischen Ansichten und Zielen der Regierung stehen muß«[9].

Damit aber ist die persönliche Treuepflicht de facto mindestens genau so hoch angesiedelt wie die Verfassungspflicht, nur dass aus dem König der Kanzler und aus den Fürsten die Bundesminister geworden sind.

Sind also der Diensteid und die dahinter stehende »besondere Treuepflicht« schon generell problematisch, so erst recht ihre Ausdehnung auf die gesamte Beamtenschaft. Sie führt nämlich, wie der Geschichtsprofessor Bernd Wunder formuliert, »zur Bevorzugung der Anhänger und zum Ausschluss der Gegner, d. h. zu Parteibuchbeamtentum versus Verfassungsfeinde«.[10] Wunder fordert deshalb, »das Gros der Beamten und der staatlichen Verwaltung ... von dem Ballast der sogenannten besonderen Treuepflicht und der Absurdität eines religiösen Treueeides zu befreien«.[11]

Dazu sei am Rande bemerkt:

1. Das Ernstnehmen der religiösen Eidesformel setzt ein eigenwilliges oder zumindest antiquiertes Gottesbild voraus. »Der strenge Herrgott schaut persönlich dem Schwur zu und straft den Eidbrüchigen« – das hat mehr mit den Erscheinungen eines weltfremden US-Präsidenten zu tun als mit der überlieferten Lehre Christi.
2. Der Eid ist schon wegen des Gummibegriffs »gewissenhaft« wertlos – auch die NS-Blutrichter haben ihre »Amtspflichten gewissenhaft zu erfüllen« versucht.
3. Das Unterlaufen der grundgesetzlichen Trennung von Kirche und Staat dient meist primitiver politischer Gehirnwäsche, von »Kreuzzug« über »christliches Abendland« bis hin zur absto-

ßenden Kollaboration der deutschen katholischen Amtskirche mit dem Arbeitgeberpropagandaclub *Initiative Neue Soziale Marktwirtschaft* (INSM).[12]

Auch ein Blick auf die Praxis zeigt, dass es beim Diensteid um etwas anderes geht als um theatralische und pathetische Ermunterung zur Gesetzestreue und Pflichterfüllung.

Im Jahr 1972 bestätigte sich der ewige Argwohn kritischer Demokraten, die »linke« Partei SPD setze Dinge durch, die sich die »rechte« Union allein nie trauen würde. Willy Brandt füllte sein Versprechen »Mehr Demokratie wagen« erstmals inhaltlich, indem seine Regierung gemeinsam mit den Ministerpräsidenten am 28. Januar 1972 den berühmten *Radikalenerlass* schuf.

Zwar änderte dieser Erlass weder das geltende Verfassungsrecht noch die geltenden Beamtengesetze des Bundes und der Länder. So kann man mit Hans Mommsen feststellen, der Radikalenerlass sei formal eher eine Abmilderung der bisherigen Rechtslage. Er regelte aber das Verfahren, Mitglieder von Parteien und Organisationen, die für verfassungsfeindlich *gehalten* wurden, vom öffentlichen Dienst fernzuhalten. Künftig gab es Regelanfragen beim Verfassungsschutz, zunächst über jeden Bewerber, später auch über die Beschäftigten im öffentlichen Dienst und sogar in »sicherheitsrelevanten« Privatunternehmen wie etwa Atomkraftwerken.

Verdächtige wurden zur modernen Variante der mittelalterlichen »hochnotpeinlichen Befragung« geladen, und damit die Inquisitoren nicht auf dumme, rechtsstaatliche Gedanken kamen, produzierte das Bundesverfassungsgericht mit dem sogenannten *Extremistenbeschluss* vom 22. Mai 1975 einen Leckerbissen für jeden Menschenrechtler.

Darin heißt es zum Beispiel:

> »Die politische Treuepflicht fordert ... vom Beamten insbesondere, dass er sich eindeutig von Gruppen und Bestrebungen distanziert, die diesen Staat, *seine verfassungsmäßigen Organe* und die geltende Verfassungsordnung angreifen, bekämpfen und *diffamieren*.«

Zudem

> »stellen Agitationen, die die freiheitliche demokratische Grundordnung herabsetzen, verfassungsrechtliche Wertentscheidungen und *Institutionen diffamieren* ..., Betätigungen gegen die freiheitliche demokratische Grundordnung dar«.[13]

Nun sind Bundesregierung und Bundeskanzler Verfassungsorgane. Die Kritik an ihnen wird von den Kritisierten stets als »Diffamierung« gewertet. Betätigt sich also jeder regierungskritische Lehramts- oder Polizeianwärter gegen die freiheitlich-demokratische Grundordnung? Muss er unverzüglich aus der GEW austreten, wenn GEW-Chef Frank Bsirske die Regierung als unsozial diffamiert?

Nach den Buchstaben der BVG-Entscheidung: Beide Mal ja.

Vom Beamten wird erwartet, »dass er diesen Staat und seine Verfassung als einen hohen positiven Wert *erkennt*« und »dass er sich in dem Staat, dem er dienen soll, zu Hause *fühlt* – jetzt und jederzeit«.

Damit schreiben die BGH-Richter den Beamten vor, was sie zu *denken* haben. Ein Rückfall ins finsterste 18. Jahrhundert? Falsch!

1787 erschien Schillers *Don Carlos* mit der Forderung des Marquis von Posa an König Philipp II. von Spanien: »Geben Sie Gedankenfreiheit.«

Radikalenerlass und Extremistenbeschluss mögen einigen heute peinlich sein – folgenlos waren sie nicht.

3 500 000 Bewerber für den öffentlichen Dienst wurden in den siebziger und achtziger Jahren auf ihre Verfassungstreue überprüft, gegen 11 000 wurde ein Verfahren eingeleitet. Am Ende wurden 1250 Bewerber abgelehnt und 265 Beamte aus dem öffentlichen Dienst entlassen. Etwa zwei Drittel davon gehörten der DKP an. Dass nur ein geringer Prozentsatz abgelehnt wurde, ist für den Historiker Bernd Wunder wiederum ein »Beispiel bürokratischer Aufgabenlösung«.[14]

Selbst Willy Brandt nannte den Radikalenerlass später einen Fehler; und bezeichnend ist, was sein damaliger Kanzlerbüroleiter Reinhard Wilke über die Motive des Friedenskanzlers verriet: »Damals kam der Berliner Antikommunist aus ihm heraus, als er mir vorhielt, Breschnew würde sich doch totlachen, wenn ›seine Leute‹ bei uns Richter werden könnten.«[15]

Wie viele Angehörige der Holocaustopfer lachen sich tot, dass ein Nazi-Richter Ministerpräsident und Ehrenvorsitzender einer Landes-CDU werden konnte und Heerscharen übelster Naziverbrecher nach wenigen Jahren wieder in Staatsamt und Würden gelangten?

Es ging bei Radikalenerlass und Extremistenbeschluss *vordergründig* um nichts anderes als um die von der DDR finanzierte Polit-Sekte namens Deutsche Kommunistische Partei (DKP), also um den Kalten Krieg. Der Erlass stufte die DKP als verfassungsfeindlich ein, obwohl sie nicht verboten war.

Erinnert dies nicht fatal an die verfassungsfeindlichen »Anti-Terror«-Phantasien, Verdächtigte, denen man beim besten Willen nichts anhängen kann, trotzdem wegzusperren?

Nun wurde also der uralte und ewig neue Traum der Schnüffelstaatfans aller Länder Wirklichkeit: Wer sich beim Einstellungsverhör (»Anhörung«) nicht »glaubwürdig«, also völkisch-patriotisch ekelerfüllt genug distanzierte oder wer sogar unter Berufung auf das grundgesetzlich garantierte Parteienprivileg (Grundgesetzartikel 21, Absatz 2) und das Diskriminierungsverbot (Artikel 3, Absatz 3) die Aussage verweigerte, wurde einfach nicht eingestellt.

Die Berufsverbotspraxis selbst aber hatte ein ganz anderes, viel weiter reichendes Ziel und Ergebnis: Man konnte sich ausrechnen, dass das von Adenauer ja als unverzichtbares »schmutziges Wasser« gepriesene Nazigesindel in der Beamtenschaft ganz banal biologisch aussterben würde; und mit aufrecht antidemokratischem und obrigkeitshörigem Nachwuchs sah es schlecht aus, schlimmer noch: Rund um die Achtundsechziger entstand eine breite, humanistische aufmüpfige junge Generation, die bei allen Meinungsverschiedenheiten einig war in ihrer Meinung zu NS-Staat und Renazifizierung, zu den Notstandsgesetzen von 1968, zu Völkermord im Namen des »Freien Westens«, zur hasserfüllten Ausgrenzung und Vernichtung Andersdenkender, zu Atomgefahr und Umweltzerstörung. Nicht auszudenken, wenn diese Generation das »hergebrachte deutsche Beamtentum« infiltrierte und am Ende Willy Brandts »Demokratie wagen« ernst nahm!

Dagegen half nur massenhafte Einschüchterung und Warnung vor freier Meinungsäußerung oder gar Parteinahme. »Hab ich irgendwo mal gemeinsam mit einem Linken an einer Demo oder Versammlung teilgenommen?« fragten sich Hunderttausende, »hab ich irgendwo mal was Regierungskritisches unterschrieben?«

War nicht sogar der Protest gegen die verbündete Militärjunta in Griechenland Grund zum Berufsverbot? Die Drohungen und die Angst waren das Entscheidende, nicht die Umsetzung: Bekanntlich wird ein Geiselgangster auch dann verurteilt, wenn er nur mit einer Spritzpistole hantiert hat.

Der Jagdeifer der Obrigkeit gewann zusehends irrationale Züge, wie im Fall Wolfgang Repp, der als erster Briefträger Berufsverbot erhielt, was ihm den *Stern*-Titel »Der Rote von der Post« einbrachte. Auch Bahnschaffner, Kindergärtnerinnen und Friedhofsgärtner erwischte es. Und der Fall des kommunistischen Lokführers, »der bei Rot – voller Begeisterung – weiterfahre und deshalb entlassen werden müsse, war auch einer wohlwollenden Öffentlichkeit nicht zu vermitteln« – und auch von seriösen Wissenschaftlern wie Bernd Wunder nur mehr spöttisch zu kommentieren.

Dabei wäre es doch jammerschade, könnte man den Geist des Extremistenbeschlusses nicht aktualisieren und in die Zukunft retten.

Einen solchen edlen Versuch unternimmt Lutz Irrgang, Parteifreund des hessischen Ministerpräsidenten Roland Koch und als Chef des Landesverfassungsschutzes Hessen eine der wichtigsten Stützen der Landesregierung. Irrgangs großzügigen Umgang mit dem Etikett Verfassungsfeind würdigt Volker Schmidt in der *Frankfurter Rundschau:* »Er hält Globalisierungskritik pauschal für ›ein Vehikel, linksextremistisches Gedankengut wieder salonfähig zu machen‹ …. Für das CDU-Mitglied beginnt Extremismus mit jeder Kritik an der Marktwirtschaft: ›Eine pluralistische Gesellschaft setzt eine liberale Wirtschaftsordnung voraus‹, damit sei diese ›nahe am Verfassungsrang‹.«

Kochs aufrechtem Demokraten Irrgang fällt ausgerechnet eine Behörde in den Rücken, von der er sich noch am ehesten Rückendeckung versprochen hätte. Mit dem Irrglauben, man könne in Deutschland alles observieren und verfolgen, was bei drei nicht auf den Bäumen ist, räumt ausgerechnet das Bundesamt für Verfassungsschutz auf seiner Internetseite auf:

> »Über den Begriff des Extremismus besteht oft Unklarheit. Zu Unrecht wird er häufig mit Radikalismus gleichgesetzt. So sind z. B. Kapitalismuskritiker, die grundsätzliche Zweifel an der Struktur unserer Wirt-

schafts- und Gesellschaftsordnung äußern und sie von Grund auf verändern wollen, noch keine Extremisten. Radikale politische Auffassungen haben in unserer pluralistischen Gesellschaftsordnung ihren legitimen Platz. Auch wer seine radikalen Zielvorstellungen realisieren will, muss nicht befürchten, dass er vom Verfassungsschutz beobachtet wird; jedenfalls nicht, solange er die Grundprinzipien unserer Verfassungsordnung anerkennt.«[16]

Dieses Beispiel zeigt, wie willkürlich derzeit persönliche Meinungen in den »Verfassungsrang« erhoben werden und damit logischerweise alle mit einer anderen Meinung zu Verfassungsfeinden und damit als untragbar für den öffentlichen Dienst erklärt werden.

Was ist, wenn eines Tages eine »hergebrachte« Parlamentsmehrheit die nachfrageorientierte (keynesianische) Wirtschaftspolitik für verfassungsfeindlich erklärt, da alles andere als Neoliberalismus den Staat an den Abgrund führe? Was wäre, wenn eines Tages sogar Arm-Reich-Statistiken als »ausfuhrfördernd« für verfassungsfeindlich erklärt werden? In beiden Fällen hätte dies Auswirkungen auf die Treuepflicht der Beamten.

Daher fordern Wissenschaftler wie Bernd Wunder für die Treuepflicht zu Recht präzisere Gesetze und deren gerichtliche Überprüfbarkeit, damit Ausdehnung und Einschränkung der Treuepflicht »nicht dem wechselnden politischen Kalkül der Regierung überlassen bleiben«.[17]

Allerdings hängt auch die Verwirklichung solcher Forderungen vor allem von den unmittelbar betroffenen Beamten, der Beamtenschaft als betroffener Berufsgruppe und der gesamten Gesellschaft ab.

Der damalige Spuk um die Berufsverbote wurde nicht vorläufig beendet durch ein plötzlich erwachtes schlechtes Gewissen der Verantwortlichen, sondern durch einen breiten Widerstand weit über die betroffenen Personen, die Beamtenschaft und sogar die nationalen Grenzen hinaus. Je mehr Menschen sich gewisse Angriffe auf die Demokratie nicht bieten lassen und dies mit der Umfragemeinung, mit dem Stimmzettel oder mit anderen legalen Aktionen zum Ausdruck bringen, desto genauer wird sich auch die Obrigkeit ihr Vorgehen und vor allem die möglichen Konsequenzen überlegen.

Mittlerweile aber wurde die Berufsverbotspraxis wieder aufgenommen: 2004 in Baden-Württemberg (Stichwort Filbinger), 2005 in Hessen (Stichwort »jüdische Vermächtnisse«) und 2006 wieder im »Musterländle« wurde einem 35jährigen Lehrer trotz Examensnote 1,8 die Einstellung verwehrt. Kein Wunder, dass diese Landesregierungen es nicht erwarten konnten – siehe unten –, in der Bildungspolitik ihr »eigenes Ding zu machen«.

Die Hingabepflicht als Streikverbot

Was aber wäre die unterwürfigste Treue ohne das Sakrament der Hingabe? So verlangt der Paragraf 54 des Bundesbeamtengesetzes in einer der bewegendsten lyrischen Passagen deutscher Gesetzestexte:

> »Der Beamte hat sich mit voller Hingabe seinem Beruf zu widmen. Er hat sein Amt uneigennützig nach bestem Gewissen zu verwalten. Sein Verhalten innerhalb und außerhalb des Dienstes muss der Achtung und dem Vertrauen gerecht werden, die sein Beruf erfordert.«

Obwohl man bei »voller Hingabe« eher an den Landarzt aus einer Fernsehschmonzette denken könnte, verbirgt sich dahinter an Greifbarem vor allem das Streikverbot. Da dies aber im Bundesbeamtengesetz nicht ausdrücklich formuliert ist, muss es das Bundesverfassungsgericht richten.[18]

Dieses Streikverbot ist aber nicht mit einer besonderen Funktion des Beamten, sondern mit seinem Status begründet: Er darf deshalb nicht streiken, weil er eben Beamter ist, egal ob Bereitschaftspolizist oder Finanzbeamter Buchstabe Y.

Das Streikverbot soll eine tragfähige Verwaltung mit loyaler Pflichterfüllung und neutraler Amtsführung sichern.

Außerdem bedürfe der Beamte »aufgrund der vermuteten Rechtstreue des Hoheitsträgers auch keines so starken Schutzes wie dies vergleichsweise in der Privatwirtschaft anzunehmen ist«[19].

Dies allerdings ist nicht unumstritten. So kritisiert der DGB bei einer Bundestagsanhörung 2004 drohend: »Zur verfassungsrechtlichen Rechtfertigung für das Streikverbot der Beamten werden die hergebrachten Grundsätze des Berufsbeamtentums herangezogen. Doch Strukturprinzipien aus der Zeit der Weimarer Reichsverfassung können heute nicht mehr geeignet sein, ein modernes Berufsbeamtentum auszugestalten.« Und im Herbst 2005 stellt auch DGB-Chef Sommer das Streikverbot für Beamte in Frage.

So gehen dann auch einige Experten davon aus, dass das Streikverbot über kurz oder lang nicht mehr für alle Beamten gilt, sondern nur noch für solche in bestimmten Funktionen.

Bereits vom Tisch ist dagegen der Streikbrechereinsatz, also der Einsatz für streikende Staatsangestellte. Noch am 10. Mai 1984 hatte das Bundesverwaltungsgericht dem Beamten die Streikbruchverweigerung untersagt: Der Staat sei auch aus Gründen der Fürsorgepflicht nicht gehalten, den Beamten nicht zur Streikarbeit heranzuziehen.[20]

Das Bundesverfassungsgericht erklärte dagegen im März 1993 derartige Einsätze für unzulässig, da hierfür jegliche Rechtsgrundlage fehle.

Verboten ist den Beamten die Arbeitsverweigerung auch, wenn sie anders heißt. Die Fluglotsen kamen 1972 auf die Idee, ihren Streik ganz einfach »Dienst nach Vorschrift« (im Volksmund »Bummelstreik)« zu nennen, was ihn aber nach einem BGH-Urteil nicht legal machte.[21] Dies freilich hält nicht einmal die Deutsche Polizeigewerkschaft (DPolG) von indirekten Drohungen mit Dienst nach Vorschrift ab, wie etwa 1997, als man so gegen geplante Einkommenskürzungen protestierte.

Andererseits ist aber nichts leichter als Arbeitsverweigerung, wenn man nur entrüstet genug abstreitet, dass es eine sei. Berühmtes Beispiel ist die Massenerkrankung Hamburger Lehrer 2003, die natürlich nichts mit Protest gegen ein Modell des Hamburger Senats zur Lehrerarbeitszeit zu tun hatte.

Dass die Arbeitsenthaltung erst recht für den beamteten Einzelkämpfer geradezu ein Kinderspiel ist, werden wir an anderer Stelle noch würdigen.

Wer jedoch hinter jeder beamtlichen Behäbigkeit gleich einen illegalen Arbeitskampf vermutet, den klärte Peter Heesen, der Vorsitzende des Deutschen Beamtenbundes, am 7. Juli 2004 im Internetchat *tacheles* auf:

»Im Übrigen sind Alltagserfahrungen auf dem Amt, wenn sie wie Bummelstreik aussehen, kein Streik, sondern eher ein Beleg für eine in der Tat vorhandene Demotivation bei vielen Beschäftigten.«

Die Arbeitspflicht

Kurz gesagt: Ohne Streikrecht kein konventioneller Arbeitskampf. Während für die Privatwirtschaft der Artikel 9, Absatz 3 des Grundgesetzes die Tarifautonomie garantiert und mit weisem Blick auf manch denkbare Regierungskonstellation den Einsatz von Militär und Polizei gegen Arbeitskämpfe ausdrücklich verbietet, sind Arbeitszeit, Arbeitsbedingungen, Nebentätigkeiten und Bezahlung der Beamten gesetzlich geregelt. Dies heißt aber noch lange nicht, dass die Beamten völlig wehrlos der Willkür der Obrigkeit ausgeliefert wären. So greifen zum Beispiel sogar Polizeibeamte schon mal zu Mitteln des Arbeitskampfs, die verdächtig nach Nötigung aussehen. Man denke nur an die Teilnahme von 5000 hessischen Polizeibeamten an der Demonstration von 50000 Menschen am 18. November 2003 in Wiesbaden gegen das Sparpaket von Ministerpräsident Koch. Was aber noch schwerer wiegt: 1,7 Millionen Beamte und fast eine Million Pensionäre sind schließlich auch Wähler. Hinzu kommt mit dem Deutschen Beamtenbund eine Standesorganisation, der ganz im Gegensatz zu ihrer Klientel noch nie Duckmäusertum vorgeworfen wurde und die uns später noch ausführlich beschäftigen wird.

Als absolute Härte erscheint zum Beispiel die Möglichkeit zur »Zwangsversetzung«[22]. Allerdings muss diese Arbeit entweder dem bisherigen Amt oder wenigstens der Vorbildung oder Berufsausbildung des Beamten entsprechen, also »zumutbar« sein – ein seltsamer Begriff vor dem Hintergrund der Festlegung, einem normalen – nicht beamteten – Sterblichen sei jede legale Arbeit zuzumuten. Aber auch dieser »Arbeitsdienst« darf ohne Zustimmung des Beamten nur zwei Jahre dauern.

Die regelmäßige durchschnittliche Wochenarbeitszeit liegt bei 40 bis höchstens 44 Stunden. Bei »zwingenden dienstlichen Verhältnissen« sind monatlich fünf unbezahlte Überstunden fällig. Der Rest wird abgebummelt. Beamte in Besoldungsgruppen mit aufsteigenden Gehältern können sich 480 Stunden jährlich auszahlen lassen. Erlaubt sind hierbei höchstens zehn Stunden am Tag und 55 Stunden in der Woche. In ganz dringenden Fällen dürfen es auch zwölf Stunden täglich sein.[23]

Die aktuelle regelmäßige Arbeitszeit beträgt:

- für Berlin, Brandenburg, Bremen, Hamburg, Mecklenburg-Vorpommern, Niedersachsen, Rheinland-Pfalz, Saarland, Sachsen, Sachsen-Anhalt, Schleswig-Holstein 40 Stunden;
- für Nordrhein-Westfalen 39 bis 41 Stunden (je nach Alter und Sozialkomponenten);
- für Hessen und Bayern 40 bis 42 Stunden (gestaffelt nach Alter);
- für den Bund und Baden-Württemberg 41 Stunden und
- für Thüringen 42 Stunden (bei Betreuung eines Kindes unter 18 Jahren oder eines pflegebedürftigen Angehörigen: 40 Stunden).

Der völligen Vereinnahmung von Leib und Seele durch die Obrigkeit kann der Beamte allerdings entgehen, und zwar durch eine Teilzeitbeschäftigung bis zur Hälfte der regelmäßigen Arbeitszeit, soweit dem keine dienstlichen Belange entgegenstehen.[24] Sieht man dies in Verbindung mit den großenteils nicht genehmigungspflichtigen Nebentätigkeiten, zu denen wir noch kommen werden, so scheint es fast so, als ließe der Staat die Seinen nicht verkommen – wenn die Gesinnung stimmt.

Die Neutralitätspflicht

Offenbar kollidiert die Neutralitätspflicht nach den Paragrafen 52, Absatz 1 und 53 des Bundesbeamtengesetzes mit dem Recht auf freie Meinungsäußerung nach Grundgesetzartikel 5, Absatz 1.[25]

Im sogenannten *Kopftuchurteil,* in dem das Bundesverfassungsgericht zwar nicht über die politische, aber über die ähnlich gelagerte religiöse Betätigungsfreiheit entschied, wurde mit fünf gegen drei Richterstimmen einer muslimischen Lehrerin das Recht auf Einstellung als Beamtin auf Probe beziehungsweise das Recht auf Tragen eines Kopftuchs im Unterricht zuerkannt. Gegenteiliges könne aber der Gesetzgeber durchaus festlegen. Süffisant betont das höchste deutsche Gericht:

> »In einer Gesellschaft mit unterschiedlichen Glaubensüberzeugungen gibt es allerdings kein Recht darauf, von Bekundungen, kultischen Handlungen und religiösen Symbolen eines fremden Glaubens verschont zu bleiben.«

Dem hält das Minderheitsvotum entgegen:

> »Der Grundrechtsschutz für Beamte ist funktionell begrenzt. Wer Beamter wird, stellt sich in freier Willensentschließung auf die Seite des Staates. Beamtete Lehrer genießen bereits vom Ansatz her nicht denselben Grundrechtsschutz wie Eltern und Schüler: Sie sind vielmehr an Grundrechte gebunden, weil sie teilhaben an der Ausübung öffentlicher Gewalt.«

Im Klartext: Beamte sind in erster Linie Staats*diener* und bestenfalls in zweiter Linie demokratische Staats*bürger*.

Bei der politischen Neutralität gilt dieses Spannungsverhältnis von Beamtenpflichten und Staatsbürgerrechten natürlich erst recht. Nun ist der Begriff *politische Neutralität* äußerst dehnbar. Klar scheint nur das Verbot penetranter Übertreibung. So darf ein Beamter wohl kaum seinen Arbeitsplatz mit Wahlplakaten oder Flugblättern und sich selbst mit übergroßen Politplaketten schmücken. Kaum zu unterbinden dürfte dagegen selbst dümmliche *inhaltliche* Parteipropaganda ohne Nennung des Parteinamens sein. So kämen Forderungen nach Privatisierung aller

Sozialkassen, Arbeitsvermittlungen und Autobahnen oder nach Abschaffung von Kündigungsschutz und Flächentarifverträgen beim sozial eingestellten Publikum vermutlich als FDP-Agitation an, während umgekehrt einem konzernfreundlichen Abteilungsleiter die ständige Betonung von Menschenwürde und sozialer Gerechtigkeit als verkappte Werbung für die Linkspartei erschiene, ohne dass man dagegen disziplinarisch vorgehen könnte.

Das Neutralitätsgebot ist also faktisch nicht durchsetzbar, aber dennoch nicht überflüssig. Nicht ohne Grund führen zahlreiche soziale und humane Organisation in ihrem Namen das Wort »watch« – »scharf beobachten«. Und nicht selten ist schon einiges erreicht, wenn die Betreffenden wissen, dass man ihnen genau auf die Finger schaut.

So dürfte selbst der zur Neutralität verpflichtete Bundespräsident Horst Köhler den Vorwurf nicht so schnell loswerden, er betreibe permanente Propaganda für schwarz-gelben oder schwarz-roten Marktradikalismus, wenn nicht sogar für seine bisherige Partei CDU.[26]

Eine besondere beamtenrechtliche Absicherung erfordert die Neutralitätspflicht aber keinesfalls, eher im Gegenteil. Was nämlich ist hier mit *Neutralität* tatsächlich gemeint? Scheinausgewogene wortreiche Kommentare à la Ulrich Wickert in der Endphase? Wohl kaum. Eher schon, sich raushalten und seine Arbeit machen – und zwar egal welche und zum Nutzen welcher politischen Richtung.

Vom neutralen Beamten zum eigenschaftslosen, »moralneutralen« Untertan aber ist es nur ein Schritt. Was hier gefordert wird, ist im Kern dieselbe kriecherische Haltung wie die eines Nazi-Mitläufers, der dann noch Jahrzehnte später trotzig darauf verweist, sich nicht für Politik interessiert und nur Befehle befolgt zu haben.

So gesehen erscheint die besondere Neutralitätspflicht des

Beamten als Einfallstor für die Erziehung zum Duckmäusertum und Wiedereinführung des Untertanenstaates durch die Hintertür, vor allem wenn man sie in Verbindung mit der Gehorsamspflicht betrachtet. So lautet Paragraf 54 des Bundesbeamtengesetzes:

»Der Beamte hat seine Vorgesetzten zu beraten und zu unterstützen. Er ist verpflichtet, die von ihnen erlassenen Anordnungen auszuführen und ihre allgemeinen Richtlinien zu befolgen, sofern es sich nicht um Fälle handelt, in denen er nach besonderer gesetzlicher Vorschrift an Weisungen nicht gebunden und nur dem Gesetz unterworfen ist.«

Die Gewerkschaft der Polizei (GdP) erklärt es noch einmal für Begriffsstutzige:

»Beamte sind auch verpflichtet, Vorgesetzten ein achtungswürdiges und vertrauensgerechtes Verhalten entgegenzubringen. Bei despektierlichen Bemerkungen, erst recht bei Beleidigungen und übler Nachrede kann die Grenze zur Dienstpflichtverletzung schnell überschritten sein – mit disziplinarischen Konsequenzen für den Untergebenen.«[27]

Die Remonstrationspflicht

Obwohl also das Bundesbeamtengesetz den Weg zur Kriecherei mit der Pflicht zur Treue, voller Hingabe und zum Gehorsam gepflastert hat, so ist es – dem Wortlaut nach – keineswegs ein Freibrief für unterwürfige Untertanen. Ein Nazirichter des Typs Filbinger könnte sich jedenfalls nicht auf »Recht und Gesetz« berufen.

Es geht um das sogenannte *Remonstrationsrecht*[28], das ungeachtet der irreführenden Bezeichnung vor allem eine *Pflicht* ist, nämlich gegebenenfalls zu Einspruch, Gehorsamsverweigerung und Widerstand. Beamte müssen nämlich dienstliche Anweisungen oder Anordnungen daraufhin prüfen, ob sie legal und zweckmäßig (!) sind. Stimmt etwas nicht, *müssen* sie beim Vorgesetzten remonstrieren und falls der an der Anordnung festhält, sich an den nächsthöheren Vorgesetzten wenden. Bestätigt auch er die Anordnung, so muss sie ausgeführt werden – es sei denn, sie ist erkennbar strafbar oder ordnungswidrig, oder sie verletzt die Würde des Menschen.

Damit sind die Beamten fein raus. Einerseits entlasten sie sich und vermeiden Regressansprüche, andererseits erfüllen sie ihre Treuepflicht gegenüber dem deutschen Volke, von dem sie »Schaden abzuwenden« haben.

Aus diesem Widerspruch heraus, nämlich entweder wegen Ungehorsams oder wegen Ausführung illegaler Befehle zur Rechenschaft gezogen zu werden, ist das Remonstrationsrecht auch entstanden, und zwar nicht etwa erst im bundesdeutschen Rechtsstaat, sondern bereits in der Zeit nach dem Absolutismus. In der Württembergischen Verfassungsurkunde von 1819 wird sie erstmals erwähnt. Schon damals aber bezog sich die Eigenverantwortung auf das rein Formelle. Nur wenn eine Anordnung nicht einmal dem Buchstaben nach legal war, kam eine Remonstration in Betracht. Dies erinnert ein wenig an die amüsante Mafiadiktion: Die freundliche Bemerkung, der Schutzgeldverweigerer habe entzückende und gesunde Kinder, ist doch nie und nimmer ein verdeckter Entführungsbefehl …

In jüngster Zeit erregte besonders das *Befehlsverweigerungs-Urteil* vom 21. Juni 2005 die Gemüter. Das Bundesverwaltungsgericht billigte in einem Grundsatzurteil[29] dem Major Christian Pfaff das Recht auf Befehlsverweigerung zu. Pfaff entwickelte im

Streitkräfteamt Bonn im Jahre 2003 eine Computer-Software, die nach Fertigstellung sofort der US-Armee übergeben werden sollte. Seine Vorgesetzten konnten nicht ausdrücklich ausschließen, dass die Software nicht von der US-Armee für den Krieg gegen den Irak eingesetzt werden sollte. Am Tag des Kriegsbeginns hatte der engagierte Katholik Pfaff seine weitere Mitarbeit an der Software verweigert, woraufhin er zum Hauptmann degradiert und in den Sanitätsdienst abkommandiert wurde. Die Degradierung hob das Gericht natürlich auf.

Noch bemerkenswerter als die höchstrichterliche Bestätigung des Remonstrationsrechts ist die Tatsache, dass die Richter den Irakkrieg im Widerspruch zur obersten Heeresleitung offenbar nicht als legitimen Kreuzzug gegen das Reich des Bösen, sondern als illegale Aktion werteten und die Verweigerung der Beihilfe als Recht und Pflicht eines anständigen Soldaten.

Um so bezeichnender, dass dieser Fall einer Befehlsverweigerung aus Gewissensgründen der bis dato einzige in der Bundeswehr war. Zwar hatte es zuvor im Zusammenhang mit dem Irakkrieg zahlreiche Beschwerden von Soldaten gegeben – allerdings hatten die Soldaten nach Ablehnung ihrer Beschwerden aus verständlichen Gründen den mutigen Schritt zum Gericht doch nicht gewagt.

Nicht nur den erwähnten Göttinger Sieben brachte die mutige Remonstration also nichts als Ärger. Auch wer heutzutage remonstriert, macht sich bei der Obrigkeit selten Freunde, und manche von denen scheinen Mobbing für eine deutsche Tugend zu halten.

Stellvertretend sei hier zum einen der »Held der Flick-Affäre« genannt, der Steuerfahnder Klaus Förster. Durch Zufall war er in den siebziger Jahren der illegalen verdeckten Parteienfinanzierung auf die Spur gekommen und zur Vertuschung nicht bereit. Sein Lohn: Am 16. Februar 1987 verurteilt das Landgericht Bonn die Ex-Bundeswirtschaftsminister Hans Friderichs und Otto Graf Lambsdorff wegen Steuerhinterziehung zu Geldstrafen von 61 500 beziehungsweise 180 000 Mark.

Dabei war Fahnder Förster von seinen Vorgesetzten gebremst, vertröstet, schließlich gegen seinen Willen versetzt und erfolgreich herausgemobbt worden. Inzwischen arbeitet er als Rechtsanwalt.

Nicht viel besser erging es dem tapferen Augsburger Staatsanwalt Winfried Maier, der ab 1999 maßgeblich an der Aufdeckung der CDU-Spendenaffäre beteiligt war. Weil Maier ohne Rücksicht auf Verflechtungen zwischen bayerischer Landesregierung, Partei und Justiz mutig und unbestechlich ermittelte, warfen ihm seine Vorgesetzten »Illoyalität« vor und lobten ihn schließlich auf das Amt eines Münchener Familienrichters weg. Für seine Zivilcourage ehrte ihn die Humanistische Union im Jahre 2002 mit dem Preis »Aufrechter Gang«.

Sogar bei faktischer Remonstration droht mutigen und unbestechlichen Staatsdienern knallhartes Mobbing, wie Helmut Lorscheid in der *Zeit* vom 1. Juli 2004 berichtete. So hatte ein aufmerksamer Zollbeamter am Frankfurter Flughafen etwas Verdächtiges bemerkt, noch während der Nachtschicht Bundes- und Zollkriminalamt (ZKA) alarmiert und so den Export von Hochleistungsschaltern in den Iran verhindert, die man laut ZKA auch für den Bau von Atomwaffenzündern verwenden kann. Doch was der ZKA-Sprecher Leonhard Bierl sogar im ZDF lobte, war für die zuständige Oberfinanzdirektion Koblenz ein Kündigungsgrund. Sie warf dem Beamten in einem Schreiben vor, er habe »... vorsätzlich bzw. zumindest grob fahrlässig (seine) dienstlichen Kompetenzen durch eigenmächtige Korrespondenz mit Bundeskriminalamt, Zollkriminalamt ohne die zuvor erforderliche Einschaltung der Schicht- bzw. Abfertigungsleitung überschritten«. Erst als Medien berichteten, wurde dieser Vorwurf zurückgezogen.

Die Verschwiegenheitspflicht

Nun ließen die Damen und Herren Gesetzgeber das Remonstrationsrecht natürlich nicht so allein und traurig im Bundesbeamtengesetz stehen, sondern stellten ihm mit dem Paragrafen 61 und dem Strafgesetzbuchparagrafen 353b die Verschwiegenheitspflicht zur Seite.[30] Offiziell soll sie zum Beispiel verhindern, dass Beamte durch Ausplaudern oder Verkaufen von Interna wie Razziaterminen, Terrorismuserkenntnissen oder Militärgeheimnissen dem Land Schaden zufügen. Mindestens ebenso nützlich ist sie aber für die Einschüchterung, Behinderung und Isolierung unliebsamer Remonstranten.

Daher bleiben Fälle von »Widerspenstigkeit« meist unter der Decke: Es gehört zum »Wesensgehalt [des Remonstrationsrechts; T. W.], dass es sich nicht öffentlich manifestiert. Remonstrierende Beamte tun dies nicht vor aller Augen, und sie bekennen sich auch nicht dazu. Im Gegenteil: Das Verbot der Flucht an die Öffentlichkeit hindert sie häufig daran, auch nur dienstintern bekannt werden zu lassen, dass, warum und mit welchem Ergebnis sie remonstriert haben.«[31]

Denn eines kann die Obrigkeit am wenigsten brauchen: dass der Typus des aufrechten Demokraten im Staatsdienst Schule macht. »Erfahrene, standfeste Beamte mögen auch noch so oft mit Erfolg remonstrieren – die anderen Beschäftigten erfahren kaum je davon und können sich nicht an dem Vorbild orientieren.«[32]

Besonders der rot-grüne Bundesinnenminister Otto Schily (SPD) verstand mit Indiskretion keinen Spaß. Von 2002 bis zum Regierungswechsel 2005 ermächtigte er in mindestens 15 Fällen die Strafverfolgungsbehörden zu Ermittlungen wegen Geheimnisverrat gegen Mitarbeiter des eigenen Hauses und nachgeordneter Behörden. Für die ehemalige Justizministerin Sabine

Leutheusser-Schnarrenberger (FDP) ein Beweis, »dass solche Verfahren regelmäßig stattfinden, ohne dass die Öffentlichkeit davon erfährt«. Ein geschmackloser Witz aus dieser Zeit lautet: »Die Aussage, Otto Schily stehe mit der Demokratie auf Kriegsfuß, ist vielleicht eine Beleidigung, mit Sicherheit aber Geheimnisverrat.«

Und tatsächlich: Kurz bevor die Wähler am 18. September 2005 den Innenminister in den wohlverdienten Ruhestand schickten, verabschiedete der sich standesgemäß mit einem Paukenschlag.

Er genehmigte und verteidigte die Durchsuchungen der Räume der Zeitschrift *Cicero* und der Privaträume ihres Mitarbeiters Bruno Schirra am 12. September. Der frühere *Zeit*-Journalist Schirra hatte in einem Bericht[33] aus einem Geheimdokument des Bundeskriminalamts (BKA) zitiert, und einziges Ziel der Razzien war offenbar die Enttarnung undichter Stellen im BKA. Deshalb ermittelte die Staatsanwaltschaft Potsdam gegen Schirra auch »nur« wegen Beihilfe zum Geheimnisverrat. Prompt hatte Schily nicht nur maßgebliche Vertreter sämtlicher Bundestagsparteien, sondern auch die geballte Macht der Medienvertreter gegen sich. *Cicero*-Chefredakteur Wolfram Weimer, als früherer Chef der *Welt* nicht gerade ein Staatsfeind, bescheinigte Schily »Gutsherrenart«, und der mächtige Deutsche Journalistenverband sah in dem Vorgehen Schilys einen klaren Bruch der Pressefreiheit.

Man kann sich unschwer vorstellen, wie die Jagd auf ein Leck im Amt erst aussieht, wenn durch Indiskretionen schweres Fehlverhalten von Beamten oder gar Politikern aufgedeckt wird.

Eine Einladung zur Vertuschung bietet auch die Genehmigungspflicht für Zeugenaussagen.[34] Deshalb ist ihre Ablehnung auch häufig umstritten. Austauschbares Beispiel ist der Vorwurf der damaligen CDU-Opposition in Schleswig-Holstein gegen Ministerpräsidentin Heide Simonis, mit der Verweigerung der

Aussagegenehmigung für Regierungsmitarbeiter im Untersuchungsausschuss über »Regierungsfilz«[35] werde »der parlamentarische Anstand verletzt«. In einem anderen Fall wollten zwei Hamburger Regierungsdirektoren mehrere Beamte, denen ein Versandhaus für die bevorzugte Bearbeitung von Textilimporten jahrelang Einkaufsrabatte gewährt hatte, beim Staatsanwalt verpfeifen, wurden aber laut *Spiegel* vom Behördenchef zur »Amtsverschwiegenheit« verpflichtet und als »selbsternannte Saubermänner« beschimpft. Als die beiden vor dem Verwaltungsgericht endlich ihr Aussagerecht erstritten hatten, waren die Rabatt-Delikte gerade verjährt.

Letzteres Beispiel beantwortet zum Teil die Frage »*cui bono?*« – wem nützt die Geheimniskrämerei? Dabei ist das Decken korrupter Alltagsgeschäfte zwischen Staatdienern und der eigenverantwortlichen Privatwirtschaft noch vergleichsweise harmlos, verglichen mit der »Diskretion« bei Seuchen und Nahrungsmittelskandalen.

So deutete Bayerns SPD Ende 2005 leise an, Edmund Stoibers Staatsregierung habe im Herbst 2000 den ersten Fall der Rinderseuche BSE sieben Wochen lang vertuscht. Und beim Theater um verbotenes krebserregendes Pflanzengift im Öko-Futter, dem Nitrofenskandal, fragte *Spiegel Online* in einer Schlagzeile: »Hatte Brandenburger Ministerium schon vor eineinhalb Monaten Verdacht?«

Es liegt auf der Hand, dass eine Regierung um so ungenierter verheimlichen und vertuschen kann, je stärker ihr Apparat durch die Verschwiegenheitspflicht und ihr Zubehör eingeschüchtert ist.

Nach Überzeugung des Parteienforschers Hans Herbert von Arnim

»beruht das ganze Konzept der Amtsverschwiegenheit und des Amtsgeheimnisses auf einer überholten obrigkeitsstaatlichen Konzeption, die dem Staat Eigenwert zumisst, obwohl er doch nach demokratischen Grundsätzen ausschließlich um der Bürger willen da ist. Das stellt das Grundgesetz bereits in seinem Artikel 1 klar. In einer Demokratie, die für die Bürger und durch die Bürger regiert werden sollte, muss eigentlich das umgekehrte Prinzip gelten, das Prinzip der grundsätzlichen Öffentlichkeit.«

Das Informationsfreiheitsgesetz

Als juristischer Spielverderber für hemmungslose Diskretion gilt das Informationsfreiheitsgesetz (IFG)[36] vom Sommer 2005, gültig seit dem 1. Januar 2006. Dieses Gesetz bedeutet im Prinzip eine faktische Abkehr von Verschwiegenheitspflicht und Amtsgeheimnis: Wurden bisher Informationen der Verwaltung nur im Ausnahmefall an Bürger weitergegeben, etwa bei Akteneinsicht in eigener Sache, so muss seitdem die Behörde begründen, warum sie im Ausnahmefall etwas nicht herausgeben will, zum Beispiel wegen des Datenschutzes oder des Schutzes von Betriebsgeheimnissen.

Nun besteht allein deshalb noch kein Anlass für Demokratiefeiern. Bereits am 21. Februar 2002 hatte der Europarat eine Empfehlung veröffentlicht, Informationsfreiheitsgesetze in allen Mitgliedsstaaten des Europarats zu verabschieden. Deutschland tat dies als vorletzter Staat, nur das Steuerhinterzieherparadies Luxemburg fehlt noch.

Nicht zufällig wurde das Gesetz von der rot-grünen Koalition nur gegen den erbitterten Widerstand der eigenen Regierung im Verein mit Ministerialbürokratie, CDU/CSU-Opposition und Teilen der Wirtschaft durchgesetzt, unterstützt allerdings von einer FDP, der angesichts des Wahlkampfs das Gesetz nicht einmal weit genug ging.

Gegen das Gesetz liefen vor allem die üblichen Verdächtigen

Sturm. »Einer hockt hinten drauf und bremst: Schily«, titelte die Internetzeitung *Saar-Echo,* und ideologischen Feuerschutz im Bundestag erhielt der Law-and-order-Minister wie so oft vom CSU-Rechtsaußen Norbert Geis: »Eine generelle Informationsfreiheit bringt auch die Gefahr, dass sich kriminelle oder extremistische Kreise das Gesetz zunutze machen.«

Zyniker könnten an dieser Stelle bemerken: Angesichts der vielen titelseitenfüllenden Fälle von Beamtenbestechung zwecks Informationsbeschaffung durch Kriminelle reduziert sich dieses Problem offenbar auf ein finanzielles – wer von der Behörde etwas wissen will, muss künftig weniger tief in die Tasche greifen. Anders ausgedrückt: Es ist gar kein Fall vorstellbar, in dem zwielichtige Gesellen durch das neue Gesetz an Informationen herankämen, die sie sich nicht vorher auch beschafft hätten.

An die Schichtwechselpläne der Polizisten vor dem Bundeskanzleramt und eine Aufstellung der in Deutschland lagernden US-Atomwaffen kommt der unbescholtene Bürger jedenfalls auch mit Informationsfreiheitsgesetzen nicht heran, ja nicht einmal an den Terminkalender des Berliner Regierenden Bürgermeisters Klaus Wowereit, wie von einem Journalisten beantragt und vom Verwaltungsgericht abgelehnt.

Den ungebetenen Profiteur des Gesetzes scheint die Obrigkeit denn auch nicht wirklich in Al Capone oder Bin Laden zu sehen, sondern im Volke, vor allem in dessen Funktion als Verbraucher.

In Nordrhein-Westfallen etwa, das ebenso wie inzwischen die meisten anderen Bundesländer ein eigenes Informationsfreiheitsgesetz hat, erhielten WDR-Reporter während des Gammelfleischskandals auf die Frage nach den Namen der Lieferanten Ende 2005 fast durchweg pampige Antworten, wie die einer Staatsdienerin in Mönchengladbach: »Wir informieren doch nicht jeden x-beliebigen Bürger über die Hygienesituation unserer Betriebe.«

Der verantwortliche Verbraucherschutzminister Uhlenberg (CDU), der die Gammelfleischhändler übrigens als »Opfer« bezeichnet und daher ihre Namen vor den Verbrauchern schützt, erklärt zu den Telefonauftritten seiner Truppe, er habe alle Behörden angewiesen, Verbraucherfragen ernst zu nehmen und nicht ausweichend zu antworten. Im Frühjahr 2006 bekam der Schutz der schwarzen Schafe vor dem Verbraucher den zynischen Namen *Verbraucherinformationsgesetz*. Was die Union generell unter Überregulierung versteht, zeigte beispielhaft Bundesverbraucherschutzminister Horst Seehofer (CSU) mit dem Kommentar zu seinem laschen Gesetzestext: Weiter habe man nicht gehen können, denn das hätte mehr Bürokratie bedeutet.

»Was für ein Unsinn!« schreibt Reiner Metzger in der *tageszeitung*. »Die Behörden sammeln doch längst vielfältige Daten. Sie dürfen viele davon aber trotz des neuen Gesetzes nicht veröffentlichen – so etwa auch, wer giftiges Gemüse verkauft.«

Die Quittung für derlei »unbürokratischen« Umgang mit der Lebensmittelhygiene brachte der große Gammelfleischskandal im Herbst 2006. Acht Bundesländer – Hessen, Baden-Württemberg, Hamburg, Bayern, Rheinland-Pfalz, Niedersachsen, Nordrhein-Westfalen sowie das Saarland – waren betroffen, und schon bald gehörte die tägliche Gammelfleischmeldung so zum Nachrichtenalltag wie der Wetterbericht. Dabei sollen insbesondere Bayerns Behörden »seit Monaten« *(Spiegel)* Bescheid gewusst haben. Selbst das Bundesverbraucherministerium von CSU-Mann Seehofer monierte, der Freistaat habe erst mit Verspätung über den Gammelfleischskandal informiert.

Schlagartig wurde klar, dass die »Einzelfälle« und »schwarzen Schafe« in Wahrheit eine bestens organisierte Fleischmafia sind.

Jetzt auf einmal, nach fünf Jahren Diskussion und zwei gescheiterten Anläufen, wurde im September 2006 das Verbraucherinformationsgesetz auch vom Bundesrat durchgewinkt. Nunmehr müssen – bisher: konnten – Behörden bei Gesundheitsgefahren und Rechtsverstößen die Namen von Firmen oder Produkten nennen. FDP, Linkspartei, Grüne und Verbraucherschützer halten das Gesetz allerdings für einen »zahnlosen Tiger«. Die Rede war von einem »Informationsverhinderungsgesetz«, da »die Ausnahmen zur Regel« würden und Gammelfleischhändler in Wahrheit geschützt wären.

Wie lange die Politik angesichts dieser Entwicklung ihre Logik »echte Kontrollen sind zu bürokratisch« sowie »schonungslose Enttarnung und harte Bestrafung gefährdet Arbeitsplätze« durchhält, bleibt abzuwarten.

Die disziplinarischen Grenzen des Beamten

Natürlich können auch Beamte nicht tun und lassen, was sie wollen. Was dem privaten Arbeitnehmer das Arbeitsrecht, das ist dem Beamten das Disziplinarrecht, also das Bundesdisziplinargesetz vom 9. Juli 2001. Und so viel besser als der Beschäftigte in der freien Wirtschaft steht er auf dem Papier gar nicht da: Ihm drohen Verweis, Geldbuße, Kürzung der Dienstbezüge, Zurückstufung und Entfernung aus dem Beamtenverhältnis. Ruheständler erwartet die Kürzung oder Aberkennung des Ruhegehalts. Nicht immer wird derartiges vom Betroffenen freudig hingenommen: Das Arbeitsgericht des Beamten ist das Verwaltungsgericht.

Bei Pflichtverletzungen in Form von Amtsdelikten wie Bestechlichkeit oder Rechtsbeugung sowie bei außerdienstlichen Straftaten wie Ladendiebstahl oder Raubüberfall zieht aber der Hinweis auf das Verbot der Doppelbestrafung[37] nur bedingt, da

Disziplinarmaßnahmen eben als solche gelten: als Aufmunterung zur Besserung, nicht als Strafe, wenn auch nach Paragraf 14 des Bundesdisziplinargesetzes ein rechtskräftig Verurteilter quasi als »schon gestraft genug« um die Disziplinarmaßnahme herumkommen kann. Allerdings kann es nicht passieren, dass uns ein verurteilter Totschläger, ein chinesischer Spion oder ein politisch ganz anders Denkender am Schalter gegenübersteht: Ab einem Jahr Freiheitsstrafe wegen »normaler« und einem halben Jahr wegen politischer Delikte ist der Beamte die längste Zeit Beamter gewesen.[38]

Fazit: Die Pflicht als Vergünstigung

»Du bist etwas ganz Besonderes.« Diesen Balzspruch fitnessstudiogestörter Männlein gegenüber pilchergeschädigten Weiblein sagt wahrscheinlich so mancher Beamter morgens vor dem Spiegel zu sich selbst.

Auch der Hamburger Rechtsprofessor Hans Peter Bull beklagte anlässlich einer Bundestagsanhörung, viele Beamte hielten die Treue- und Hingabepflicht immer noch für eine Art persönliche Bindung an den Staat oder seine Repräsentanten und meinten, »sie wüssten besser als Parteien, Abgeordnete und Interessenvertreter, was das Allgemeinwohl gebietet«.[39]

Dieses althergebrachte Selbstwertgefühl, das sich frei nach dem Sänger Peter Petrel mit »Ich habe nur einen Fehler – ich bin viel zu bescheiden« beschreiben lässt, gilt natürlich nicht für alle Beamten gleichermaßen: für die Unfallchirurgin oder den Brandmeister vermutlich weniger als für die Ministerialdirektorin mit jährlichem »Kurlaub« auf Sylt und den BWL-Professor mit Forschungssemester in der Toskana.

Letztere Gattung aber ist man versucht zu fragen, worauf sie sich eigentlich etwas einbildet.

Unterscheiden sich zum Beispiel ihre Pflichten so sehr von denen normaler Arbeitnehmer? Oder banaler und damit genauer gefragt: Was müssen Beamte, was Arbeiter und Angestellte nicht müssen?

Der Eid und die »hergebrachten Grundsätze des Berufsbeamtentums« sind zwar eine Aufforderung zur moralfreien Unterwürfigkeit. Ein alternativloser Sachzwang ist die Duckmäuserei aber schon allein wegen des Remonstrationsrechts noch lange nicht. Die heimliche Rechtsverordnung ist das Mobbing. Dies aber gilt genauso oder verschärft für private Arbeitnehmer. Auch ohne Eid, Gehorsams- und Dienstpflicht oder besonderes Disziplinarrecht haben sie im Konfliktfall meist keine anderen Abwehrmittel als ihre eigene Courage, die Solidarität der Kollegen, der Gewerkschaft und zuweilen der Öffentlichkeit sowie die Gerichte. Über die Zwangsversetzung von Beamten können Konzernmitarbeiter nur müde lächeln. Weigern die sich nämlich, von München nach Bitterfeld zu ziehen, dann landen sie häufig entweder als Kunden bei der Arbeitsagentur, als Mobbing-Opfer in der Psychiatrie oder als Helden in der *Tagesschau*. Gleiches gilt für die »volle Hingabe«. Von frei gewählter Teilzeitarbeit oder fairer Abrechnung von Überstunden können viele Private nur träumen, und selbst das staatliche Einkommensdiktat wirkt paradiesisch im Vergleich zu Lohn- und Gehaltskürzungen, die Arbeitnehmer-»Vertreter« mit der Moral korrupter VW-Betriebsräte tarifautonom aushandeln.

Kurz gesagt: In Zeiten des »Umbaus« des Rechts- und Sozialstaats mutieren selbst die Pflichten der Beamten von Nachteilen zu Vergünstigungen. Darauf wiederum könnten sie sich etwas einbilden.

3. Die Rechte der Beamten – Finanzielle und andere Extrawürste

Im Oktober 2004 erschütterte ein skurriler Streit das Lager der wirtschaftsliberalen Sozialstaatsabschaffer. Ausgerechnet einer seiner mutigsten Frontkämpfer, der Leiter des Münchener IFO-Instituts und Wirtschaftsprofessor Hans-Werner Sinn, scherte aus der Phalanx der notorischen Beamtenbeschimpfer aus und gab es den Staatsdienern in seinen *Sieben Wahrheiten über Beamte* sogar schriftlich:

> »Die Beamten sind viel billiger und fleißiger als ihr Ruf. Seien wir froh, dass wir sie haben.«[40]

Prompt setzte ihm der Deutsche Beamtenbund den verbalen Lorbeerkranz auf: »Institut für Wirtschaftsforschung räumt mit Beamtenklischees auf.«

Dies schien einigermaßen sensationell: Wie kann man dem öffentlichen Dienst bis auf einen für Recht und Ordnung zuständigen Rest den Garaus machen wollen und gleichzeitig seine resistenteste Gruppe, die Beamten, moralisch aufbauen?

Die Angst vor Sinns Abdriften ins soziale Lager war indes unbegründet. Der marktradikale Denker hat noch immer das volle Programm drauf: Löhne und Unternehmenssteuern runter, Arbeitszeit rauf, Kündigungsschutz weg. Kommentar der *Zeit:* »Seine Rezepte begeistern die Arbeitgeber und entsetzen die Gewerkschaften.« Wie zum Beispiel Michael Sommer, der ihm in einer Buchbesprechung attestiert: »Mit einer ähnlichen Gebetsmühle wurde auch im real existierenden Sozialismus vergeblich geklappert.«

Gemeint ist die Forderung nach freiwilliger Verarmung zugunsten von Wohlstand am Sankt-Nimmerleins-Tag.

Eine solche Vorstellung stößt natürlich nicht auf ungeteilte Sympathie. Ihre direkte Umsetzung wurde denn auch bei der Bundestagswahl 2005 verhindert. Von daher ist Sinns Überlegung verständlich: Stellt er die Beamten als unterbezahlter und fleißiger als die Arbeitnehmer dar, dann verliert er sie momentan zwar als Buhmänner und -frauen, gewinnt sie aber als leuchtendes Vorbild.

Da es also für die Marktradikalen eine der leichtesten Übungen zu sein scheint, den Vergleich von Beamten mit Angestellten je nach momentaner Interessenlage höchst unterschiedlich ausfallen zu lassen, ist ein eigenes Urteil um so ratsamer.

Einmal Beamter, immer Beamter

Beamter auf Lebenszeit kann jeder der freiheitlich-demokratischen Grundordnung treue Staatsbürger eines EU-Landes ab dem 27. Lebensjahr werden, der hoheitsrechtliche oder für die Staatssicherheit notwendige Aufgaben erfüllt.

Dabei ist »auf Lebenszeit« durchaus wörtlich zu nehmen, denn Beamte können aus dem Ruhestand ins Beamtenverhältnis zurückberufen werden. Diese – nur durch das sprichwörtliche »Klauen silberner Löffel« gefährdete – Unkündbarkeit begreifen manche wirtschaftsliberale Einpeitscher als Steilvorlage für eine Neidkampagne der Marke »Teile und herrsche«. So wird in dem Boulevardbüchlein über Beamte *Beamte – die Privilegierten der Nation*[41] die längst enttarnte Propagandalüge[42] vom Ende der »fetten Jahre« wiedergekäut und etwaigen Lesern versichert, von lebenslanger Beschäftigungsgarantie könnten sie »nur träumen« – um dann im typischen Pisa-Denglisch »Return on Gehalt« zu propagieren: Arbeitnehmer mit zu geringem »Zielerreichungsgrad« fliegen raus. Beispiel für dieses Modell ist rein zufällig eine Zeitarbeitsfirma, die mit diesem Dreh bis zu zehn Prozent ihres Personals austauschte.[43]

Da der Neid zur Marktwirtschaft gehört wie das Doping zum Profisport, sind gerade in Zeiten beharrlich schwindender und immer unsichererer Arbeitsplätze viele Normalbürger schlicht neidisch auf die Beamten. Dies ist die Stunde der marktradikalen Aufwiegler.

Wie immer Spitze beim Gegeneinanderausspielen von Bevölkerungsgruppen ist die gelernte Flugbegleiterin Sabine Christiansen. Titel ihrer Sendung vom 12. März 2006 über den damaligen Arbeitskampf des öffentlichen Dienstes gegen Arbeitszeitverlängerung als Vorbereitung zu massivstem Stellenabbau: »Streik der Privilegierten – geht es den Staatsdienern immer noch zu gut?« Und in der Ankündigung: »Vor allem Arbeitslose und Rentner blicken in eine trübe Zukunft. Doch im öffentlichen Dienst – immer noch der Sektor mit den sicheren Arbeitsplätzen – wird seit 5 Wochen gestreikt.«

Amüsant dabei: Wer fordert, die Staatsdiener sollten gefälligst ebenso in ständiger Angst vor einem Leben ohne Arbeitsplatz und menschenwürdiges Einkommen leben wie die Arbeitnehmer und ihren Lebensstandard an dem der sozial Schwächsten orientieren, der will genau das, was er im Kalten Krieg den Ostblocksystemen unterstellt hat: eine Angleichung der Lebens- und Arbeitsbedingungen nach unten – Vermögende und ihre Medienvertreter natürlich ausgenommen.

Aber so richtig will es mit dem Aufhetzen noch nicht klappen. So wird auch in erwähntem Beamtenbüchlein verärgert vermerkt, »dass weite Kreise der Bevölkerung die zunehmende Zweiteilung unserer Gesellschaft gelassen hinnehmen«.[44] Was erwartet man denn? Dass die Bürger den Beamten ein B an die Wohnungstür malen, ihnen dann die Scheiben einwerfen und die Bude abfackeln?

Immerhin ruft Oswald Metzger, Botschafter der Arbeitgeberorganisation Initiative Neue Soziale Marktwirtschaft, bereits zielstrebig zum »bürgerlichen Ungehorsam gegen behäbige Versorgungsmentalität von Amts wegen« auf.

Krankmacher Arbeitsplatzangst – Fehlanzeige

Unbestreitbar ist Arbeitslosigkeit eine rundum schlechte Sache, weil sie außer materieller Einschränkung auch eine Beschädigung der Menschenwürde und des Selbstwertgefühls bedeuten kann – wobei das erste häufig das zweite bedingt. Kein Geld bedeutet Verlust von Lebensqualität durch den Verlust sozialer Kontakte, und seien dies nur Kino oder Kneipe, Theater oder Tierpark. Schlimmer noch: Wehe, die Klatschmedien erwischen einen »Drückeberger« im Fußballstadion oder im Schwimmbad: »Zahlt das die Arbeitsagentur?«

Wenn also Arbeitslosigkeit krank macht, dann natürlich auch die Angst davor. Und dann ist die Unkündbarkeit ganz eindeutig ein sehr großes Privileg.

In Zahlen auszudrücken ist dies aber nicht, jedenfalls nicht seriös. Der Grund ist simpel und logisch einleuchtend: Entweder jemand ist arbeitsunfähig, oder er macht blau. Aber welcher Straßenzeitungs-Redakteur oder Arbeitgeber-Ökonom will das entscheiden: Selbst zwei völlig integre und fachlich brillante Ärzte wären bei denselben Patienten oft nicht einer Meinung. Wann zum Beispiel ist ein Schmerz gespielt und wann echt? Wann ist der echte Schmerz unerträglich? Wann hält sich der ehrliche Patient für arbeitsunfähig? Wann ist und fühlt sich der Patient krank und arbeitet aus Angst um den Job aber trotzdem?

Was sagt also eine Statistik, wonach Beamte häufiger krank sind als Arbeitnehmer?

Dass sie mangels Kündigungsangst häufiger blaumachen?

Vielleicht leben sie ja auch ungesünder? Vielleicht lassen sich aber auch gar nicht Beamte zu häufig, sondern Arbeitnehmer aus Angst zu selten krank schreiben? Obwohl also die Beamten durch ihre Unkündbarkeit auch einen gesundheitlichen Vorteil haben, steht fest, dass zahlenmäßige Aussagen schlicht Scharlatanerie sind.

Finanzielle Vorteile der Unkündbarkeit – Was ist Ihnen die Sache wert?

Nun hat ein sicherer Arbeitsplatz nicht nur eine seelische, sondern auch eine handfest materielle Komponente.

Eine der am häufigsten gestellten Fragen unserer Zeit lautet: »Was ist, wenn ich arbeitslos werde?« Damit nehmen Sie Vermietern und Kreditgebern das Wort aus dem Mund: »Was ist, wenn Sie arbeitslos werden?« Selbst rote, schwarze, grüne oder gelbe Leistungsgesellschafter müssten da schon Bürgschaften der Erbtante, der Politseilschaft oder des Parteispenders vorlegen – dummdreiste Sprüche reichen weder der Wohnungsgesellschaft noch der Bank.

Und selbst wenn es mit dem Kredit klappt, so bleibt das Zukunftsrisiko. Fast jeder Bürger kennt inzwischen Leute oder hat von ihnen gehört, die Haus und Luxusschlitten weit unter Wert verkaufen oder sogar noch nicht abbezahltes Mobiliar zurückgeben mussten.

Nicht zu vergessen die Bedeutung eines sicheren Arbeitsplatzes und Einkommens für den Kinderwunsch und seine Verwirklichung. Kein Wunder also, dass Beamte überdurchschnittlich viele Kinder haben, die zudem häufiger studieren als andere Kinder.

Nun kann man auch dieses Problem unappetitlich angehen, und wie immer sind da sofort die sozialstaatsfeindlichen Gehirnwäscher zur Stelle, diesmal als plumpe Erpresser. So fragt besagtes Beamtenbüchlein, auf wieviel Einkommen die Menschen zugunsten einer lebenslangen Arbeitsplatzgarantie verzichten würden, und behauptet unter Berufung auf »Kollegen, Familie und Freunde«, auf fünf bis dreißig Prozent. Nur des Schmunzeleffekts wegen sei erwähnt, dass die Autoren auf *dieser* Basis dem Nettostundenlohn des Beamten eine Art Unkündbarkeitswert von zehn Prozent zuschlagen, um ihn mit dem von normalen Steuerzahlern vergleichen zu können.[45]

»Was ist Ihnen die Sache wert?« – kennen wir diese Frage nicht zur Genüge aus Erpresser- und Kidnapperfilmen? Und ist es nicht stets die Verbrecherbagage, die den Opfern diese Frage stellt? Im Film allerdings landet dieser Abschaum meist dort, wo er hingehört. Nun gehören aber auch zur Erpressung immer zwei. Daher kann man – ohne das weiter zu vertiefen – Gewerkschaftsführer, die Lohnverzicht gegen Arbeitsplatzversprechen eintauschen, durchaus mit eingeschüchterten Schutzgeldzahlern vergleichen.

Rundumgesichert: Der Haftungsausschluss

Der Beamte hat also ausgesorgt, wenn er »keine silbernen Löffel klaut«. Was aber ist, wenn er welche kaputtmacht oder verbummelt?

Viele haarsträubenden Entscheidungen und Verschwendungen durch Beamte werden oft erst vor dem Hintergrund jenes wertvollen Grundgesetzartikels 34 verständlich:

»Verletzt jemand in Ausübung eines ihm anvertrauten öffentlichen Amtes die ihm einem Dritten gegenüber obliegende Amtspflicht, so trifft die Verantwortlichkeit grundsätzlich den Staat oder die Körperschaft, in deren Dienst er steht. Bei Vorsatz oder grober Fahrlässigkeit bleibt der Rückgriff vorbehalten. Für den Anspruch auf Schadensersatz und für den Rückgriff darf der ordentliche Rechtsweg nicht ausgeschlossen werden.«

Wie wichtig ein solcher Freibrief ist, beweist die berüchtigte Haftungsfreistellung für grobe Fahrlässigkeit bei DDR-Abwicklung, die der damalige verantwortliche Finanzminister Theo Waigel am 26. Oktober 1990 der nicht beamteten Treuhandchefin Birgit Breuel und der gesamten Anstaltsleitung erteilte:

»Hiermit ermächtige ich den Vorstand, namens der Treuhand die Mitglieder des Verwaltungsrates von der Haftung für grobe Fahrlässigkeit bis zum 30. Juni 1991 freizustellen. Ferner werden Sie ermächtigt, für die zweijährige Laufzeit der Bestellung der Verwaltungsratsmitglieder eine Freistellung von der Haftung für leichte Fahrlässigkeit vorzusehen.«[46]

Der *konkret*-Kolumnist Otto Köhler folgerte: »Die Waigel-Ermächtigung war ein vollkommener Ablass für jeden Unterschleif, jeden Betrug, wenn er nur zur eiligen Desindustrialisierung Ostdeutschlands führte …«

Nun ist die DDR-Abwicklung durch die Treuhand ein Kapitel für sich. Durchaus relevant für die Arbeit von Beamten ist aber, wie Breuel vor dem Treuhand-Untersuchungsausschuss des Bundestages die Haftungsfreistellung als zwingende Voraussetzung der Arbeit der Treuhand begründete:

»Schon die Sorge vor einer bloßen Drohung mit Schadensansprüchen in der Öffentlichkeit muss … bei den hiervon Betroffenen Vorsorgemaßnahmen auslösen, die persönlich und finanziell belastend sind.«[47]

Dieses Buch wird noch bei einigen Fällen finanziell desaströser Entscheidungen die Frage aufwerfen, ob der verantwortliche Beamte im Falle einer persönlichen Haftung bis hin zur Taschenpfändung genauso entschieden hätte.

Normalos nach Leistung – Beamte nach ihren Bedürfnissen?

Beamte werden nicht nach Leistung bezahlt; vielmehr stellt das Bundesverfassungsgericht die sogenannte Fürsorgepflicht klar:

> »Ein für das Beamtenverhältnis und das Berufsrichterrecht wesentlicher hergebrachter Grundsatz im Sinne des Art. 33 Abs. 5 GG ist der Grundsatz, dass der Dienstherr verpflichtet ist, den Beamten und seine Familie amtsangemessen zu alimentieren.«[48]

Nun gehört das Wort »angemessen« zu den dehnbarsten der deutschen Sprache, und für manch einen klingt es nach Ferrari, Jagdschloss, Kammerdiener, Brionizwirn und für die lieben Kleinen die Schweizer Eliteschule. Deshalb schränkt das Gericht vorsichtshalber gleich im nächsten Satz etwaige schlaraffische Phantasien wieder ein:

> »Es gibt jedoch keinen Grundsatz im Sinne des Art. 33 Abs. 5 GG, wonach die Besoldung des Beamten sich aus Grundgehalt, Kinderzuschlag und Ortszuschlag zusammensetzen müsste; auch keinen Grundsatz, wonach der Beamte einen besonderen Anspruch auf ausreichende ›Alimentation seiner Kinder‹ hätte.«[49]

Bemerkenswert ist allerdings, dass »amtsangemessen« auch gewollte Differenzierung des Lebensstils bedeutet. So ist für einen beamteten Staatssekretär wie den wegen Schmiergeldannahme zu 27 Monaten Haft verurteilten Holger Pfahls etwa viermal soviel Geld für Lebensqualität angemessen wie für einen Polizeimeister, von denen der eine oder andere schon mal im Dienst erschossen wird. Die Pointe ist, dass dieses Geld ja gerade *nicht* mit der Leistung begründet wird. Damit schimmert der alte Ständestaat sogar im Beamtentum durch. Motto: Für die verehrten Herren Pfahls und Co. sind Hummercocktail und Jahrgangssekt gerade gut genug. Für Wachtmeister Krause, den Banausen, reichen auch Curry mit Pommes und eine Selters.

Ist es übrigens so verwerflich, dass der Beamte das nimmt, was man ihm anbietet? Greift nicht auch die Niete im Nadelstreifen das Traumgehalt ab, die steindumme Skandalnudel den millionenschweren Werbevertrag, der abgebrochene Student den Ministerposten und der Milliardärserbe die Steuersenkungsgeschenke?

Schutz vor Ausgrenzung durch Arbeitslosigkeit und materielle Absicherung auch bei Krankheit und im Alter sind grundgesetzlich für die gesamte Gesellschaft erstrebenswert und Voraussetzung für die Wahrung der Menschenwürde.

Ein Leben voll Risiko, voll Ungewissheit über das Morgen und ohne Möglichkeit zur Lebensplanung empfehlen – abgesehen von den üblichen marktradikalen Spruchbeuteln – vor allem zwei kleine Minderheiten:

- Die Aufrechten: Spätpubertäre Größenwahnsinnige, die ernsthaft meinen, sich im Konkurrenzkampf jeder gegen jeden durchsetzen zu können. Sie sind aber auch ziemlich sicher, Michael Schumacher (oder Fernando Alonso) in Monza schlagen und Heidi Klum (oder Brad Pitt) ins Ritz abschleppen zu können. Dieser Menschenschlag spuckte während der kurzen

Sumpfblüte der New Economy die lautesten Töne und glänzt heute mit dem lautesten Jammern in den Fluren der Arbeitsagentur.
- Die Heuchler: Mitbürger, die durch ererbten, erheirateten oder erschwindelten Reichtum, vielleicht auch durch private oder staatliche Vorsorge bis ans Lebensende optimal abgesichert sind. Diese Spezies will anderen Menschen leichthin etwas zumuten, was für sie selbst niemals in Betracht käme und was sie sich auch streng verbitten würde.

Übrigens wäre es sinnlos, würde irgendein Konzernchef mit dem Hinweis, seine eigenen Angestellten wären doch auch mit der Angst um den Job erpressbar, einzelnen Beamte aus der Nachbarschaft ins Gewissen reden: denn laut Paragraf 2 des Bundesbesoldungsgesetzes *darf* der Beamte

> »auf die ihm gesetzlich zustehende Besoldung weder ganz noch teilweise verzichten«[50].

Wenn die Beamten die Kritik an ihrem Status von Leuten zurückweisen, die entweder das Leben als unsolidarisches, raffgieregesteuertes Hauen und Stechen begreifen oder die selbst noch bedeutend besser als jeder Staatsdiener rundumversorgt sind, so ändert das nichts an der Besserstellung der Beamten gegenüber den Arbeitnehmern. Und auch wenn nicht die Beamten schuld an der Staatsverarmung einer steinreichen Gesamtgesellschaft sind, sondern eher schon die asoziale Verteilung der Lasten »auf die starken und die schwachen Schultern«[51], so tut sich ein anderes Problem auf: Beamte kennen die Angst vor Arbeitslosigkeit, sozialem Abstieg oder Altersarmut nur vom Hörensagen oder aus den Medien – fast so, wie die Deutschen die Not und das Elend in den ärmsten Ländern kennen und »nachempfinden« können. Das heißt aber, ihr »Leidensdruck« und der Wunsch nach Veränderung hin zur menschenwürdigen Gesellschaft sind bei ihnen vermutlich beileibe nicht so groß wie beim übrigen Volk. Wieso sollten sie auch? Und schließlich ist ja die Zufriedenheit der Beamten mit dieser Gesellschaft der Zweck der Privilegierung:

>»Damit trägt der Dienstherr nicht zuletzt der Aufgabe des Berufsbeamtentums Rechnung, im politischen Kräftespiel eine stabile, gesetzestreue Verwaltung zu gewährleisten.«[52]

So gesehen könnte man den Trommlern für die Senkung des Lebensniveaus der Beamten auf das der Hartz-IV-Empfänger schon fast eine schräge »linke« – weil die Staatsverdrossenheit schürende – Propaganda bescheinigen.

Die Legende vom Leistungsprinzip

Das Leistungsprinzip hat allerdings einen gewaltigen Haken. Will man es wirklich gerecht und überprüfbar gestalten, dann benötigt man erst recht einen riesigen bürokratischen Aufwand. Wie beurteilt man etwa die Leistung eines Finanzbeamten? Nach der Anzahl der bearbeiteten Steuererklärungen? Ist dann nicht derjenige Beamte der Dumme, der mit Geduld seiner Beratungspflicht nachkommt, und fährt dann nicht der am besten, der die Bürger überhaupt nicht mehr berät? Wie beurteilt man die Leistung eines Bereitschaftspolizisten? Pro Raubmordprotokoll 0,5 Punkte, pro Wirtshausschlägerei 1,3 Punkte, pro Festnahme 2,8 Punkte? Und das gilt auch für jene Berufsgruppe, die Gerhard Schröder in der seiner Bildungsklasse zur Verfügung stehenden Diktion als »faule Säcke« bezeichnete: Soll ein Lehrer nach der Anzahl der korrigierten Hausaufgaben, der Länge der Klassenbucheintragungen oder dem Leistungsstand seiner Schüler bezahlt werden? Erhält die Musiklehrerin, deren Schüler zu 35,2 Prozent bei »Hohes C« an Orangensaft denken, 22,82 Euro mehr Gehalt als der Englischlehrer, dessen Klientel zu 72,3 Prozent die Denglisch-Vokabel »Handy« für ein englisches Wort hält?

Kurzum: Das Leistungsprinzip in der angedachten Form ist ähnlich brauchbar wie die auf 35 Kommastellen berechnete »Zukunftserwartung der Investoren«.

Aus diesem Grund erwies sich auch das Dienstrechtsreformgesetz von 1997, das ohnehin nur vom Bund und Bayern umgesetzt wurde, als wenig praktikabel. Wer soll »Auffassungsgabe, Denk- und Urteilsfähigkeit, Verhandlungsgeschick, konzeptionelles Arbeiten, technisches Verständnis, Arbeitsgüte, Arbeitsmenge, Arbeitsweise, Teamfähigkeit und Führungsverhalten« eines Mitarbeiters beurteilen? Und was soll man davon halten, wenn für das Sekretariat der Justizverwaltung folgende Kriterien für Leistungszulagen genannt werden:

- »Quantität der bewältigten Arbeitsmenge;
- Stückzahl der angefertigten Schreiben nach entweder Seitenzahl oder nach Anzahl der Sätze (Buchstaben);
- Organisation der Arbeitsabläufe und Überlegungen, diese effektiver zu gestalten«.[53]

Es drängt sich nicht nur beim Beamtenbund der Eindruck auf, dass Bund und Länder das Reformgesetz als ein reines Einsparinstrument nutzen und die Leistungsinstrumente lediglich als Aushängeschilder für angebliche Modernität, Flexibilität und Leistungsorientiertheit des öffentlichen Dienstes missbraucht werden. Die Folge dürfte wohl kaum die erhoffte Leistungssteigerung, sondern eher eine allgemeine Demotivierung des öffentlichen Dienstes sein.

Zwangsläufige Folge fehlender oder dubioser Leistungskriterien ist – wie im ach so leistungsorientierten Privatunternehmen auch – die Herrschaft der Willkür und des Gutdünkens. Und dass derlei schwer überprüfbare Beurteilungen nicht immer etwas mit Leistung zu tun haben, ist kein Vorurteil, sondern Allgemeinbildung.

Gerade die lautesten Marktschreier des Leistungsprinzips haben sich offenbar noch nie in einem anständigen Beruf auf dem freien Markt erprobt und einer echten Leistungsüberprüfung unterziehen müssen.

Jedes hohle Gerede von Leistungsprinzip in der Wirtschaft stößt bei den Betroffenen meist auf herzhaftes Hohngelächter. Fast jeder Arbeitnehmer kennt die grenzdebile, aber aufgetakelte und »tabulose« Bürobotin, die es in null Komma nix zur »persönlichen Assistentin« eines schmierigen Lustgreises im Chefsessel gebracht hat.

Würde also die Einführung des »Leistungsprinzips« im Staatsdienst die Umsätze der Kosmetikstudios, Herrenboutiquen und Stundenhotels steigern?

Dann gibt's ja auch noch die schleimenden Kriecher und die geistigen Schmieresteher, die schwere Fehler und krumme Dinger des Chefs »übersehen«. Und wären gar die Karrierekriterien innerhalb der Parteien das Vorbild und käme dann noch das Gehaltsgeheimnis dazu, so gliche womöglich auch der Staatsdienst bald einer Diktatur der Stümper.

Ganz nebenbei: Das weitgehende Fehlen des Leistungsprinzips im Beamtenleben mag mancher für skandalös halten, aber was ist zum Beispiel mit den Vorständen einschlägig bekannter Großkonzerne? Haben die nicht den Aktienkurs halbiert, damit sogar Milliardenschäden angerichtet – und sind dafür noch königlich belohnt worden?

Mit welchem Recht also fordern wir Leistungskriterien für Beamte? Sind wir überhaupt eine Leistungsgesellschaft? Leisten folglich eine Spinatblubberin und ein Samstagabendkasper hundertmal mehr als eine OP-Schwester und ein Minensucher? Was ist mit Arbeitslosigkeits- und Schuldenministern?

Verhältnismäßigkeit und gleiche Elle sind angesagt, ob beim allgemeinen Augenzudrücken oder beim harten Durchgreifen: Wer den faulen Beamten rauswirft, müsste unfähige Politiker und Vorstände ohne einen Cent nach Hause schicken – wenn nicht sogar für Jahre ins Gefängnis stecken.

All dies soll natürlich nicht das Einkommen ohne Arbeitsnachweis verteidigen, wohl aber vor Talk-Show-Sprechblasen über das Leistungsprinzip warnen.

Selbstverständlich darf kein Beamter das Gefühl haben, es sei völlig egal, ob er schuftet oder herumtrödelt, ob er stets die Bürgerbelange oder die Feierabenduhr im Blick hat: *Leistung muss sich lohnen.* Diese Floskel allerdings korrespondiert mit *Faulheit darf nicht noch belohnt werden* und wird oft von interessierter Seite zur Verunglimpfung von Arbeitnehmern, Arbeitslosen und eben Staatsdienern missbraucht. So wird die Mär vom allgemein trägen und keinerlei Leistungszwang unterworfenen Beamten mit Vorliebe von Propagandisten der Privatisierung ausgestreut. Derartige eigennützige Beamtenschelte gleicht aber dem Werben des ungeliebten Nebenbuhlers: »Fallen Sie nicht auf diesen Kerl herein. Sie haben etwas Besseres verdient: Zum Beispiel mich.«

Wie aber kann man das Leistungsprinzip dort anwenden, wo es seriöse Leistungskriterien gar nicht gibt? Tumber moralfreier Druck durch Angst um Einkommen und Arbeitsplatz jedenfalls ist – auch wenn er zehnmal *Leistungsanreiz* genannt wird – meist nicht leistungsfördernd: Es dürfte wohl kaum mehr faule Beamte als stress- und existenzangstkranke private Arbeitnehmer geben.

Die Grundfrage lautet: Wie bekommt man Menschen dazu,

besser, schneller und mehr zu arbeiten, ohne dass es Ärger gibt? Dies bezeichnen einige als *Motivation,* und folglich wäre auch das Leistungsprinzip eine erstklassige, wenn nicht sogar die einzige Motivation. Dies mag für Wirtschaftliberale, die bekanntlich zum Geld ein ähnliches Verhältnis haben wie der Hund zur Wurst, ganz selbstverständlich sein.

Der Bildungsforscher Ernst Ulrich von Weizsäcker spricht aber vom *fehlverstandenen* Leistungsprinzip, wo »vom Kindergarten an auf nachprüfbare Leistungen hin erzogen« und den Kindern dadurch »die Motivation ausgetrieben« werde.[54]

Diese These kann sogar jeder für sich überprüfen: Zwei Bürger, derselbe Beamte. Bürger A weist auf seine eigenen Rechte und die Pflichten des Beamten hin und fordert irgendein Formular. Der Beamte antwortet mürrisch, aber wahrheitsgemäß und völlig korrekt, er sei dafür nicht zuständig. Bürger B dagegen lässt einige freundliche Worte fallen und bittet den Beamten höflich. Der Beamte geht lächelnd ins Nebenzimmer und besorgt dem netten Bürger unbürokratisch das Formular.

Nun könnte jemand einwenden, es sei ja wohl das Letzte, für Selbstverständliches auch noch freundlich sein zu müssen. Aber umgekehrt wird wohl eher ein Schuh daraus: Freundlichkeit sollte selbstverständlich sein und ist die beste Motivation. Der Versuch jedenfalls, vermeintlichen Faulpelzen sämtliche Möglichkeiten zur Trägheit abzuschneiden, muss scheitern.

Wie golden ist die Beamtennase?

Damit alles seine Ordnung hat: Der Besoldungsdschungel

Obwohl für amtsangemessene Beamtenbezüge das Nettoeinkommen entscheidend ist, sollten wir zunächst einen Blick auf die Basisversorgung werfen. Grundlage sind das Bundesbesoldungsgesetz sowie die Landesbesoldungsgesetze. Im einzelnen werden die Beamtengehälter jeweils durch die Bundesbesoldungsordnung oder Landesbesoldungsordnungen festgesetzt.

Damit alles schön übersichtlich, überprüfbar und gegebenenfalls einklagbar ist, gibt es mehrere Besoldungsgruppen:

- A: Beamte in aufsteigenden Besoldungsgruppen (A2 bis A16) ab dem 21. Lebensjahr werden alle zwei Jahre, ab dem 29. alle drei Jahre und ab dem 41. alle vier Jahre befördert.
- B: Beamte mit altersunabhängigen festen Besoldungsgruppen (B1 bis B11).
- C: wissenschaftliche Beamte an Hochschulen (einschließlich der Professoren) (C1 bis C4).
- R: Richter und Staatsanwälte (R1 bis R10).
- W: Professoren (W1 bis W3).

Diese Besoldungsgruppen hängen zusammen mit den verschiedenen Laufbahnen, für die entsprechende Ausbildungen notwendig sind:

- I. Einfacher Dienst (Hauptschulabschluss – A2 bis A5).
- II. Mittlerer Dienst (Realschulabschluss oder Hauptschulabschluss und Lehre – A5 bis A9).
- III. Gehobener Dienst (Hochschul- oder Fachhochschulreife – A9 bis A13). Bei technischen Laufbahnen (wie Baudienst oder Feuerwehr) Fachhochschulabschluss.
- IV. Höherer Dienst (Hochschulabschluss – A13 bis A16 sowie alle B und W).

Beispiele für Bruttodienstbezüge der Beamten[55]

	ledig		verheiratet, 2 Kinder	
	West	Ost	West	Ost
A4 Justizhauptwachtmeister, 26	1716,62	1587,88	2022,52	1870,85
A6 Justizvollstreckungssekretär, 40	1978,71	1830,31	2259,05	2089,63
A7 Stationsschwester, 35	2120,42	1961,39	2400,76	2220,71
A9 Kriminalkommissar, 35	2501,75	2314,11	2787,13	2578,09
A12 Hauptschulkonrektor, 45	3479,49	3218,53	3764,87	3482,51
A13 Studienrat, 35	3519,24	3255,30	3804,62	3519,28
A15 Oberarzt, 50	4752,68	4396,23	5038,06	4660,21
A16 Oberstudiendirektor	5293,38	4896,38	5578,76	5160,36
C4 Professor, 50, Endstufe	6173,79	5710,76	6459,17	5974,74
R4 Amtsgerichtspräsident	6412,65	5931,70	6698,03	6195,68

Die Bruttodienstbezüge setzen sich aus der Grundbesoldung sowie gegebenenfalls dem Familienzuschlag und Amts- bzw. Stellenzulagen zusammen.

Als ob der Besoldungsdschungel nicht schon dicht genug wäre, gibt es also auch noch unterschiedliche Bundesbesoldungsordnungen für die alten und die neuen Länder.

Das West-Ost-Gefälle

Von Juli 1991 an erhielten Beamte, Richter und Soldaten, die in den neuen Ländern ihre Laufbahn begonnen hatten, zunächst sechzig Prozent der Westbezüge. Die Bezüge wurden schrittweise bis auf den »Bemessungsfaktor« 92,5 Prozent erhöht.

Die weitere Angleichung soll für die Besoldungsgruppen A2 bis A9 bis spätestens Ende 2007, für die übrigen Besoldungsgruppen bis Ende 2009 abgeschlossen werden.

Grund für die Zweiklassenbezahlung: Nach Ansicht der Richter

> »rechtfertigen die allgemeinen wirtschaftlichen und finanziellen Verhältnisse im Beitrittsgebiet noch zwei verschieden hohe Besoldungsniveaus«.[56]

Dazu nur ganz kurz: Lebenshaltungskosten werden durch den rein subjektiv zusammengestellten »Warenkorb« ermittelt. Daher sind derlei Aussagen mit äußerster Vorsicht zu genießen. Dies sagen nicht irgendwelche Juristen, sondern die Statistikprofessoren selbst.[57]

Und wären obige Betrachtungen über die »wirtschaftlichen und finanziellen Verhältnisse im Beitrittsgebiet« nicht Aussage der unantastbaren Verfassungsrichter, so würde man despektierlich sagen, man könnte sie »in die Tonne treten«.

Richtig in sich hat es aber eine weitere Begründung:

> »Der Ausschluss von Richtern, die nicht alle laufbahnrechtlichen Vor- und Ausbildungsvoraussetzungen im bisherigen Bundesgebiet erworben haben, von der Gewährung eines Zuschusses ... ist mit Art. 3 Abs. 1 GG vereinbar.«[58]

Stellen wir uns einmal vor: Kurz vor einer Herzoperation erfahren wir, dass unser Chirurg weniger verdient, weil er nicht die nötigen »Ausbildungsvoraussetzungen« habe – aber uns dennoch operieren darf ...

Ein nicht nachgewiesenes niedriges Preisniveau im Osten und für eine volle Bezahlung zu mies ausgebildete Richter – die man aber trotzdem auf das Volk loslässt: Kann man es Menschen verdenken, wenn sie als wahren Grund der unterschiedlichen Bezahlung (nicht nur der Beamten) das uralte Spielchen »Teile und herrsche« vermuten? Solange »die Ossis« gegen »die Wessis« kämpfen, so lange werden sie vom Widerspruch zwischen Arm und Reich abgelenkt, den auch Christdemokraten wie Heiner Geißler als eine Hauptgefahr für die gesellschaftliche Solidarität ansehen.

Wie man Ost und West mal eben aufeinander hetzt, zeigte der damalige Bundeswirtschaftsminister Wolfgang Clement in Gestalt der Bundesagentur für Arbeit im Juli 2004.

Die Agentur hatte für die Hartz-IV-Beratung 3000 Mitarbeiter von *Vivento* ausgeliehen, 800 davon in den Osten. 2500 von ihnen wurden auf die Arbeitsagenturen verteilt. Bei *Vivento,* das den Personalabbau der Telekom abwickelt, gab es aber »leider« nur Westbeamte ... Denen winkte für ihren Einsatz im Osten eine fürstliche Bezahlung: Neben 100 Prozent Telekom-Tariflohn einmalig 5000 Euro, zudem jeden Monat 500 Euro Verpflegungsgeld – mehr als das Arbeitslosengeld im Osten – sowie eine monatliche Pauschale für vier Heimfahrten.

Die teuren Westbeamten waren jedoch für hilfesuchende Anrufer nur von begrenztem Nutzen. Nach Berichten der *Mitteldeutschen Zeitung* bekamen Anrufer bei der zentralen Hotline auf konkrete, individuelle Fragen oft nur unbrauchbare Allgemeinplätze zu hören.

Dies war die Stunde der Ostpolitiker: Sachsens Ministerpräsident Georg Milbradt (CDU) sprach von einer »Beleidigung für alle Menschen in Ostdeutschland«. Es sei unbegreiflich, dass »nach 14 Jahren Wiedervereinigung Mitarbeiter, die ohnehin schon Westgehälter haben, zusätzlich ›Buschzulagen‹ dafür bekommen sollen, dass sie bereit sind, nach Ostdeutschland zu gehen«. Thüringens Ministerpräsident Dieter Althaus (CDU) nannte den Einsatz »unnötig und geschmacklos«. Und die *Berliner Zeitung* meldete: »Die Zulagen für West-Beamte haben für Entrüstung gesorgt.«

Damit war das Ziel erreicht. Und nur wenige Tage später kommentierte der Sender *n-tv* bissig: »Ossis dürfen doch beraten. Ursprünglich hatte das Wirtschaftsministerium die Maßnahme ›sinnvoll und auch sparsam‹ genannt. Jetzt rudert das Haus zurück: Die Entsendung von West-Beamten in ostdeutsche Arbeitsämter im Rahmen von ›Hartz-IV‹ soll nach Möglichkeit gestoppt werden.«

Krank sein zum Schnäppchenpreis

Beamte sind von der Versicherungspflicht in der gesetzlichen Krankenversicherung befreit. Da die Fürsorgepflicht aber ihnen und ihren Familien besagten amtsangemessenen Lebensunterhalt auch bei Krankheit garantiert, zahlt der Staat zu ihrer frei gewählten Krankenversicherung etwas dazu, und zwar fünfzig Prozent für die Beamten selbst, siebzig Prozent für die Ehegatten und achtzig Prozent für die Kinder. Allerdings gilt das nur für die übliche Minimalversorgung, so kann sich die Beihilfe für eine

> »als vollwertig anzusehende stationäre Behandlung ... auf das Maß des medizinisch Gebotenen beschränken. Für die Angemessenheit der ergänzenden Beihilfe kommt es auf ein traditionelles Anspruchsniveau der Beamtenschaft nicht an.«[59]

Dass diese scheinbar beamtenfeindlichen Worte direkt aus der Chefetage des Deutschen Beamtenbundes kommen, erscheint merkwürdig – oder bezeichnend? Im selben Papier heißt es nämlich:

> »Beihilfe soll die zumutbare Eigenvorsorge ergänzen ... Lückenlose Erstattung jeglicher Aufwendungen fordert die Fürsorgepflicht jedoch nicht.«

Und dies ist das Stichwort für die Behauptung der Privatkrankenkassen,

> »dass bei der Bemessung der Dienst- und Versorgungsbezüge zu den allgemeinen Bedürfnissen der Beamten eine private Krankenversicherung gehört, die in Ergänzung zur Beihilfe die verbleibenden Krankheitskosten abdeckt«.[60]

Auf Deutsch: Zur Fürsorgepflicht des Staates gegenüber den Beamten nach Artikel 33, Absatz 5 des Grundgesetzes gehöre es, den Beamten soviel zu zahlen, dass sie den Aktionären der privaten Krankenkassen die Taschen noch voller stopfen können!

Nun könnte der Staat natürlich gleich die Steuergelder an die Aktionäre überweisen, aber genau das wäre angesichts von steigendem Misstrauen gegenüber der Politik und dem Massenaufgebot an Versicherungslobbyisten im Bundestag nicht besonders klug.

Deshalb plädiert der Beamtenbund zwischen den Zeilen sogar für eine Kürzung der Beihilfen:

> »Das System der Beihilfen kann geändert werden, ohne dass dies hergebrachte Grundsätze des Berufsbeamtentums berührt.«

Denn natürlich kennen auch die Beamtenvertreter die Raffgier der Privaten und die Folge: nämlich dass

> »die zur Abwendung von krankheitsbedingten Belastungen erforderlichen Krankenversicherungsprämien einen solchen Umfang erreich-

ten, dass der angemessene Lebensunterhalt des Beamten nicht mehr gewährleistet wäre«.

Und die Lösung:

»Auch dann müssten von Verfassung wegen nicht die Beihilfesätze, sondern die Besoldungsgesetze korrigiert werden.«[61]

Die Beamten sollen also mehr Geld erhalten, um es unverzüglich bei den Versicherungskonzernen abzuliefern. Dies erinnert fatal an die Mama, die dem Sprößling »sein« Geburtstagsgeschenk für die ungeliebte Tante in die Hand drückt. Dem Sohnemann ist es Wurscht: Er hat das Geschenk ja nicht bezahlt.

Derlei wirtschaftsfreundlichen Tagträumen schob allerdings das Bundesverfassungsgericht bis auf weiteres einen Riegel vor. Zwar seien durch Änderung des Einkommensteuergesetzes Beamte vom 1. Januar 2002 an in die gesetzliche Förderung einer privaten kapitalgedeckten Altersvorsorge einbezogen. Aber:

»Nach der Gesetzesbegründung ist eine private Altersvorsorge für eine amtsangemessene Versorgung jedoch nicht erforderlich.« – »Soweit die Rentenreform des Jahres 2001 dazu führt, dass eine angemessene Altersversorgung nur mit Hilfe zusätzlicher, privater Altersvorsorge gesichert werden kann ..., scheidet eine Übertragbarkeit auf das Versorgungsrecht aus.«[62]

Das heißt: Die Nummer, die Beamten durch Kürzung der Altersvorsorge quasi mit Gewalt in die Arme der Privatversicherer zu treiben, läuft vorerst nicht. Aber *der Gesetzgeber* – der Bundestag – besteht aus zu vielen Versicherungslobbyisten[63], als dass dies das letzte Wort gewesen sein dürfte.

Familienzuschlag – Vermehrung auf Staatskosten?

Die amtsangemessene Sicherung des Lebensunterhalts erstreckt sich selbstverständlich auch auf die Familie des Beamten. Das unterstrich das Bundesverfassungsgericht nachdrücklich im Jahre 1998, als es die Besoldung von Beamten mit mehr als zwei Kindern wegen Verstoßes gegen das Alimentationsprinzip für verfassungswidrig erklärte. Beamten sei nicht zuzumuten, auf sogenannte »familienneutrale Bestandteile des Gehalts« zurückzugreifen. Kurzum: Kinder dürfen für Beamte kein Armutsrisiko sein. Dies löst der Staat durch einen »Familienzuschlag« zusätzlich zum Kinderfreibetrag. Spötter meinen, diese Finanzhilfe heiße Zuschlag, weil die Beamten da richtig zuschlagen könnten.

Wie das konkret aussieht, zeigt ein Vergleich der Nettoeinkommen von dreißigjährigen Westbeamten unterschiedlicher Besoldungsgruppen, und zwar (a) für Alleinstehende ohne Kinder, (b) für ein Ehepaar mit Steuerklasse III und zwei Kindern sowie (c) für ein Ehepaar mit fünf Kindern.

- Beamte A7 (Polizeimeister, Krankenschwester, Brandmeister) mit 1920,19 Euro Grundgehalt: (a) 1667,29 Euro, (b) 2105,25 Euro und (c) 2632,65 Euro. Vorteil bei zwei Kindern 437,96 Euro, bei fünf Kindern 965,36 Euro.
- Beamte A13 (Realschullehrer, Arzt, Erster Kriminalhauptkommissar) mit 3164,50 Euro Grundgehalt: (a) 2538,73 Euro, (b) 3080,21 Euro und (c) 3584,84 Euro. Vorteil bei zwei Kindern 541,48 Euro, bei fünf Kindern 1046,11 Euro.
- Beamter B7 (Oberfinanzpräsident, Generalmajor, Regierungspräsident) mit 7581,57 Euro Grundgehalt: (a) 5008,96 Euro, (b) 5921,11 Euro und (c) 6352,35 Euro. Vorteil bei zwei Kindern 912,15 Euro, bei fünf Kindern 1343,39 Euro.
- Beamter B11 (Staatssekretär) mit 10 353,56 Euro Grundgehalt:

(a) 6552,66 Euro, (b) 7486,64 Euro und (c) 7905,26 Euro. Vorteil bei zwei Kindern 933,98 Euro, bei fünf Kindern 1352,60 Euro.

Der Familienzuschlag liegt bei zwei Kindern zwischen 280 und 285 Euro, bei fünf Kindern zwischen 972 und 977 Euro.

Es fällt sofort auf, dass Beamte um so mehr »Gewinn durch Kinder« erzielen, je besser sie verdienen. Da es hier aber nicht um irgendeine Leistung, sondern um »amtsangemessenen« Unterhalt geht, kann das nur daran liegen, dass die Kinder der Spitzenverdiener bedeutend wertvoller und daher materiell anspruchsvoller sind. Daher erhält die Spezies Pfahls bedeutend mehr für ihre Kinder als der Polizeimeister. Ist daher die Kritik so absurd, dass hier ein Kind zwar nicht wegen Rasse, Hautfarbe und Religion benachteiligt wird, wohl aber wegen seiner Herkunft?

Noch frappierender aber wird die Einteilung in wertvollen und minder wertvollen Nachwuchs beim Unterschied zwischen Ost und West.

Familienzuschlag für Ehepaare, denen Kindergeld zusteht[64]

	Monatsbeiträge in Euro	
	West	Ost
Besoldungsgruppen A2 bis A8	190,29	163,95
übrige Besoldungsgruppen	195,33	168,29
Beim zweiten Kind Erhöhung um	90,05	77,59
Für jedes weitere Kind Erhöhung um	230,58	102,92

Voreiligen Kritikern sei entgegenhalten, dass keineswegs die Ostkinder benachteiligt, sondern lediglich die Westkinder bevorzugt werden.

Jedenfalls gesellt sich auch für die Ostbeamten zum erwähnten Privileg der Unkündbarkeit ein weiteres, das für den Kinderwunsch wichtig ist: Den Kindern wird der »angemessene« Unterhalt garantiert.[65]

Allerdings sind die vom Bundesverfassungsgericht angeregten 115 Prozent vom Sozialhilfesatz pro Kind gerade deswegen ein besonderes Armutszeugnis, weil sie gegenüber der Masse der Kinder tatsächlich eine Bevorzugung darstellen. »Armutsrisiko Kind« ist längst ein Standardbegriff familienpolitischer Debatten, und damit ist keineswegs die kostspielige Maximalverblödung durch Klingentonkauf, Playstation und Markenklamotten gemeint.

Es trägt also soziopathische Züge, wenn Autoren aus dem Dunstkreis der selbsternannten »Single-Generation« neiderfüllt grummeln: »Wer also viele Kinder hat, bekommt automatisch auch mehr Geld, um seinen Lebensstandard in Unabhängigkeit genießen zu können.« *Genießen?* Und die Einzelgängerwut darüber, dass Beamte, die »exakt dieselbe Arbeit verrichten, ... aufgrund ihrer Familiensituation unterschiedlich bezahlt« werden, ist für einen *taz*-Mitarbeiter wie Pascal Beucker bemerkenswert sozialstaatsfeindlich.

Bekanntlich haben infolge des Sozialstaatgebots *alle* Eltern prinzipiell Anspruch auf Kindergeld oder Kinderfreibeträge, also auf Einkommensvorteile »aufgrund ihrer Familiensituation«. Im übrigen sind solche »geldwerten Vorteile« auch in der Privatwirtschaft durchaus üblich, zum Beispiel in Form von Erziehungsurlaub oder Betriebskindergarten. Wer also an Zuwendungen aufgrund von Lebenssituationen – seien es nun Kinder, Krankheit oder Arbeitslosigkeit – herummäkelt, fordert im Kern den schlanken, darwinistischen »Asozialstaat«.

Nicht minder absurd und gehässig ist auch eine Gleichung wie »4 Kinder = 1 Eigentumswohnung«: Wenn Beamte den Familienzuschlag einfach zwanzig Jahre lang mit zehn Prozent Rendite anlegten, so kämen 1,5 Millionen Euro zusammen. Neuliberale Betriebswirte mögen diese Rechnung für »rational« halten; Normalbürger empfinden dergleichen als krank.

Zulagen
Die Zulagen sind verkappte Alimentierung, wenn sie obligatorisch sind, wie etwa für Justizvollzugsbeamte. Sie sind dann Leistungszulagen (!), wenn sie entweder tatsächlich auf mehr Arbeit beruhen, wie Überstunden, oder auf unangenehmerer Arbeit, wie Schicht- oder Sonntagsdienst.

Diese Zuschläge gibt es natürlich auch in der freien Wirtschaft. Wenn sie jetzt zusehends abgebaut werden, heißt das noch lange nicht, dass sie unberechtigt wären.

Denn, um einmal einen der bedeutendsten Sätze des Altkanzlers Helmut Kohl zu zitieren, »entscheidend ist, was hinten rauskommt«. Und daher ist es ebenso effektheischend wie unredlich, durch willkürliches undifferenziertes Herausgreifen aller möglichen Zulagen den Eindruck zu erwecken, als würde das Gros der Beamten zu den größten Abzockern und den Reichsten der Gesellschaft gehören.

So kann nur ein hirnloser Neidhammel etwas gegen die Überstundenvergütung der Beamten sagen: Derzeit erhalten die Besoldungsgruppen

- A2 bis A4: 9,96 Euro (Ost: 9, 21),
- A5 bis A8: 11,77 Euro (Ost: 10,89),
- A9 bis A12: 16,15 Euro (Ost: 14,94) und
- A13 bis A16: 22,27 Euro (Ost: 20,60).[66]

Allerdings reizen manche Zuschläge und die entsprechenden Formulierungen in den Gesetzen und Verordnungen zu – je nach Stimmung – Lachkrämpfen oder Wutanfällen.

So ist beim Begriff »Zulage für Dienst zu ungünstigen Zeiten«[67] die hämische Bemerkung schon vorprogrammiert. Es klingt ja auch wie: »Im Moment ist's ungünstig, vielleicht ein andermal.« Gemeint sind aber lediglich die Zulagen pro Arbeitsstunde an *Sonn- und Feiertagen* von 2,72 Euro (Ost: 2,52), *an Samstagen* von 0,64 Euro (Ost: 0,59) sowie im Justizvollzug, bei Polizei und Feuerwehr von 0,77 Euro (Ost: 0,71), sowie pro Arbeitsstunde zwischen 20.00 und 6.00 Uhr von 1,28 Euro (Ost: 1,18).

Natürlich entsteht leicht der Eindruck, es gebe keinen Beamtenhandschlag, für den er nicht auch einen Bonus erhalte.

So gibt es Zulagen

- für »den Umgang mit Munition und Explosivstoffen«,
- für »Tätigkeiten an Antennen und Antennenträgern, an Geräten und Geräteträgern des Wetterdienstes, des Vermessungsdienstes sowie an Windmasten des lufthygienischen Überwachungsdienstes«,
- für »Klimaerprobung und Unterdruckkammerdienst« oder
- für »die Pflege Schwerbrandverletzter«.

Die bloße Aufzählung der Zulagen ist etwas für kalte Winterabende.

- 153,39 Euro monatlich erhält, wer als Polizeivollzugsbeamter in einem mobilen Einsatzkommando oder Beamter »unter einer ihm verliehenen, auf Dauer angelegten veränderten Identität (Legende) als verdeckter Ermittler verwendet wird«.[68]
- 15,34 Euro monatlich erhalten Beamte des mittleren Dienstes,

die in neurologischen Stationen ständig geisteskranke Patienten pflegen.[69]
- 46,02 Euro monatlich erhalten Beamte des mittleren Dienstes, die überwiegend Kranke in geriatrischen Stationen, gelähmte oder an multipler Sklerose erkrankte Patienten oder an Aids (Vollbild) erkrankte Patienten pflegen.[70]
- 115,04 Euro monatlich gibt es für Fallschirmspringer[71],
- 57,52 Euro für Bergführer[72] und
- 61,36 Euro für Ausbilder bei Einzelkämpferlehrgängen[73],
- 300 Euro für Kampfschwimmer und
- 184,07 Euro für Minentaucher.

Zu den erlesensten literarischen Leckerbissen deutscher Beamtengesetzgebung zählen folgende Bestimmungen zu den Zulagen für Taucher:

Aus dem noch gültigen Teil der Erschwerniszulagenverordnung (EZulV) von 1976[74]:

§ 7 Allgemeine Voraussetzungen
(2) Tauchertätigkeiten sind Übungen oder Arbeiten im Wasser
1. im Taucheranzug ohne Helm oder ohne Tauchgerät,
2. mit Helm oder Tauchgerät ...
Zu den Tauchertätigkeiten gehören auch Übungen oder Arbeiten in Pressluft (Druckkammern).

§ 8 Höhe der Zulage
(1) Die Zulage für Tauchertätigkeit nach § 7 Abs. 2 Nr. 1 beträgt je Stunde 2,76 Euro.
(2) Die Zulage für Tauchertätigkeit nach § 7 Abs. 2 Nr. 2 beträgt je Stunde Tauchzeit bei einer Tauchtiefe bis zu 5 Metern 11,45 Euro, von

mehr als 5 Metern 13,89 Euro, von mehr als 10 Metern 17,26 Euro, von mehr als 15 Metern 22,23 Euro. Bei Tauchtiefen von mehr als zwanzig Metern erhöht sich die Zulage für je fünf Meter weiterer Tauchtiefe um 4,44 Euro je Stunde.
(3) Die Zulage nach Absatz 2 erhöht sich für Tauchertätigkeit
1. in Strömung mit Stromschutz gleich welcher Art um 15 vom Hundert,
2. in Strömung ohne Stromschutz um 30 vom Hundert,
3. in Seewasserstraßen oder auf offener See um 25 vom Hundert,
4. in Binnenwasserstraßen bei Lufttemperaturen von weniger als 3 Grad C Wärme um 25 vom Hundert.
(4) Die Zulage für Tauchertätigkeit nach § 7 Abs. 2 Satz 2 beträgt je Stunde ein Drittel der Sätze nach Absatz 2.

§ 9 Berechnung der Zulage
(1) Die Zulage wird nach Stunden berechnet. Die Zeiten sind für jeden Kalendertag zu ermitteln, und das Ergebnis ist zu runden. Dabei bleiben Zeiten von weniger als zehn Minuten unberücksichtigt; Zeiten von zehn bis dreißig Minuten werden auf eine halbe Stunde, von mehr als dreißig Minuten auf eine volle Stunde aufgerundet.
(2) Als Tauchzeit gilt
1. für Helmtaucher die Zeit unter dem geschlossenen Taucherhelm,
2. für Schwimmtaucher die Zeit unter der Atemmaske,
3. bei Arbeiten in Druckkammern die Zeit von Beginn des Einschleusens bis zum Ende des Ausschleusens.

Atemberaubend ist schon allein die Frage, wieviel Arbeit und damit Arbeitskräfte man wohl benötigt, um diese bis ins Mikroskopische gehenden Detailbestimmungen umzusetzen und zu kontrollieren. Was geschieht eigentlich, wenn der Taucher siebenmal in Folge auf die Sekunde genau dreißig Minuten unter Wasser war? Verliert er dann wegen sieben Sekunden die Zulage für dreieinhalb Stunden, oder drückt man ein Auge zu? Und wenn ja, nach welchen Kriterien?

Wer prüft, ob es 2,99 oder 3,01 Grad Celsius sind, und müsste der Vorgesetzte nicht mittauchen, um die exakte Tauchtiefe festzustellen?

Erfordert also jeder Taucher einen eigenen Buchhalter? Und erfordern diese Buchhalter nicht auch wieder ihre Buchhalter und auch die wieder …? Mit der Verwaltung des Überflüssigen und dem daraus resultierenden Wuchern der Bürokratie ist es wie mit der Zinseszinsrechnung: Es fängt harmlos an, und irgendwann galoppiert die Geldvermehrung.

Nun könnte man sagen, solche Beispiele kämen in der Praxis nicht vor, und wenn doch, dann würden sie *unbürokratisch* gehandhabt. Darum geht es ja: Was ist das für eine Pseudobürokratie, die man nur unbürokratisch handhaben kann? Soll dieses ganze Zahlengestrüpp nicht lediglich Objektivität und Gerechtigkeit *vortäuschen?*

Mit Kritik am Finanziellen sollte man dagegen sehr vorsichtig sein. Taucher, verdeckte Ermittler oder Krankenpfleger bringen auch mit Zulagen kaum mehr als 2500 Euro nach Hause und bräuchten beispielsweise nur zu fragen, welche Gegenleistung denn die Horden von Regierungsberatern dem Steuerzahler erbringen, die er ja ebenfalls – und noch um ein Vielfaches üppiger – durchfüttert.

Diese Perspektive empfiehlt sich wohl auch für einige andere Vergünstigungen:

So erhalten Bundesbeamte fünf Prozent ihrer Jahresbezüge als »Sonderzahlung« (früher Weihnachtsgeld), die Gruppen A2 bis A8 zusätzlich 100 Euro. Dafür gibt es kein Urlaubsgeld, aber monatlich 6,65 Euro als vermögenswirksame Leistungen.

Das ist sicher besser als nichts und mehr, als viele Beschäftigte der Privatwirtschaft erhalten. Ein Hauptbeleg für eine Überversorgung der Beamten ist es nicht.

Übrigens erhalten Beamte auch eine Kleinigkeit zum Jubiläum:

- für 25 Jahre 307 Euro,
- für vierzig Jahre 410 Euro und
- für fünfzig Jahre 512 Euro.

Witzig dabei ist, dass der ganze Charme des Berufsbeamtentums ja eigentlich ohnehin in der lebenslangen Treuepflicht besteht. Andererseits sind ja auch Autofahrer lebenslang zur Einhaltung der Straßenverkehrsordnung verpflichtet und werden trotzdem schon für 10 Jahre unfallfreies Fahren geehrt, zum Beispiel von der Verkehrswacht Bad Mergentheim mit einer Ehrennadel in Bronze.

Extrawürste – Der Megaskandal: Urlaub zum Turnfest

Fast vier Jahrzehnte lang nahm kaum jemand Notiz von der »Verordnung über den Sonderurlaub für Bundesbeamtinnen, Bundesbeamte, Richterinnen und Richter des Bundes« vom 18. August 1965.

Im Frühjahr 2005 aber wurde sie hervorgekramt, neu gefasst und zur Legitimation für eine Woche bezahlten Sonderurlaub für Beamte und Angestellte des Bundes zwecks Teilnahme am Deutschen Turnfest in Berlin. Sie sollten vor Ort als ehrenamtliche Helfer einspringen, von denen es im Zeitalter der »Globalisierung des Sports«, sprich: der Verelendung des Breitensports, bekanntlich nie genug geben kann. Damit war der »Sonderurlaub« nichts anderes als ein besonderer Einsatz während der Arbeitszeit.

Dies aber führte bei Parteien und Verbänden zu einem Aufschrei, den man bei den Themen Arbeitslosigkeit, Kinderarmut oder Bildungskatastrophe so schmerzlich vermisst hatte.

Einige Staatsdiener könnten sich lediglich formal anmelden und in Wahrheit im heimischen Garten auf lau machen, meinte sinngemäß Dieter Lau vom Bund der Steuerzahler, und auch Lichtgestalten des deutschen Parlamentarismus wie Wolfgang Bosbach (CDU) und Volker Beck (Grüne) forderten scharfe Kontrollen und noch schärfere Sanktionen im Missbrauchsfalle.

Die Frage ist: Denkt der Bürger beim Stichwort »private Nutzung von Dienstreisen« an eine faule Krankenschwester im Liegestuhl oder eher an die berühmte »Bonusmeilen-Affäre« von 2002, an das Massenaufgebot an fröhlichen Politikern auf den Tribünen von Olympischen Spielen oder Weltmeisterschaften und die entsprechend gähnende Leere im Parlament? Wo sieht der Bürger wohl eher Kontroll- und Sanktionsbedarf?

Billiger Einkauf

Gelegentlich wird den Beamten auch übelgenommen, dass sie »überall alles billiger kriegen«.

Gemeint sind vor allem das Beamtenhilfswerk (BSW) und der Deutsche Beamtenwirtschaftsring (DBW), letzterer ein gemeinsames Projekt von Beamtenbund, DGB und mehr als zwanzig Selbsthilfeeinrichtungen. Natürlich gibt es für fast alles im Beamtenleben Prozente, meist im zweistelligen Bereich: Ob Sportwagen oder Skihütte, Gänseleberpastete oder Notebook, Duschbad oder Zeitschriften, Dessous oder Chanel-Parfüm; sogar die Lottogemeinschaft tippt verbilligt. Damit sind Beamte gegenüber vielen Normalsterblichen im Vorteil, vor allem gegenüber sozial Schwachen und Rentnern, aber auch gegenüber den meisten anderen Berufsgruppen.

Andere dagegen dürften über die Beamten nur müde lächeln, wie etwa Ärzte und ganz besonders Journalisten. Wer sich als Staatsdiener zum Beispiel auf Internetseiten wie *pressekonditionen.de* über die sagenhaften Journalistenrabatte informiert und noch jung genug ist, verzichtet vielleicht spontan auf Kündigungsschutz, gutes Gehalt und Pensionsgarantie und versucht sein Glück in der rabattgepflasterten Medienbranche.

Oder er tritt in die SPD ein und nutzt den *Image Shop,* um mit Rabatten bei Umzügen oder Büchern, Versicherungen oder Reisen, Handys oder Mietautos, Armbanduhren oder CD-Playern weit mehr als den Mitgliedsbeitrag herauszuholen.

4. Pensionen

Nichts ist für den modernen Menschen, der ja im Grunde seines Herzens ein abgebrochener Betriebswirtschaftsstudent ist, nutzloser als eine Ausgabe, die nicht gleichzeitig eine Investition ist. Während also zum Beispiel Ausgaben für Silvesterknallerei durchaus sinnvoll sind, da sie Gewinne und damit Arbeitsplätze in der Feuerwerksindustrie schaffen, gehören sämtliche Sozialausgaben des Staates zu den nutzlosesten Ausgaben überhaupt. Nicht umsonst kämpfte der Geschichtsstudent Philipp Mißfelder, Chef der Jungen Union und Bundestagsabgeordneter, mit heißem Herzen dafür, Menschen über 85 Jahren das künstliche Hüftgelenk zu verweigern.

Gleichzeitig eignet sich kaum ein Konflikt so vorzüglich für das Aufeinanderhetzen von Bevölkerungsgruppen wie der Konflikt Jung gegen Alt. Die *Welt* feiert bereits einen »Generationenkrieg – Generation Mißfelder gegen Generation Hüftgelenk«.

Und ist es nicht immer wieder rührend zu beobachten, wie Mitgliedern der Erbengeneration vor Angst und Wut fast das Herz stehenbleibt, wenn der reiche Onkel kurz vor seinem ersehnten Ableben noch einmal zu heiraten droht und damit der fest eingeplante Geldsegen in Gefahr gerät?

Desselben Geistes Kind ist jenes längst zur Kultübung avancierte Geschrei mit dem Tenor: »Die Beamtenpensionen fressen uns auf!« Schon 1996 hatte der spätere *Bild-am-Sonntag*-Redakteur Ulrich Deupmann in der *Berliner Zeitung* gejammert: »Das Verschieben der Pensionskosten auf nachkommende Generationen ist der entscheidende Webfehler dieses Systems.«

Im Klartext und in Mißfelders Geiste: Wir können uns einen menschenwürdigen Lebensabend für Rentner und Pensionäre nicht mehr leisten. Dabei mag der erwähnte Ex-Jurastudent

Oswald Metzger mit seinem »bürgerlichen Ungehorsam gegen die Beamtenpensionen« ein Extrembeispiel aus der Pisa-Fraktion sein, typisch für die Stimmungsmache gegen die Senioren ist er allemal.

Eine vom Institut der deutschen Wirtschaft (IW) erarbeitete Studie über Beamtenpensionen löste massive Empörung bei den Betroffenen aus:

> »nicht nur wegen ihrer fehlerhaften Aussagen, sondern auch wegen der erneuten Panikmache und des Schürens von Neiddiskussionen gegenüber dem öffentlichen Dienst«.[75]

Einen Freudschen Fehler zum Thema »Wer entscheidet im Rechtsstaat?« leistete sich *tagesschau.de* am 17. August 2004 mit der Überschrift: »Arbeitgeber wollen Beamtenpensionen kürzen«.

Dem verlockenden Grundgedanken, man könne auf Kosten der Beamtenpensionen den Reichtum der Spitzenverdiener mehren, erteilt das Bundesverfassungsgericht allerdings eine deutliche Absage:

> »Im Beamtenrecht ist das Bemühen, Ausgaben zu sparen, in aller Regel für sich genommen keine ausreichende Legitimation für eine Kürzung der Altersversorgung.«[76]

Im Klartext: Die *Kosten* für die Beamten einerseits und die *Pensionen* der Beamten andererseits sind scharf auseinanderzuhalten. Die »Kassenlage« ins Spiel zu bringen ist zwar prinzipiell richtig, aber dann müssen *alle* Einnahmen und Ausgaben berücksichtigt werden. Lässt man dabei zum Beispiel die Vermögen der Reichen als »naturgegeben« aus dem Spiel, so ist das genauso, als würde eine in Finanznot geratene Familie dem Nachwuchs die

Babynahrung kürzen und die kostenintensive Sauferei des Vaters als »Sachzwang der Globalisierung« ausklammern.

Diese erbärmliche »Kostenrechnung« würde nur noch perfider, wenn man jetzt die Kosten für den Zwölfjährigen gegen die für die Neunjährige ausspielen würde. Zu fragen, ob man lieber dem Großen den Fußballverein oder der Kleinen den Schwimmverein streichen soll, dabei jedoch die 800 Euro für die Trinkgelage des Vaters einfach hinzunehmen, ist aber nicht viel schäbiger, als Einkommen und Versorgung von beamteten und nichtstaatlich angestellten Sekretärinnen, Krankenschwestern oder Buchhaltern zu vergleichen und im selben Atemzug die – noch dazu meist erheirateten oder ererbten – Milliardenvermögen als gottgegeben hinzunehmen.

Genau dies tun aber drei wirtschaftsliberale Nachwuchsdemagogen vom *Spiegel:* »Während in Kindergärten der Putz von den Wänden bröckelt und allerorten den Bürgern staatliche Leistungen zusammengestrichen werden, steigen die Ausgaben für Besoldung und Versorgung der Beamten mit jedem Jahr kontinuierlich an.«

Dazu passt der schon erwähnte Sciene-fiction-Horror aus dem *Dritten Versorgungsbericht der Bundesregierung* vom Anstieg der Pensionsgelder von 35,4 Milliarden Euro im Jahre 2005 auf 137,1 Milliarden im Jahre 2050.[77]

Nur zum Vergleich: Bis zu 24 Milliarden Euro jährlich gehen laut Transparency International in Deutschland durch Betrug und Korruption im Gesundheitswesen verloren. Und gar auf siebzig Milliarden Euro jährlich schätzt die Deutsche Steuer-Gewerkschaft (DStG) das Ausmaß der Steuerhinterziehung.

Nun bedeuten Bedenken gegen derlei verantwortungsvolle Panikmache und die sorgsame Anwendung des Prinzips »Teile und herrsche« keinesfalls, Beamtenprivilegien im allgemeinen und die derzeitigen Pensionsregelungen im Besonderen zu verteidigen. Und dass die Beamten in ihrer übergroßen Mehrheit keineswegs am Hungertuch nagen, wurde bereits erwähnt und auch von den Beamtenvertretern keineswegs bestritten.

Mit dem Versorgungsänderungsgesetz von 2001 kam jedenfalls Bewegung in die Debatte. Seit 2003 erhalten Beamte stufenweise bis 2010 statt zuvor 75 Prozent höchstens 71,75 ihres letzten Gehalts als Pension. Dieser Satz wird nach vierzig Dienstjahren erreicht. Die Versorgung der Hinterbliebenen sinkt von 60 auf 55 Prozent. Seit 1. Januar 2001 werden allerdings jedem, der vor dem 63. Lebensjahr in den Ruhestand geht, pro Jahr 3,6 Prozent abgezogen, höchstens aber 10,8 Prozent. Gleichzeitig wurden die Erhöhungen der Pension von denen der Besoldung abgekoppelt.

Wegen dieser Einschnitte wurde die sogenannte Versorgungsrücklage – sie entspricht dem Nachhaltigkeitsfaktor zur Berücksichtigung der demographischen Entwicklung in der Rentenformel – bis 2010 ausgesetzt.

Das Bundesverfassungsgericht bestätigte dieses Gesetz im September 2005 und wies damit eine Klage dreier Beamter ab.[78] Demnach dürfen Beamte durchaus mehr belastet werden als Rentner. Eine im Gesetz behauptete wirkungsgleiche Übertragung der Rentenreform von 2001 bedeute keine »prozentual identische Angleichung«. Bei einer künftigen Schieflage seien allerdings »Korrekturen« zugunsten der Beamten erforderlich. Doch was bedeutet hier *Schieflage?*

Einerseits begrüßt das Gericht die Orientierung an den Einkommen der Rentner für die Beurteilung der Amtsangemessenheit.

Andererseits müsse der Gesetzgeber auch die Attraktivität des Beamtenverhältnisses für überdurchschnittlich qualifizierte Kräfte, das Ansehen des Amtes in den Augen der Gesellschaft, die vom Amtsinhaber geforderte Ausbildung und seine Beanspruchung berücksichtigen.

> »Dies setzt auch voraus, dass der öffentliche Dienst mit Konditionen wirbt, die insgesamt einem Vergleich mit denen der privaten Wirtschaft standhalten können. Denn die Alimentation dient nicht allein dem Lebensunterhalt des Beamten, sie hat zugleich eine qualitätssichernde Funktion.«

Das heißt:

> »Der Beamte muss über ein Nettoeinkommen verfügen, das seine rechtliche und wirtschaftliche Sicherheit und Unabhängigkeit gewährleistet und ihm über die Befriedigung der Grundbedürfnisse hinaus ein Minimum an Lebenskomfort ermöglicht.«

Bezeichnenderweise fordert das Gericht

> »auch unter den Versorgungsempfängern eine Differenzierung der Höhe ihres Ruhegehalts nach der Wertigkeit des Amtes ..., das von ihnen zuletzt ausgeübt wurde«.

Ausdrücklich warnen die Richter vor

> »einer Nivellierung, die die Wertigkeit des Amtes nicht mehr hinreichend berücksichtigte«.

Mit anderen Worten: Die Beamten sind auch hier etwas ganz Besonderes, und unter den Beamten wiederum die Spitzenbeamten etwas besonders Besonderes.

Auf den letzten Drücker befördert

Mehr noch als die Pensionen selbst verblüfft die Art, wie sie zuweilen zustande kommen. Es geht um die Beförderung auf den letzten Drücker. Die ist für Beamte besonders wichtig, denn nach dem letzten Gehalt richtet sich die Höhe der Pension. Und eben weil das so ist, bietet sich dieser letzte kleine Freundschaftsdienst, der die Verantwortlichen überdies nichts kostet, geradezu an. Wer immer das Wort »Mitnahmementalität« erfunden hat, wurde möglicherweise von diesem netten Beförderungsbrauch inspiriert, und wie fast immer bei derartigen Fischzügen geht die Politik mutig voran.

Inoffizielle deutsche Rekordhalterin dürfte die Regierung Helmut Kohl sein. 1476 Beförderungen und Höherbesoldungen soll es in den Ministerien zum Stichtag 1. Oktober 1998 unmittelbar vor der Machtübergabe an Rot-Grün gegeben haben.

Ebenfalls achtbar im Rennen liegt das Gesundheitsministerium von Ulla Schmidt mit 126 Beförderungen vor der erwarteten Wahlniederlage im Sommer 2005, und auch die 14 Fälle im Verbraucherressort von Renate Künast können sich sehen lassen. CDU-Universalkommentator Wolfgang Bosbach nannte das prompt eine »Aktion Abendsonne«, woraufhin Frau Schmidt als Unschuldsargument den Bundesrechnungshof einschaltete und beide Regierungsparteien die Kritik schärfstens zurückwiesen. Tenor wie bei ertappten Gatten in Vorabendserien: »Es ist nicht das, wonach es aussieht.«

Genau diesen Eindruck einer Dankeschönbeförderung befürchtete offenbar Ulla Schmidts Büroleiter Ulrich Tilly, der im Zuge einer Umstrukturierung von Besoldungsgruppe B6 (7206 Euro) nach B9 (8457 Euro) aufsteigen sollte und dankend ablehnte.

Die Frühpensionierung

Mit der Dienstunfähigkeit ist es wie mit der Krankheit generell: Man glaubt sie einem, oder man lässt es bleiben. Warum sollte ausgerechnet bei Frühpensionären die Einteilung in die Kategorien »Lieber krankfeiern als gesund schuften« und »Herr Doktor, der Simulant ist gestorben« so einfach möglich sein?

Kein Arzt oder Psychologe würde sein Hab und Gut darauf verwetten, bei der Einteilung in Simulanten und wirklich Dienstunfähige immer richtigzuliegen. Nicht immer erwischt man den mit der Bandscheibe beim Möbelschleppen und die mit der Sehnenscheidenentzündung beim Klavierspielen.

Besonders bei seelischen Krankheiten ist der Arzt oft ratlos. Sind die Schwindelanfälle Schlafstörungen, Dauerübelkeit und Schlaflosigkeit echt oder inspiriert vom Simulantenratgeber *krank-machen.com?* Als Geheimtip für ausstiegswillige Beamte nennt der *Spiegel* den Tinnitus, »denn das Dauerpfeifen im Ohr hört nur der Betroffene«. Auch wenn das Hamburger Boulevardmagazin die Sache ins Lächerliche zieht: »Tinnitus ist ein Symptom, vergleichbar dem Schmerz. Tinnitus ist immer auch ein Warnsignal, dass wir uns übernommen haben, im körperlichen oder seelischen Bereich.«[79]

Gerade die psychischen Erkrankungen sind aber schwer nachprüfbar. So beklagt auch der Bundesrechnungshof, noch immer sei

> »weitgehend ungeklärt, ob und inwieweit berufstypische Anforderungen ursächlich für die hohen Anteile an Finanzbeamten sowie Lehrern mit Erschöpfungs- und Burn-out-Syndromen, Depressionen und psychosomatischen Störungen sind«.

Also bleibt die Sache am Amtsarzt hängen, der meist nach einer einzigen, aber mehrstündigen Untersuchung ein Gutachten erstellt und damit den Schwarzen Peter der Entscheidung an den Dienstherrn weitergibt. Die Rechungsprüfer fordern daher von der Regierung neue Ideen,

> »wie die Qualität der ärztlichen Untersuchungen verbessert werden kann«.[80]

Das Problem der Frühpensionierung ist vorzüglich dazu geeignet, dummes Zeug zu schreiben, und davon wird auch rege Gebrauch gemacht.

So nennt man die höhere durchschnittliche Lebenserwartung der Beamten – derzeit 2,3 Jahre über der der Gesamtbevölkerung – als Standardbeweis für das süße sorgenfreie Leben der Beamten und folglich auch für das Erschleichen der Frühpensionierung durch Simulieren.

> »Es ist kein Geheimnis, dass ein recht geruhsamer Arbeitsalltag und ein völlig sorgenfreies Leben durchaus zur Verlängerung des Lebens beitragen können, ebenso wie Stress und Überarbeitung das Leben verkürzen.«[81]

Sterben Journalisten, Politikberater oder Manager wirklich deshalb früher, weil sie so hart und stressig arbeiten? Zufälligerweise gelten gerade diese Berufsgruppen als besonders alkohol- oder drogengefährdet – und sollten ihr vergleichsweise zeitiges Ableben nicht der Faulheit anderer Berufsgruppen anlasten.

Da hilft es auch nicht, wenn vom *Spiegel* mangels seriöser Erhebungen »der Amtsarzt und Psychiater Hanns Rüdiger Röttgers aus Münster« mit seiner Privatmeinung zu diesen letztlich nicht überprüfbaren Fällen bemüht wird. Ein Drittel seiner Frühpensionskandidaten sei schwerkrank, ein Drittel »weiche Fälle, bei denen ich denke, in einer anderen Behörde oder Schule würde es vielleicht noch gehen, aber diese Flexibilität weisen die öffentlichen Arbeitgeber ja oft nicht auf« und ein Drittel Beamte, die einfach nicht mehr arbeiten wollten.[82]

Oder nicht mehr arbeiten *sollen?* Oben wurde ja bereits erwähnt, dass Legionen von Beamten über Nacht zur Arbeitsagentur abkommandiert werden konnten.

Merkwürdig ist: Über neunzig Prozent aller vorzeitig wegen Dienstunfähigkeit pensionierten Bediensteten kamen in den Jahren 1998 und 1999 aus privatisierten Bundesunternehmen (Post, Telekom, Postbank und Bahn). Schieden 1995 etwa 42 Prozent der Beamten von Post und Telekom wegen Dienstunfähigkeit vorzeitig aus, so waren es 2001 schon 98 Prozent. Jeder vierte Ruheständler war jünger als 45 Jahre.

Der Bundesrechnungshof kritisierte, die vorhandenen Instrumente würden nicht ausgeschöpft. Beamte würden vielfach in den Ruhestand versetzt, ohne ihre anderweitige Verwendbarkeit zu prüfen. Zweifelhaft sei auch, ob der Grundsatz »Rehabilitation vor Versorgung« in angemessenem Umfang beachtet wurde.

Die *MDR-Umschau* bringt den Verdacht auf den Punkt: »Beamte wird man nicht so einfach los. Da hilft nur die Frühpensionierung wegen Dienstunfähigkeit.«

Wie das geht, zeigt die Sendung mit dem nie dementierten Beispiel einer 37jährigen Postbeamtin aus Hanau: »Die junge Frau wurde – wie viele ihrer Kollegen – plötzlich zur Postärztin bestellt, ohne zu wissen, warum. Die Postärztin teilte ihr mit, dass sie die Anweisung erhalten habe, sie wegen Krankheit zur Ruhe zu setzen. Ohne ärztliche Untersuchung sollte sie ein entsprechendes Formular unterschreiben. Die junge Frau war geschockt. Sie war überhaupt nicht krank. Dann dachte sie, dass sie dadurch mehr Zeit für ihr Kind hätte, und willigte schließlich ein, wie viele ihrer Kollegen. Seitdem ist sie zu Hause und bekommt ihre Pension, ohne wirklich krank zu sein. Sie kennt bis heute noch nicht einmal die Diagnose, die zu ihrer Pensionierung geführt hat.«

Ein Einzelfall? Laut *Stern* zählte man allein im Großraum Hanau bei der Post 85 Frühpensionäre, »einige um 30 Jahre alt«. Die Vermutung: Ihr Abgang sei auf Drängen der Post geschehen. Offen aussagen will jedoch niemand. Viele beziehen Geld aus einer Berufsunfähigkeitsversicherung, und die zahlt nicht, wenn die Pensionierung erschwindelt wurde.

Pensionierungsschmu ist allerdings eine Milchmädchenrechnung: Die Pensionäre der Postnachfolger werden den Staat in den nächsten Jahrzehnten gut 580 Milliarden Euro kosten. Frühruheständler bekommen nicht nur länger Pensionen. Auch der Beitrag der Postnachfolgekonzerne zur Pensionskasse entfällt, für den FDP-Vize Rainer Brüderle ein »Skandal großen Ausmaßes«.[83]

Aber vielleicht sind die Hanauer Beamtin und all die anderen Fälle nur reine Einbildung? Vielleicht hat es ja in Hanau überhaupt nie ein Postamt gegeben? Das Dementi klingt jedenfalls so: »Post und Postbank wissen von nichts. Nie sei Beamten aus Kostengründen eine Frühpensionierung wegen Dienstunfähigkeit nahegelegt worden, sagen die Unternehmen. Man habe da ein reines Gewissen.«[84]

Ein reines Gewissen hatten wohl auch die Chefs der Telekom im bundesweit ersten Betrugsprozess wegen Frühpensionierungen. Im Dezember 2004 stellte das Amtsgericht Leer (Ostfriesland) das Verfahren gegen einen früheren leitenden Mitarbeiter der Filiale Leer »wegen geringer Schuld« gegen 9000 Euro Geldbuße ein.

Laut Anklage hatte die Telekom während der neunziger Jahre massenhaft Beamte zu Unrecht frühpensioniert, um die Personalkosten zu senken. Dies habe der Angeklagte zwischen 1995 und 1996 in 64 Fällen umgesetzt. Dieser dagegen ließ erklären, bei vielen Beamten hätten sich durch die Privatisierung »Sinn- und

Identifikationsverluste« eingestellt, die sich nicht selten in Krankheiten manifestiert hätten. Er selbst habe sich strikt an das Beamtenrecht gehalten, wonach ärztliche Gutachten nicht zwingend Pflicht gewesen seien. Zudem habe er nicht willkürlich gehandelt und auch keinerlei persönliche Vorteile daraus gezogen.

Einen dieser Pensionierten aus Leer, einen damals 51jährigen Fernmeldehauptsekretär, erwischte man sechs Jahre später – trotz der Ruhestandsdiagnose »irreparabler Rückschaden« – doch tatsächlich außerhalb des Rollstuhls: »Karl S. spielt Tennis: Mit 2613 Punkten belegt er Platz 2 der Seniorenrangliste in seinem Club – im ›Postsportverein Leer e.V.‹.«[85] Soll wohl heißen: Die *Stern*-Redakteure wären gegen ihre eigene gut dotierte Zwangsberentung vor das Bundesverfassungsgericht gezogen und hätten sich in ihrem restlichen Leben entsprechend ihrer angedichteten Krankheit verhalten.

Beim Hamburger Boulevardmagazin werden *die* Beamten pauschal – also auch die abservierten – so beschrieben: »Die Staatsdiener nehmen noch vor Erreichen des gesetzlichen Pensionsalters Abschied vom Trubel der Klassenzimmer oder vom quälenden Muff ihrer Amtsstuben. Nur 47,9 Prozent von ihnen halten bis zum bitteren Ende durch, bei den Lehrern liegt der Anteil sogar bloß bei 35,8 Prozent ... Die große Mehrheit wählt die Freiheit der Frührente.«

Inwieweit dieser Faulheitsgeneralverdacht gegen die Pädagogen berechtigt ist, werden wir im Kapital über die Lehrer sehen.

In Sachen Frühpensionierung wollte die Regierung im Sommer 2006 aus der halbseidenen Praxis eine Tugend machen und rund 15 000 Beamte von Post, Postbank und Telekom bereits mit 55 Jahren wegen chronischer Ausgabenflaute in Pension schikken. Prompt bescheinigte FDP-Brüderle der Regierung, sie wolle einen jahrelangen Frühpensionierungsmissbrauch bei den Post-Nachfolgeunternehmen nun legitimieren.

5. Nebenjobs.
Sind die Beamten nicht ausgelastet?

Die meisten Nebentätigkeiten müssen sich Beamte genehmigen lassen[86]; es geht also grundsätzlich alles mit rechten Dingen zu.

Manche einschlägigen Publikationen versuchen allerdings, schon durch Kapitelüberschriften Stimmung gegen die Staatsdiener zu machen. So werden ihre Nebenjobs mal unter »Schwarzarbeit und Beamte«[87], mal unter »Der fehlgeleitete Beamte«[88] abgehandelt. Die GdP erläutert ihren Mitgliedern das Problem so:

> »Nebenjobs wirklich nur ganz nebenbei. Arbeiten neben der eigentlichen Arbeit im Beamtenberuf – eine Verlockung für nicht wenige und oft ein heißes Eisen. Denn das Bundesbeamtengesetz (BBG) verpflichtet alle Amtsträger ›zur vollen Hingabe‹ an ihre Tätigkeit. Das macht Nebenbeschäftigungen nur in einem sehr beschränkten Umfang möglich. Grundsätzlich gilt: Ein genehmigter (und auch nichtgenehmigter) Nebenjob darf keinesfalls so intensiv sein, dass die dienstliche Leistungsfähigkeit darunter leidet. Außerdem darf die Zweitarbeit auf keinen Fall in einen Interessenskonflikt mit den amtlichen Aufgaben führen: Ein Verkehrspolizist, der nebenbei mit Radarwarnern handelt, bekommt bestimmt bald Schwierigkeiten. Ohnehin führen fortgesetzte Verstöße gegen das geltende Nebentätigkeitsrecht für Beamte und die Dienstpflicht ›zur vollen Hingabe‹ zu massiven disziplinarischen Folgen!«[89]

Letzteres bekam ein Pfälzer Polizist zu spüren. Weil er nebenbei mehr als die genehmigten drei Stunden pro Woche Modenschauen, Jubiläumsfeiern und Konzerte moderierte, wurde er mit Billigung des Oberverwaltungsgerichts Rheinland-Pfalz suspendiert.

Die Vorwürfe gehen in zweierlei Richtungen:

a) Die Beamten haben nicht genug oder nicht genug Anstrengendes zu tun. Stichwort: »Das einzige, was bei denen arbeitet, ist der Magen.«
b) Der Nebenjob geht zu Lasten des Beamtenberufs. Stichwort: »Der Beamte zum Vorgesetzten: Ich glaube, mein Kollege hat einen stressigen Nebenjob! Er schläft in letzter Zeit so unruhig!«

Mit in vorderster Front wie immer der CDU-Haushaltsexperte Dietrich Austermann: »Wenn sich die Beamten mehr um ihren Hauptjob kümmern würden, würde möglicherweise besser regiert werden«, kommentierte er die Sensation, dass im Jahre 2005 immerhin 868, also 3,8 Prozent der 22 636 Beamten und Angestellten in Bundesministerien einen Nebenjob hatten.

Ohne Zweifel gibt es faule Beamte, die lieber ihre Pflanzen pflegen, im Internet surfen oder dem Vorgesetzten die Kreuzworträtsel wegraten. Aber zum einen kennt man solche Helden der Arbeit auch in jedem seriösen Privatbetrieb mit mehr als fünfzig Mitarbeitern. Zum anderen erinnert die Kampagne gegen faule Beamte an die Parole von den »faulen Ossis« und sogar an die heute vom Springer-Konzern eingestandenen Ausfälle gegen »die Studenten«. Für *Bild* waren die jungen Leute ›Radaumacher‹, ›politische Spinner‹, ›Jungrote‹, ›Krawall-Studenten‹.

Allerdings haben auch Beamte Schlagzeilenträchtiges zu bieten, vor allem über ihre Nebentätigkeiten:

- »Polizist als Millionenbetrüger festgenommen«, meldete die *Welt* am 5. August 2004. Der dreißigjährige Berliner Bereitschaftspolizist soll gemeinsam mit vier Komplizen als Versicherungsmakler mehr als 1100 Verträge mit acht tatsächlich

existierenden mittelständischen Firmen zur betrieblichen Altersvorsorge (Riester-Rente) fingiert und dafür 2,2 Millionen Euro Provision kassiert haben.
- »Polizist als Super-Schleuser?« titelte die *Amberger Zeitung* am 21. Juni 2004. Ein Grenzpolizist aus Oberfranken wurde vom Dienst suspendiert, weil er in großem Stil und gewerbsmäßig Ausländer nach Deutschland eingeschleust habe.
- »Polizist handelte mit Haschisch«, verkündete der *Tagesspiegel* am 4. September 2004. Der 24jährige Berliner sollte das Rauschgift, das man auch in seiner Wohnung fand, von einem Untersuchungshäftling zwecks Weiterverkaufs erworben haben.

Es ist überflüssig zu sagen, dass hier der Begriff *Einzelfälle* – anders als bei anderen gesellschaftlichen Skandalen wie etwa den antisemitischen und ausländerfeindlichen Gewalttaten – wirklich zutrifft. Und auch das Thema »Beamte und Schwarzarbeit« findet sich kaum außerhalb der erwähnten marktradikalen Stimmungsmache. Beamte sind Teil der Gesellschaft und gewiss nicht krimineller als viele andere Berufsgruppen, denen die Peinlichkeit der Erwähnung an dieser Stelle erspart wird.

Ebenso durchschnittlich dürfte bei Schätzungen zwischen vier und zehn Prozent der Anteil der Nebenberufler sein, und auch die Jobs sind keine anderen als die der Normalbürger: Bote oder Regaleinräumer, Taxifahrer oder Türsteher, PC-Pannenhelfer oder Versicherungsvertreter. Auch hier muss natürlich Interessenkollision vermieden werden. Faustregel: Kein Beamter sollte denselben Bürgern in seinen verschiedenen Jobs begegnen, also nicht heute als Kellner und morgen beim Polizeieinsatz in ein und derselben Diskothek, erst recht nicht als Steuerbeamter und Steuerberater.

Zuweilen wird dazuverdienenden Beamte aufgrund der staatlichen Pflicht zur Lebensstandardsicherung durch das Einkommen unterstellt, sie bräuchten das Zubrot eigentlich nicht, sondern könnten nur »den Hals nicht voll genug kriegen«.

Ein 34jähriger Hauptwachtmeister mit drei Kindern erhält zum Beispiel im Bund und den meisten Ländern deutlich unter 2200 Euro. Nun könnte man natürlich sagen, dass zur Aufzucht des »Humankapitals« außer der Hauptschule nur »*Bild, BamS* und Glotze« nötig sind, dass für die Bildung in Literatur der Herzschmerzschund und für politisches Wissen die RTL-News und *Sabine Christiansen* reichen, dass es statt eines PCs mit Internetanschluss auch eine Verblödungskonsole fürs Kinderzimmer tut und dass das »Traumschiff« die echte Reise ersetzt. In der Tat, wenn unser Hauptwachtmeister dann noch die Kinder zur Armenspeisung schickt und ihre Klamotten bei der Altkleidersammlung besorgt, dann könnte die Familie mit dem Geld tatsächlich hinkommen – vorausgesetzt natürlich, man hat die drei in einem einzigen Kinderzimmer untergebracht und angesichts der astronomischen Energiepreise das Heizen durch Wollpullover ersetzt.

Dieses Szenario mag übertrieben klingen, ist aber um ein vielfaches wirklichkeitsnäher als das dummfreche Gerede von den überbezahlten Beamten und dem Nebenjob als Ausdruck von mangelnder Berufsauslastung und Geldgier.

6. Ein falscher Vergleich mit der Privatwirtschaft

Nichts liegt scheinbar näher als ein exakter und vermeintlich objektiver Vergleich der Einkommen der Beamten mit denen von privaten Arbeitnehmern. Deshalb könnten natürlich an dieser Stelle seitenlange Einkommensvergleiche stehen. Allerdings erscheint dies nur dann plausibel, wenn man wie die Marktradikalen buchstäblich alles in Euro und Cent ausdrücken zu können meint und logischerweise alles, was nicht in Geld umzurechnen ist, geringschätzt oder ignoriert. Das Zauberwort heißt *Homo oeconomicus:* jener »rationale« Held, der in seiner bei uns üblichen plattesten Variante seine Selbstsucht ausschließlich auf Einkommen bezieht und daher jede Abweichung von der maximalen finanziellen Selbstbereicherung als »irrational« abtut.

Dies hat fatale Folgen: Ein typisches Beispiel marktradikal korrekter Gegenüberstellung von Beamten mit privaten Arbeitnehmern ist der Vergleich des Nettolohns eines Justizvollzugsbeamten mit dem eines Wachmanns. Dabei hat der ledige Beamte einen durch Aufschlag für Unkündbarkeit und bessere Einkaufsmöglichkeiten fabrizierten Nettostundenlohn von 11,74 Euro, der Wachmann dagegen von 5,96 Euro.

Hier aber zeigt sich wie im Lehrbuch das ganze Elend der neoliberalen Theorie: Man berechnet auf zwei Kommastellen – puren Nonsens.

Der damalige Innenminister Otto Schily musste 2002 in einem Grußwort an das private Sicherheitsgewerbe versprechen:

> »die Bürgerinnen und Bürger werden also künftig noch besser davor geschützt sein, dass einschlägig vorbestrafte oder sonst unzuverlässige Mitarbeiter eingestellt oder weiterbeschäftigt werden.«

Dass so mancher Wachschutz einen Tummelplatz für Neonazis darstellt, ist längst keine böse Unterstellung. In Rathenow sollte die braune Brut ausgerechnet ein Asylbewerberheim bewachen.

Selbst bei der Fußballweltmeisterschaft fielen private Sicherheitsdienste als »Horde von aggressiven Ordnern« *(Tagesspiegel)* einschlägig auf: »Eine lateinamerikanische Fiesta in Leipzig. Alle feiern gemeinsam eines dieser typischen Fußballfeste dieser WM. ... So geht es im Stadion weiter: überschäumende Begeisterung, emotional, aber friedlich ... Doch dann kommt der deutsche Ordnungsdienst. Und zerrt Zuschauer brutal aus dem Stadion – weil sie ausgelassen feiern. Der Ordnungsdienst wird von der Firma ›Leipziger Löwen‹ gestellt, 1100 Mann, von denen Hooligan-Fahnder sagen, dass ›einige von den Jungs zu unserer Klientel gehören‹.«

Auch *Monitor* setzt voraus, dass private Sicherheitsdienste »häufig Leute aus dem Milieu oder Türsteher und Bodybuilder beschäftigen«. Als Ersatz für Beamte kann sich der Verfassungsrechtsprofessor Christoph Gusy diese Truppe nicht vorstellen:

> »In der Bundesrepublik ist Resozialisierung als Vollzugsziel zwingend vorgeschrieben, und dies schreibt den so genannten Behandlungsvollzug vor. Behandlungsvollzug kann allerdings nur von qualifizierten Mitarbeitern wahrgenommen werden und nicht von solchen, welche überwiegend dafür qualifiziert sind, Türen auf- und zuzuschließen.«

Letzteres gilt allerdings auch für die steigende Zahl teilweise hochqualifizierter Menschen, die durch die Segnungen der Marktwirtschaft ihren Arbeitsplatz verloren haben und jetzt beim untersten Lohnniveau als ungelernte Wachmänner untergekommen sind.

Fazit: Sämtliche rein finanziellen Vergleiche – natürlich einschließlich der Vorteile bei Krankenversicherung und Altersvorsorge – werden vor allem von den letzten drei jener »Sieben Wahrheiten« des Professors Hans-Werner Sinn locker ausgekontert:

- *»Wahrheit Nr. 5:* Die Bruttolöhne und -gehälter der Staatsbediensteten lagen Mitte 2003 trotz der längeren Arbeitszeiten im Durchschnitt um 5,5 Prozent unter den entsprechenden Werten der privaten Wirtschaft, obwohl Staatsbedienstete im Durchschnitt über eine höhere Qualifikation als privat beschäftigte Arbeitnehmer verfügen müssen.
- *Wahrheit Nr. 6:* Dass Beamte begünstigt sind, weil sie keine Sozialabgaben zahlen, ist ein Märchen. Da der Staat seit jeher mit der Privatwirtschaft konkurrieren musste, sind bei gleichen Qualifikationsstufen die Netto-, und nicht etwa die Bruttogehälter der Beamten mit den Gehältern der Privatwirtschaft vergleichbar. Was andere an Sozialabgaben zahlen, wird den Beamten von vornherein nicht als Gehalt zugebilligt.
- *Wahrheit Nr. 7:* Die Beamtengehälter stiegen zumindest im gehobenen Dienst viel langsamer als die Gehälter in der Privatwirtschaft. In den dreißig Jahren von 1970 bis 2000 stiegen die Bruttomonatsverdienste der hoch qualifizierten Angestellten im privaten Sektor um durchschnittlich 330 Prozent, doch die Gehälter der Beamten des gehobenen Dienstes stiegen durchschnittlich nur um 190 Prozent. Der Stundenlohn eines Industriearbeiters stieg in der gleichen Zeit um 350 Prozent, und der Sozialhilfesatz nahm um 450 Prozent zu. Fazit: Die Beamten sind viel billiger und fleißiger als ihr Ruf. Seien wir froh, dass wir sie haben.«[90]

Sinns Argumente müssen nicht richtig sein, aber mit halbseidenen Statistiken und pseudomathematischen Taschenspielertricks sind sie nicht zu widerlegen. Die marktradikale These vom Beamten als Made im Speck scheint auf der rein finanziellen Ebene jedenfalls nicht belegt.

Andererseits ist das Argument manch eines (Spitzen)-Beamten, »Ich könnte in der Privatwirtschaft mehr verdienen«, natürlich kindisch. Die logische Frage lautet: Wieso tust du es dann nicht? Und die logische Antwort lautet: Entweder aus Eigennutz. Wobei Eigennutz sich nur für geldgierige Parvenüs allein auf das Materielle bezieht. Über den Politiker zum Beispiel schreibt Helmut Kohls Ex-Büroleiter Wolfgang Bergsdorf: »Der größere Teil seines Honorars besteht in der Teilhabe an der politischen Macht, die ihre eigene politische Ausstrahlung hat. Dazu gehört Publizität, die von vielen genossen wird, auch politische Lebenserfahrung, die man in der Politik erwirbt, ob man es will oder nicht.« Sogar ein menschenwürdiges Arbeitsklima – für Marktradikale dasselbe wie Faulheit – kann für einen Regierungsdirektor ein Grund sein, sich auch für viel Geld nicht die typische Konzernchefetage à la VW-Bordell anzutun. Oder weil die freie Wirtschaft den Beamten gar nicht will. Vergleicht ein Verbandsligakicker sein Gehalt mit dem eines Nationalspielers? Doch selbst wenn der Beamte fachlich besser wäre: Schließlich erhält zuweilen eine simpel gestrickte Hupfdohle für peinlichstes Gestammel viel mehr Geld als qualifizierte Magazinmoderatoren wie Sonia Mikich oder Andreas Bönte, und auch seriös ausgebildete Journalisten verdienen gelegentlich weniger als die teilweise etwas unterbelichtete Belegschaft mancher Klatschmedien.

Solange also einem Beamten nicht wegen grundgesetzwidriger Diskriminierung etwa wegen Hautfarbe oder Geschlecht, sondern »nur« durch den Arbeitsmarkt ein Job in der Wirtschaft verwehrt wird oder er sowieso im Staatsdienst bleiben will, so lange ist ein Einkommensvergleich kein Argument, sondern bestenfalls – Streikverbot hin oder her – ein stimmungsmachendes tarifpolitisches Druckmittel.

Gleiches gilt natürlich umgekehrt: Wohl kaum einem Arbeitnehmer dürfte bei seiner Berufswahl die besondere Stellung der Beamten verborgen geblieben sein. Also konnte er sich um eine Beamtenlaufbahn bemühen. Wenn es dann nicht geklappt hat oder er gar nicht Beamter werden wollte, kann er sich ebenfalls nicht beklagen.

Schon von daher sind alle Versuche, Beamte und Restbevölkerung gegeneinander aufzustacheln, zwar menschlich verständlich und in ihrer intelligenzschonenden Penetranz sogar rührend, können sich aber keinesfalls auf irgendwelche Einkommensvergleiche staatlicher und privater Beschäftigter berufen.

Dennoch bleibt als unschätzbarer Vorteil der Schutz der Beamten vor Arbeitsplatzverlust und Absturz in das sozial Bodenlose. Dass dies allerdings in einem der reichsten Länder der Erde zusehends zum Privileg wird, das ist nur insofern ein »Sachzwang der Globalisierung«, als *Freie Marktwirtschaft* ja in der Leserart der Marktradikalen nichts anderes bedeutet als die hemmungslose Geldgier als Gesellschaftsmaxime.

Teil IV

Ausgewählte Berufsgruppen

1. Die Polizisten

Eigentlich müssten die Polizisten die Hätschelkinder der Wirtschaftsliberalen sein. Schließlich sollen sie im schlanken Idealstaat außer den Soldaten, den Justizbeamten, den Geldeintreibern und sonstigen Staatssicherheitskräften so ziemlich die einzigen Staatsbediensteten sein, die dafür aber um so gründlicher aufräumen.

»Menschliches Verständnis« für Folter, Vorbeugehaft ohne Gerichtsbeschluss und Bürgerüberwachung nach dem Lustprinzip sind nur einige Ideen, die teilweise sogar Gesetzeskraft erlangten und – wie der berüchtigte Lauschangriff – erst vom Bundesverfassungsgericht gestoppt werden mussten.

Das Wundermittel heißt Zustimmung zum Polizeistaat durch Panikmache. Und bei einer Schlagzeile wie »Deutsche wollen Sicherheit um fast jeden Preis« in der *Welt* vom 18. März 2004 müssen sich ja gewisse Kräfte ermutigt fühlen: »Fußfesseln für Arbeitslose« fordert der hessische Justizminister Wagner im April 2005: »Die elektronische Fußfessel bietet damit auch Langzeitarbeitslosen und therapierten Suchtkranken die Chance, zu einem geregelten Tagesablauf zurückzukehren.«

Nebenbei gefragt: In welchem Weltbild haben eigentlich Arbeitslose und Suchtkranke etwas gemeinsam, außer in dem Weltbild, das Menschen in »nützliche« und »überflüssige« unterteilt?

Derlei scheinbar wirre, aber immerhin in zwei deutschen Staaten schon einmal verwirklichte Polizeistaatsträume müsste logischerweise die Polizei umsetzen.

Dummerweise sieht es aber die übergroße Mehrheit der Polizisten gar nicht – wie der marktradikale Vorbeter Milton Friedman – als ihre

»vorrangige Aufgabe, *unsere* Freiheit zu schützen sowohl gegen den äußeren Feind als auch gegen *unsere Mitbürger,* um mit ›Law and Order‹ private Geschäftsbedingungen zu garantieren und konkurrierende Märkte zu schützen«.[1]

Der normale Polizist will Bürger in Uniform sein. Und er möchte vermutlich auch kaum als Gesinnungsgenosse der Herren Schäuble, Beckstein, Koch oder Schönbohm gelten.

So erteilte der Vorsitzende der GdP in Nordrhein-Westfalen, Frank Richter, Ende 2005 allen Bürgerkriegsübungen zur Fußballweltmeisterschaft eine klare Absage:

»Die Pläne des Bundesinnenministers, Soldaten zum Schutz von Stadien, Mannschaftsquartieren und Flughäfen einzusetzen, sind unsäglich. Allein der Widerspruch zwischen dem ausländischen Fußballfan als Freund und willkommenem Gast und dem Bild eines Panzers vor dem Stadion sagt doch schon genug.«[2]

Ebensowenig wie in Polizeistaatszenarien möchte die Polizei verständlicherweise in Polizeistaatsphantasien einbezogen werden.

Das Problem liegt auf der Hand: »Ehrliche« Diktaturfreunde würden ohne Rücksicht auf die Kosten den Staat hochrüsten und auch noch im letzten Schlafzimmer eine Kamera verstecken. Echte Neuliberale aber ordnen alles der Profitgier unter – die Staatsform ist ihnen relativ egal. Und nicht zuletzt durch das Scheitern der Ostblockdiktaturen wissen sie: Polizeistaat rechnet sich nicht, kann also nur letztes Mittel im Falle eines Aufstandes sein. Weil also auch ein bayerischer Innenminister Günther Beckstein bei allem Faible für »Recht und Ordnung« auf die Kassenlage zu achten hat, muss er sich ausgerechnet von der Landes-SPD vor »Kaputtsparen bei der Polizei« warnen lassen.[3]

Soziale Einschnitte aber bringen stets Ärger mit den Betroffenen mit sich. Typisches Beispiel war die Mitteilung der GdP Brandenburg über ihr Treffen mit Innenminister Schönbohm Ende 2005. Die Parole am Ende des Textes hieß nämlich nicht »Hoch lebe der Polizeistaat«, sondern »Hände weg von weiteren Einkommenskürzungen bei Arbeitern, Angestellten und Beamten!«. Zudem machte die GdP »nochmals mit Nachdruck deutlich, dass der durch die Landesregierung beschlossene Personalabbau von 910 Stellen bis 2009 aus polizeilicher Sicht nicht zu verantworten ist«.

Und wie viele Normalbürger befürchten auch die jungen Polizisten, von der Politik um die Früchte ihrer Arbeit betrogen zu werden. Die Lebensarbeitszeitkonten müssten »davor abgesichert werden, dass sie in Zeiten wie diesen, wo Politiker Sparpolitik hauptsächlich auf dem Rücken der Beschäftigten umsetzten, nicht zu Gunsten der öffentlichen Haushalte geopfert werden.«[4]

Wo gab es das schon mal: Die Polizei warnt die Politik vor Sozialraub! Und was für den alten Obrigkeitsbeamten und für den dazu passenden Untertanen undenkbar gewesen wäre, gehört seit geraumer Zeit zum deutschen Alltag: Polizisten demonstrieren, nicht nur wie oben erwähnt in Wiesbaden, sondern auch in Düsseldorf, Hamburg, Berlin, Mainz und – eigentlich überall in der Republik.

Andererseits hat »die Polizei« bei vielen Bürgern ein durchaus ausbaufähiges Image. Dies hängt zum einen damit zusammen, dass der Mensch dazu neigt, nicht so sehr den »Schreibtischtäter«, sondern die Ausführenden verantwortlich zu machen.

Bei polizeigeschützten Nazidemonstrationen und Giftmülltransporten ebenso wie bei verschärften Verkehrskontrollen und Falschparkzettelvergaben werden die Beamten vor Ort oft unflätig beschimpft, während sich die Auftraggeber unschuldig im Hintergrund halten.

Nichtsdestoweniger gibt es natürlich auch jede Menge illegale polizeiliche Übergriffe und – fast noch schlimmer – deren Vertuschung.

Offenbar ist den Standesvertretern und wohl auch der großen Mehrheit der anständigen Polizisten klar, dass Schlagzeilen wie »Amnesty International prangert Polizei-Gewalt an« auf Dauer das Bild *der Polizei* in der Öffentlichkeit empfindlich beeinträchtigen können, vor allem wenn die Schuldigen aus falsch verstandener Loyalität auch noch gedeckt werden.

»Der Corpsgeist in der Polizei ist so schlimm, dass selbst Straftaten geschehen können, ohne dass irgendjemand etwas unternimmt«, befand schon 1997 ein Richter in einem Prozess gegen »Prügel-Polizisten«.

Ebenfalls nicht imagefördernd sind Resultate des Arbeitsklimas wie der Selbstmord einer Polizistin im Jahre 1997, woraufhin die Berliner Polizei eine Mobbing-Kommission einrichtete. »Mobbing – ein Problem auch bei der Polizei«, heißt es auch in der GdP-Zeitschrift *Deutsche Polizei*. Dennoch bringt sich im Jahre 2005 erneut eine Polizistin um: die Kriminalhauptkommissarin und frühere Sprecherin des CDU-Polizeiarbeitskreises Berlin, Bianca Müller.

All diese teils hanebüchenen Missstände, die noch leicht um zahllose spektakuläre Fälle straffällig gewordener Polizisten ergänzt werden könnten, haben aber nicht das geringste mit der marktradikalen Kampfthese vom faulen, unterforderten und überversorgten Beamten zu tun.

2. Die Lehrer

In Deutschland gibt es 41 000 Schulen mit 800 000 Lehrerinnen und Lehrern, 9,8 Millionen Schülern und 14 Millionen Eltern.

Die allgemeine Stimmung gegenüber Lehrern scheint dabei durch das Exkanzlerwort von den »faulen Säcken« vorgegeben. Seither versucht die dritte und vierte Garnitur der deutschen Meinungsmacher, mittels dubioser Boulevardhistörchen und sogenannter »Studien«, die Lehrer zu diskreditieren.

Unfähige, faule und privilegierte Bande?

Natürlich gibt es sie, die Lehrer, die

- ihren Schülern nachmittags in teuren Nachhilfestunden das vermitteln, was sie ihnen vormittags nicht beibringen konnten,
- der ganzen Klasse dieselbe Note geben, weil sie daheim beim Korrigieren die Namen der Schüler nicht den Gesichtern zuordnen können,
- Krankheiten vortäuschen und schlicht blaumachen,
- von vornherein nie Lust auf den Beruf hatten, sondern nur auf einen gutbezahlten lebenslangen Arbeitsplatz.

Der *Spiegel* fasst so etwas leichtverständlich und einprägsam zusammen: »Deutsche Lehrer sind privilegiert.« In den Medien wimmelt es von derartigen Emotionsanheizern. Lassen wir einmal außer acht, dass diesen meist etwas fehlt, was nach den Worten der Grauen Eminenz des deutschen Journalismus, Peter Voß, ein Kriterium für *solide* Nachrichten ist: die Überprüfbarkeit.[5]

Aufschlussreich ist allerdings: Soweit diese Traktate des Genres »Tötet Florida-Rolf« nicht ans »gesunde Volksempfinden« appellieren, wird alles ausschließlich unter dem betriebswirtschaftlichen Aspekt der Kostenminimierung gesehen: Was dem Privatkonzern der Kostenfaktor Papierrolle für die Betriebstoilette ist, das ist der Deutschland AG der Kostenfaktor Bildung. Nicht zufällig lässt etwa der *Spiegel* das Problem vorzugsweise von Unternehmensberatungen vom Schlage *Kienbaum* kommentieren.

Nun besteht natürlich die Gefahr, dass einige Bürger in Ablehnung unqualifizierter Kritik trotzig ins Gegenteil verfallen, nämlich in die Heiligsprechung der Lehrer.

Daher ist die Kritik an der Beamtengruppe Lehrer auf ihren rationalen Kern zu konzentrieren.

Vorgebracht wird im wesentlichen:

- Das Privileg des lebenslang sicheren Arbeitsplatzes. – Während jedoch im Westen neunzig Prozent der Lehrer Beamte sind, gilt dies im Osten nur für zwanzig Prozent. Allerdings ist ein typisches Propagandamärchen, dass man unfähige oder unwillige Lehrer gar nicht los wird: Ein angehender Lehrer darf wegen mangelnder Leistungen aus dem Vorbereitungsdienst entlassen werden, entschied das Oberverwaltungsgericht (OVG) Rheinland-Pfalz in Koblenz im Mai 2005. Zwar werde der Betroffene mit dieser Maßnahme in seinem Grundrecht auf freie Berufswahl eingeschränkt. Um einen geordneten Unterricht zu gewährleisten und unnötige Ausbildungskosten zu vermeiden, sei dieser Schritt jedoch gerechtfertigt.[6]
- Finanzieller Druck zahle sich aus. – Tatsächlich stieg nach Einführung der Pensionsabschläge bei Dienstunfähigkeit vor Vollendung des 63. Lebensjahres im Jahre 2001 das Durchschnittsalter der Neupensionäre von 59 im Jahre 2000 auf 62 im Jahre 2004. Der Anteil der Frühpensionierungen sank von 64 Prozent

im Jahre 2000 auf 34 Prozent im Jahre 2003 und 28 Prozent im Jahre 2004.
- Die überprüfbare Arbeitszeit von 24 (für einige Studienräte) bis 31 Pflichtstunden (für manche Hauptschullehrer) ermögliche es faulen Lehrern, die restliche unkontrollierte Arbeitszeit nicht wie vorgesehen für Vorbereitung, außerschulische Betreuung oder Elternkontakte, sondern schlicht als Freizeit zu nutzen. Auch dass Lehrer mit 75 Tagen mehr als doppelt so viel Urlaub wie normale Arbeitnehmer haben, sei ungerecht. – Nun beträgt der gesetzliche Urlaub nur sechs Wochen. Der Rest ist unter anderem für Fortbildung gedacht. Der Vorwurf stimmt also nur dann, wenn Lehrer es wirklich so halten, wie das ARD-Magazin *Kontraste* in einem weitgehend auf »Experten« des Instituts der Deutschen Wirtschaft gestützten Bericht pauschal unterstellt: »Lehrerfortbildung in Deutschland – unzureichend und teuer ... Die Zukunft unserer Kinder wird an den Traumstränden von Kreta verbummelt.« Und es muss ja nicht Sonnenbaden sein. Schließlich gibt es ja lukrativere Hobbys, man denke nur an das Überangebot an Lehrern in der Politik. Die Frage ist, ob man Lehrer mit Buchhaltern oder eher mit Künstlern vergleichen sollte: Einen witzigen Roman kann man ebensowenig durch Anwesenheitspflicht erzwingen wie guten Unterricht, der eben nicht im Klassenzimmer endet. Andererseits dürfte ein Künstler ebensowenig wie ein Lehrer auf die Arbeitszeit achten, wenn er von einer Sache »besessen« ist. In der öffentlichen Debatte besteht eine ähnliche Gefahr wie zuweilen unter Arbeitskollegen besonders der untersten Lohngruppen: Man neidet sich gegenseitig jeden Cent vom kargen Lohn und jede freie Minute, während man am Ferrari des arbeitsscheuen Fabrikantensohnes nichts auszusetzen hat.
- Mit einem Durchschnittsalter von 47 Jahren und mit 20 Prozent über 55 Jahren seien die Lehrer einfach zu alt. – Das stimmt

zwar, nur ist das Alter *allein* niemals ein Grund für größere Akzeptanz: Politiker wie Norbert Blüm (Jahrgang 1935), Joschka Fischer oder Gregor Gysi (beide Jahrgang 1948) finden mit Sicherheit auch zu »normalen« Schülern mit Sicherheit einen besseren Draht als so manche farblose Parteikarrieristen zwischen dreißig und vierzig.

Bleiben als diskussionsfähige Argumente:

- Durch Pisa belegte katastrophale Arbeitsergebnisse
- Mangelnde »Motivation« durch Leistungsprinzip und Arbeitsplatzangst
- Fachliche, didaktische oder menschliche Unfähigkeit.

Zu letzterem liefert eine besonders fundierte Untersuchung – natürlich eine Ex-Studienrätin. Marga Bayerwaltes[7], die ihren gesammelten Frust aus 25 Jahren medial vermarktet und frühere Kollegen schon mal als »unfähiges Arschloch« tituliert, sieht den Lehrerberuf als »Auffangbecken für Studienversager, Mittelmäßige, Unentschlossene, Ängstliche und Labile, kurz gesagt, für Doofe, Faule und Kranke«.[8]

Diese qualifizierte Analyse ist allerdings dem *Spiegel* noch nicht »speziell« genug: »Ganz falsch liegt die Frau nicht. Viele betrachten in der Tat das Lehramt nicht als Berufung, sondern schlicht als Job, der einige Annehmlichkeiten mit sich bringt: Von den 30 000 Studenten, die jedes Jahr ein Lehramtsstudium beginnen, sind 75 Prozent Frauen.«

So etwas nennt man, durch einen simplen Doppelpunkt gekonnt Lehrer- mit Frauenfeindlichkeit zu verbinden – und mit Sozialstaatfeindlichkeit noch dazu: »Sie wählten besonders oft solche Bildungsgänge, weil sie hier später Beruf und Familie besser verbinden können, hat der Ulmer Pädagogikprofessor Ulrich

Herrmann herausgefunden.« Hat aber der renommierte Mitherausgeber der *Zeitschrift für Pädagogik* die eminent wichtige Frage der Verbindung von Beruf und Familie jemals hämisch als »Annehmlichkeit« abqualifiziert?[9] Natürlich sind Lehrer vielleicht mehr noch als andere Beamte gegenüber Normalbürgern im Vorteil, genauso wie es Normalverdiener gegenüber Armen sind – aber ist Selbstverständliches eine »Annehmlichkeit«, nur weil ein extrem reiches Land das Selbstverständliche vielen seiner Mitbürger vorenthält?

Bei solch niveaufreiem Neidgeschreibsel geht oft viel richtige Kritik unter, zum Beispiel Herrmanns Beobachtung zum Selbstbild der Pädagogen: »Meist bekommt man auf die Frage nach dem Beruf ... die Antwort, der Betreffende sei Mathematiker oder Romanist. Erst bei näherem Nachfragen stellt sich dann heraus, dass es sich um einen Studienrat handelt. Die meisten verstehen sich als Experten für das Unterrichten von Fachinhalten.«

So moniert der ehemalige Direktor der Max-Planck-Gesellschaft, Wolfgang Edelstein, die Lehrerausbildung sei »eine Erbsünde des deutschen Schulwesens«. Während es zum Beispiel für die Medizinerausbildung eigene Fakultäten gebe, sei die Lehrerausbildung »bloß Anhängsel eines Fachstudiums, das einem anderen Zweck dient, nämlich der Ausbildung zum Wissenschaftler. Aber Physiker sind keine Physiklehrer, Germanisten keine Deutschlehrer.«

Dies korrespondiert mit dem infamen Verdacht, viele Lehrer seien verhinderte Nobelpreisträger für Literatur, Chemie oder Physik, denen außer der Fähigkeit auch noch die Angst vor dem freien Arbeitsmarkt ein Schnippchen geschlagen habe.

Und es bedarf keiner Erläuterung, dass mehr als nur einige Neulehrer dann aus allen Wolken fallen, wenn sie nach und nach mit real existierenden Schülern in real existierenden Klassenzimmern konfrontiert werden. Ein Großteil ist dann aber schon über dreißig, und wer an deren Stelle gestünde sich schon selbst eine falsche Berufswahl und vergeudete Studienjahre ein und versuchte es nicht lieber mit »Augen zu und durch«?

Deshalb läge eigentlich nichts näher als das auch von Herrmann angeregte Praktikum *vor* dem Studium, wenn's noch nicht zu spät ist.

Nun sind Illusionen und sogar mangelnde Begabung und Fähigkeiten von Berufsanfängern *eine* Sache. Eine ganz andere ist die Frage, wieso diese Menschen überhaupt – und vor allem so unvorbereitet – in den Schuldienst gelangen können. Pädagoge Herrmann spricht aus, was alle wissen: »Gymnasiallehrer werden nicht wirklich für ihren Beruf ausgebildet. Das, was sie an der Universität lernen, hat kaum etwas mit dem Berufsalltag zu tun. Und auch sonst sind sie, trotz Referendariat, Autodidakten.«

Letzteres mag ja in der Politik gang und gäbe sein, denkt man nur an den Müller Michael Glos als Wirtschaftsminister, die Lehrerin Ulla Schmidt als Gesundheitsministerin oder gar die Hotelfachfrau Monika Hohlmeier als langjährige bayerische Kultusministerin und den früheren Fußballmanager, SPD-Funktionär und Pädagogikstudenten mit erstem Staatsexamen Willi Lemke als Bremer Bildungsminister.

Aber Lehrer werden auf leibhaftige Kinder *direkt* losgelassen. Der Didaktikprofessor Ewald Terhart fordert daher dringend, »Kompetenzen zu überprüfen, die für den Lehrerberuf wichtig sind, zum Beispiel die Fähigkeit, einen bestimmten inhaltlichen Sachverhalt in die Vorstellungswelt von Schülern zu rücken oder die Leistung eines Schülers einzuschätzen«.[10] Und: »Klassenführung, Interaktionsformen, allgemeine Muster der Inhaltserarbeitung, Konfliktregulierung, Elterngespräche, kollegiale Zusammenarbeit, Schulentwicklung etc. verlangen Kompetenzen, die weit über (Fach-)Didaktik hinausgehen.«[11]

Wie unerreichbar weit diese Analysen und Lösungsvorschläge

vom Paralleluniversum der politischen Klasse entfernt sind, belegt eine Entscheidung der Bildungsverantwortlichen vom Oktober 2005. Hämisch schreibt der *Spiegel:* »Bei zwei Pisa-Studien haben sich deutsche Schüler blamiert. Nun steht der Lehrertest ins Haus – und Deutschland macht einen Rückzieher. Die Kultusminister wollen keine OECD-Forscher mit Videokameras durch die Schulen streifen lassen.«

Dies klingt wie die Geschichte vom Raucher, der in der Zeitung liest, dass Rauchen Krebs erzeugt, und es unverzüglich aufgibt – das Zeitungslesen, nicht das Rauchen.

Das Kind, das unbekannte Wesen

Nun kann man die Arbeit von Menschen ohne einen Blick auf das Objekt ihrer Arbeit nicht seriös beurteilen, schon gar nicht die Arbeit der Lehrer.

Dass unsere Schüler am Verblöden sind, wissen wir von den Pisa-Studien; dass es sich zusehends um eine kriminelle Bagage handelt, zeigt uns der tägliche, von den Klatschmedien kreativ aufgefrischte Polizeibericht.

Aber Vorsicht: Galliger, häufig jugendneidgesteuerter Argwohn der jeweils älteren Generation gegen die jüngere ist obligatorisch. Schon Cicero beklagte im Jahre 63 vor Christus mit seinem Moralistenstichwort »o tempora, o mores« den allgemeinen Sittenverfall[12], und manch ein Nachkriegspauker trauerte den Lernhilfsmitteln Zucht, Ordnung und Prügelstrafe der preußischen und der volksdeutschen Schule nach. Fast immer in der Geschichte diagnostizierten die Alten bei den Jungen einen rasanten Verstandesabstieg in Richtung Primatentum.

Dazu die gute Nachricht vorweg. Glaubt man Diplompsychologen Siegfried Lehrl, immerhin Akademischer Direktor an der Psychiatrischen Klinik der Universität Erlangen-Nürnberg, so waren – sogar im Vergleich mit der heutigen geistigen Unterschicht – unsere Großeltern »auf dem Niveau von Schwachsinnigen« beziehungsweise »eines heutigen Zehnjährigen«.[13]

Allerdings sieht der IQ-Experte seit 1999 eine Tendenz zur Verdummung, speziell beim Nachwuchs: »Intelligenztests unter Schülern zeigten, dass deren geistige Fähigkeiten nicht mehr an die Jahrgänge zuvor herankamen.«

Dies wird durch die Ergebnisse der noch aktuellen zweiten Pisa-Studie von 2003 untermauert: Danach hat sich der Anteil sogenannter Risikoschüler »stabilisiert«. Nahezu jeder vierte Fünfzehnjährige kann selbst einfachste Texte nicht lesen und verstehen sowie allenfalls auf Grundschulniveau rechnen. In keiner anderen großen Industrienation erreichen prozentual so viele Schüler nur das unterste Testniveau, ist die Schere zwischen guten und schlechten Schulen und Schülern so groß – und sie wird immer größer.

Dieses Desaster ist nicht erklärbar ohne den Bildungsfaktor Unterhaltungsmedien. »Schlechte Schüler sehen mehr fern«, fasst *Spiegel Online* im September 2005 eine Untersuchung des Kriminologischen Forschungsinstituts Niedersachsen (KFN) unter Zehn- bis Fünfzehnjährigen zusammen. Studienleiter Christian Pfeiffer wird noch deutlicher: »Ein Übermaß an Medienkonsum macht dick, dumm, krank und traurig.« Je mehr Zeit sie vor dem Fernseher oder der Playstation verbringen, desto schlechter sind die Noten – offenbar unabhängig von der Qualität der Lehrer.

Hauptschüler hocken laut Studie mehr als doppelt so lang vor Bildschirmen wie Gymnasiasten. Hinzu komme, dass Kinder mit eigenen Unterhaltungsgeräten viel häufiger verbotene Sendungen oder Spiele mit hohem Gewaltanteil sehen. Glotze und Konsole könnten auch erklären, warum mehr Mädchen als Jungen und mehr Deutsche als Ausländer ins Gymnasium gehen.

Einen Fernseher im eigenen Zimmer hat nur jedes dritte Mädchen, aber fast jeder zweite Junge. Eine Spielkonsole besitzen knapp 40 Prozent der Jungen, aber nur 16 Prozent der Mädchen. 51,3 der Migrantenkinder, aber »nur« 31,9 Prozent der jungen Deutschen haben eine eigene Flimmerkiste, bei der Playstation sind es 43,3 und 22,3 Prozent.

Dass die so bearbeiteten *realen* Jugendlichen mit der auf Idealvorstellungen Marke »Wir waren auch mal jung« basierenden Lehrerausbildung – und damit mit den *realen* Lehrern selbst – äußerst selten zusammenpassen, ist nur natürlich. Die meisten Lehrer – allerdings ebenso wie meisten Eltern – haben keinen Schimmer, was in ihren Schützlingen vorgeht und was sie können.

So baten die Pisa-Forscher vor den Tests eine von ihnen als Elite bezeichnete Gruppe von Lehrern, die an Lehrplänen und Schulbüchern mitarbeitet, nach ihren Tips für das Abschneiden ihrer Schüler in der höchsten Kompetenzstufe beim Lesen. Die Gymnasiallehrer hofften auf 80, die Hauptschullehrer auf 60 Prozent. In Wahrheit bestanden nur 29 Prozent der Gymnasiasten und ganze 0,3 Prozent der Hauptschüler.

Echte und erfundene Gewalt an den Schulen

Wenn solchen ahnungslosen Lehrern dann auch noch infolge von Gewalt und Drogenmissbrauch durch Schüler die Sache zuweilen außer Kontrolle gerät wie an der seit März 2006 international bekannten Rütli-Schule in Berlin-Neukölln, dann bleiben diesen Pädagogen meist nur vergebliche interne Hilferufe und der panische Großalarm über die Medien. Da 83 Prozent der Rütli-Schule Ausländer sind, wird dieser Fall von einigen Stammtischmedien begierig als Bestätigung der Rassenlehre vom guten Deutschen und bösen Ausländer behandelt. Nun berichtet aber zum Beispiel Jan Wallraf, bis 1978 Lehrer an der Rütli-Schule, schon damals sei wegen der Gewalt in einigen Klassen geregelter Unterricht kaum möglich gewesen: »Zu dieser Zeit gab es nur wenige ausländische Schüler, es waren deutsche deklassierte Kinder und Jugendliche, die ihren Kiez ›Ghetto von Neukölln‹ nannten.«[14] Offenbar ist nicht der »Migrationshintergrund« der Hauptschüler, sondern ihre Perspektivlosigkeit Gewaltursache Nummer eins.

Dennoch bleibt natürlich die Erkenntnis, wie wenig die Lehrer von den Sorgen und Nöten ihrer Schüler wissen.

Die Lehrer als Opfer

Insofern war das Ergebnis der bis heute unerreichten Lehrerstudie des Potsdamer Psychologieprofessors Uwe Schaarschmidt eigentlich keine Überraschung.[15] Dennoch überschlugen sich Mitte April 2003 die Schlagzeilen:

»Jeder dritte Lehrer ist ausgebrannt« *(Spiegel Online)*
»Mehrheit der Lehrer stark überlastet« *(Die Welt)*
»Jeder dritte Lehrer ist ›ausgebrannt‹ – viele sind krank« *(Berliner Morgenpost)*
»Ausgebrannt. Brandenburger Psychologen ermitteln, dass 30 Prozent der Lehrer Burnout-Syndrome zeigen« *(Der Tagesspiegel)*
»Ausgebrannt. Eine Langzeitstudie zeigt: Fast jeder dritte deutsche Lehrer erliegt dem psychischen Druck« *(Berliner Zeitung)*
»Die faulen Hunde sind in Wahrheit arme Schweine« *(Westdeutsche Allgemeine Zeitung)*
»Burnout-Syndrom. Pädagogen fällt das Abschalten schwer« *(Frankfurter Rundschau)*

Nun hat Schaarschmidt – quasi eigens für den halbgebildeten BWL-Bachelor mit wenig Zeit und Grundwissen – die wichtigsten Schlussfolgerungen zusammengefasst und ins Internet gestellt.[16]

So unterscheidet er zwischen vier Verhaltensmustern:

- G (Gesundheit: hohes, aber nicht überhöhtes Engagement, Belastbarkeit und Zufriedenheit)
- S (Schonung: reduziertes Engagement, Ruhe und Gelassenheit sowie relative Zufriedenheit)
- A (Selbstüberforderung: exzessive Verausgabung und verminderte Erholungsfähigkeit, Einschränkung der Belastbarkeit und Zufriedenheit)
- B (Resignation: reduziertes Engagement bei geringer Erholungs- und Widerstandsfähigkeit, Unzufriedenheit und Niedergeschlagenheit)

Auf dieser Grundlage legt er zu den Bereichen »Einflussnahme auf die Rahmenbedingungen des Berufs«, »Gestaltung der Arbeitsbedingungen vor Ort« und »Verbesserte Rekrutierung und Vorbereitung des Lehrernachwuchses« einen detaillierten Maßnahmenkatalog vor, unter anderem

- mehr Wahrnehmung der Erziehungsverantwortung durch Politik, Eltern- und Lehrerschaft,
- professionelle Hilfe durch Sozialpädagogen, Sozialarbeiter und Psychologen, Ausbau der schulpsychologischen Dienste und Erziehungsberatungsstellen,
- qualifizierte Vorschulerziehung für alle Kinder und mehr Freizeitbetreuung,
- Verjüngung der Lehrerschaft,
- gesellschaftliche Anerkennung für die Leistungen der Lehrer statt Diffamierung,

- mehr Muße und Kontinuität für die schulische Arbeit statt ständiger Kampagnen,
- berufliche Alternativen bei Erreichen persönlicher Belastbarkeitsgrenzen.

Das marktradikale Allheilmittel

Auf welchen Boden fallen derartige Konzepte?

Der Präsident der Freien Universität Berlin und Ideengeber des Arbeitgeber-Propagandavereins *Initiative Neue Soziale Marktwirtschaft,* der Pädagogikprofessor Dieter Lenzen, schwört auf die Leistungskontrolle, und er weiß auch, wie man Leistung misst: »Man kann sehr gut prüfen, was die Kinder können! Daran bemisst sich die Unterrichtsleistung.«[17]

Dies ist nur dann plausibel, wenn man die Schüler als uniformes Humankapital betrachtet. Dazu ein Beispiel: Ein fauler und ein fleißiger Wirtschaftskundelehrer. Der faule Lehrer hat die fünf Wirtschaftsweisen als Schüler, lässt sie machen und fährt für ein Jahr auf die Malediven. Der fleißige Lehrer hat fünf Schmuddeltalk-Moderatoren und macht sogar Überstunden. Welche Schülergruppe besitzt nach einem Jahr mehr Fachwissen, nach dem ja die Lehrerleistung beurteilt werden soll?

Eine gewisse Jeanne Rubner führt in der *Süddeutschen Zeitung* ihre Haltung schon in der Überschrift spazieren: »Deutschlands Lehrer: Zu alt, zu unbeweglich, zu wenig originell«.

Unter Berufung auf eine Studie irgendwelcher »OECD-Fachleute« heißt es: »Nur neun Prozent der Lehrer verlassen innerhalb eines Schuljahres ihren Posten – ein Drittel davon geht zu einer anderen Schule im selben Bundesland. Doch gerade einmal zwei Prozent der Wechsler nehmen eine Stelle in einem anderen Bundesland an, eine ›alarmierend niedrige Zahl‹, urteilen die Fachleute.«

Dass es alarmierend sein soll, dass Lehrer nicht scharenweise *innerhalb eines Schuljahres* von Mannheim nach Magdeburg und von Pirna nach Pirmasens umziehen, ist eigentlich eine für eine Kommentierung zu unseriöse These, zeigt aber, zu welchen Höhenflügen die marktradikalen Phantasien von der »optimalen Ressourcenverteilung« fähig sind.

Als Grund für mangelnde Anreize für Verbesserung ihrer »Lehrtechniken« nennt die OECD-Truppe auch »den Beamtenstatus und die damit verbundene Jobsicherheit«. Auf Deutsch: Nur bei blanker Existenzangst können Lehrer gut unterrichten.

Das eigentlich Bemerkenswerte an derartigen Ergüssen ist die Tatsache, dass man zum Schiedsrichter über Gegenwart und Zukunft der Nachwuchsausbildung eine reine Wirtschaftsorganisation wie die OECD hochjubelt, noch dazu eine, deren Mitgliederliste mit der von EU und Nato weitgehend identisch ist. Wird die OECD als nächstes eine Kosten-Nutzen-Analyse des Geburtenrückgangs in den Industrienationen unter dem Gesichtspunkt der Mobilität und Flexibilität von Paarungsfähigen vorlegen?

Die »praxisnahe« Ausbildung

Nicht zufällig übrigens werden die *Inhalte* von Lehrerausbildung und Unterricht völlig ausgeklammert: Sonst könnte man ja schlecht behaupten, auch im Bildungsbereich verlaufe die Front zwischen Reformern und Blockierern.

Denn natürlich fordern auch die Unternehmer eine Reform des Lehrerstudiums. So meinte Arbeitgeberpräsident Dieter Hundt aus Anlass des Weltlehrertags im Oktober 2005, das Studium müsse »praxisnäher werden«.

Dieses Modewort klingt wie die dem Römer Seneca zugeschriebene Forderung »non scholae, sed vitae discimus«[18] – »nicht für die Schule, sondern für das Leben lernen wir«. Für *welches* Leben, muss die Frage lauten. Nähe zu *welcher* Praxis?

Tatsächlich kann sich hinter *Praxisnähe* alles mögliche verbergen. Aus der Sicht einer Chefetage sind diejenigen Lehrer gute Pädagogen, die den Nachwuchs praxistauglich, also marktwirtschaftstauglich trimmen. Und da die Bevölkerung in der Marktwirtschaft nun einmal aus einer winzigen Elite sowie zwei Riesenheeren von abhängig und gar nicht Beschäftigten besteht, kann man sich leicht ausrechnen, welche Art von Bürgern für die beiden letzteren Gruppen tauglich erscheint: die oben erwähnten gebildeten, reflektierenden, kritischen Staatsbürger oder fachlich versierte, aber ansonsten simpel gestrickte duldsame Menschen – eben »Humankapital«?

In diesem Sinne behindert nach Meinung des Instituts der deutschen Wirtschaft »die staatliche Überregulierung des Unterrichts Leistung, Kreativität, unternehmerische Initiative und Innovationsbereitschaft des Lehrpersonals«.[19]

Nun ist für Marktradikale der gesamte auf der Menschenwürde gegründete Sozialstaat eine einzige Überregulierung. So tut man diesen Herrschaften sicherlich nicht unrecht, wenn man als ihr Idealbild einen eigenverantwortlichen Privatschullehrer unterstellt, dessen Gesundheitsaufklärung von einer Fast-Food-Kette, einem Tabakkonzern und einem Alkopopshersteller gesponsert wird.

Ist diese Vision humanistischer Verfolgungswahn? »Was einst tabu war, wird nach und nach aufgebrochen«, jubelt im Januar 2006 die *Zeit*. »Wer die Bildungsmisere in Schulen und Kindergärten überwinden will, braucht die Hilfe der Wirtschaft. Sie hat das Geld und das Know-how ...Unternehmen engagieren sich, vor allem an den Hauptschulen.«

Man stelle sich wirklich einmal vor, die Schmuddelsender und Dickmacherfirmen sorgen schon vom Kindergarten an für das leibliche und geistige Wohl unseres Nachwuchses.

Der Botschafter der Initiative Neue Soziale Marktwirtschaft, Wirtschaftsprofessor Thomas Straubhaar, reibt sich jedenfalls schon verbal die Hände: »Die Wirtschaft hat bei der Bildung eine riesige Aufgabe, schon im eigenen Interesse ... Ein Unternehmen ist existenziell auf gute Arbeitskräfte angewiesen.«[20]

Und wenn das nicht klappt, bietet sich noch immer Plan B an. So hieß es schon Anfang Januar 2006 in *Spiegel Online:* »Holländer wollen junge Arbeitslose in Kasernen drillen.«

Der hausgemachte Lehrermangel

Nach Überzeugung der Kultusministerkonferenz werden bis zum Jahr 2015 rund 74 000 Lehrer fehlen. Schon heute sind es rund 10 000. Dem stehen allerdings zirka 8000 arbeitslose Lehrer gegenüber – von jenen Pädagogen ganz zu schweigen, die sich notgedrungen einen anderen Job wie etwa Versicherungsvertreter oder Berufspolitiker gesucht haben.

Kritiker wie die Lehrergewerkschaft GEW halten den Lehrermangel allerdings für »hausgemacht«. So strich der Berliner Senat die Referendariatsplätze in den Jahren 2002 bis 2005 von 1900 auf 1500 zusammen.[21]

Des Rätsels Lösung: Im Interesse des Privatisierungswahns werden die Kommunen bewusst dermaßen verarmt, dass zum Beispiel die Stadt Nürnberg ernsthaft behaupten kann, kein Geld für genügend Lehrer zu haben. So müssen Eltern und Schüler der

Peter-Vischer-Schule aus eigener Tasche einen privaten Englischlehrer für fünfzig Euro pro Doppelstunde bezahlen.

Überhaupt blüht als logische Folge das ebenso lukrative wie zwielichtige Nachhilfegewerbe. Motto: Wenn wir die Schüler einfach nicht mehr unterrichten, müssen sie ja wohl oder übel zu privaten Selbstbereicherern gehen. Jeder vierte Schüler soll mittlerweile mindestens einmal pro Woche Nachhilfe erhalten. 600 000 solvente Kunden zählen allein die 300 offiziellen Nachhilfe-Institute.

Das Beispiel Schweden dürfte es gar nicht geben

Weit vorn in der Pisa-Studie lag Schweden, die Viertklässler sind im Lesen sogar die besten der Welt. Dabei müssten die Gören aus der Heimat Pippi Langstrumpfs eigentlich Analphabeten sein: Nur eine winzige Minderheit der schwedischen Schüler besucht private Einrichtungen, wie etwa Montessori- und Waldorfschulen. 99 Prozent der Schweden beginnen ihre Schulkarriere auf der Gesamtschule, der *skola*. Neun Jahre lang lernen sie dort, bis zur achten Klasse gibt es keine Noten.

Gut neunzig Prozent der Schweden besuchen das Gymnasium, rund siebzig Prozent schaffen die Hochschulreife, die unserem Abitur entspricht. Das ist nicht so gut wie Finnland mit 85 Prozent, verglichen mit den deutschen 38,5 Prozent aber ein beeindruckendes Ergebnis.[22]

Nach der bestechenden Logik der Marktradikalen ebenso wie der Prügelstrafennostalgiker müsste das schwedische System zwar zufriedene, aber dumme Kinder hervorbringen. Der Erfolg schwedischer Gesamtschulen dürfte doch gar nicht sein.

Haben also die Lehrer wenigstens einen materiellen Anreiz, da ja nach der herrschenden Wirtschaftsphilosophie kein vernünftiger Mensch ohne finanziellen Anreiz einen Finger krumm macht?

Falsch: Schwedens Lehrer verdienen dreißig Prozent weniger als die deutschen. Dennoch arbeiten sie länger, nämlich 45,5 Stunden, davon 34 Stunden in der Schule. Lehrer gehen 194 Tage im Jahr zur Schule, Schüler 178 Tage. Die schülerlosen Tage gelten der Fortbildung, der Vorbereitung des Schuljahres und der Abstimmung im Kollegium.

Das Betriebsgeheimnis heißt Respekt: Tatsächlich genießen Lehrer in Schweden bei nur mäßigem Einkommen hohes Ansehen. Eine deutsche Delegation berichtete nach einer Informationsreise und einem Gespräch mit dem Direktor der nationalen Bildungsbehörde *Skolverket,* Mats Ekholm, von der großen Rolle des gegenseitigen Respekts sowohl zwischen Schülern und Lehrern als auch der beiden Gruppen untereinander.

Fazit: Offenbar hängt der Lernerfolg von Individuen und von Kollektiven mindestens mehr vom guten Arbeitsklima ab als von scheinwissenschaftlicher Ressourcenökonomie. Witzigerweise haben einige private Unternehmen – im Gegensatz zu ihren eilfertigen Theoretikern – die Bedeutung des Arbeitsklimas sogar für die Gewinnmaximierung längst begriffen. Salopp gesagt: Zufriedene Arbeitnehmer lassen sich besser ausbeuten als gemobbte.

Angesichts des schwedischen Erfolgsmodells dürfte so mancher Reformprediger, für den der Mensch nur als Marktteilnehmer und Humankapital existiert, im Dreieck springen. Heinz Greuling drückt es in seinem Bericht über das schwedische Bildungsmodell in der WDR-Sendung *Quarks & Co* ironisch aus: »Allerdings ist das dortige Schulsystem eng mit der schwedischen Gesellschaftsstruktur verwoben. Deshalb lässt es sich kaum eins zu eins auf Deutschland übertragen.«

Auf Grundlage dieser »Gesellschaftsstruktur« scheint in Schweden auch eine Eigenverantwortung der Schulen möglich, die sie nicht zu Zuchtanstalten für die Großkonzerne macht.

Zahlte der Staat 1975 nur drei Prozent des Etats für Schulen direkt aus, so geht seit 1990 fast alles direkt an die Schulen – auch Lehrergehälter und Mittel für Gebäude oder für die Fortbildung. Berechnet wird nach Schülern, für benachteiligte Schüler gibt es mehr. Seit Mitte der neunziger Jahre handelt man die Lehrergehälter frei aus; sie unterscheiden sich um bis zu fünfzig Prozent. Allerdings gibt es nationale Tarifverträge mit den Gewerkschaften.

Die Regierung beschränkt sich auf die Festlegung grundsätzlicher und knapp formulierter Schulziele und überlässt die Verantwortung für die Schulen den Kommunen. Die Schulen wiederum berichten der Kommune, wie sie sich sehen und was sie vorhaben. Die Kommunen ihrerseits berichten dem Skolverket. Mats Ekholms Resümee: »Die Bürokratie wurde geschlachtet.«

Müssen Lehrer Beamte sein?

Vor diesem Hintergrund wird klar, warum die Frage nach dem Beamtenstatus der Lehrer nicht gerade die wichtigste ist: Es ist, als wolle man mit einem Feuerwehrmann beim Löschen eines Hausbrandes über die Farbe des Schlauchs diskutieren.

Hinzu kommt, dass viele Argumente für den Beamtenstatus der Lehrer nicht mehr das mindeste mit den grundgesetzlichen Überlegungen über hoheitliche Aufgaben, Staatstreue und Fürsorgepflicht zu tun haben. Verwaltungsrechtsprofessor Ulrich Battis, langjähriger Rektor der Fernuniversität Hagen, meint zum Beispiel, man erhalte bessere Lehrer, wenn man sie mit dem Beamtenprivileg ködere.

Lehrer müssen und sollten keine Beamten sein, aber nicht, weil man sie dann besser mit Kündigungsdrohungen mobben und finanziell erpressen könnte. Sondern weil die Treuepflicht gegenüber dem Staat, also *gegenüber dem ganzen Volk,* schon zu häufig umgedreht wurde in eine Pflicht, die jeweils Regierenden bei ihren Maßnahmen *gegen das Volk* zu unterstützen.

Allerdings sollte der Staat seine Verantwortung für die Ausbildung nur dann in private Hände übergeben, wenn eine wirksame Kontrolle nicht nur auf dem Papier gewährleistet ist. Es muss also ausgeschlossen werden, dass etwa ein Lehrer die Kinder über die Wirkung von stundenlangem Bildschirmanstarren und von Überdosen an Süßigkeiten nicht aufklärt, weil die Schule von den entsprechenden Konzernen finanziell abhängig ist. Dass andererseits staatlich anerkannte und auch finanziell allen Schichten zugängliche Privatschulen wie etwa die Jesuitenkollegs auch überkonfessionell große Anerkennung finden, soll keineswegs verschwiegen werden.

Das Problem der tatsächlich existierenden faulen und unfähigen Lehrer ist zwar langfristig mit entsprechender Ausbildung und Eignungsprüfung zu lösen, aber das hilft aktuell nicht weiter. Untragbare Lehrer sollten problemlos von den Schülern ferngehalten werden. Die »Untragbarkeit« müsste allerdings durch ein gemeinsames und transparentes Votum des Lehrerkollegiums und der betroffenen Schüler getragen werden. Es ist auszuschließen, dass ein Lehrer in Hessen wegen Ablehnung der Folter und in Baden-Württemberg wegen Kritik am Nazirichter Filbinger entlassen wird.

Deshalb sind bei einer unumgänglichen raschen Entfernung aus dem Schuldienst auch die Grundgesetzgebote der Menschenwürde und der Sozialverträglichkeit zu beachten. Und was sozialverträglich ist, sollten nicht gerade die in Konzernbeiräten hockenden sozialdarwinistischen Flügel der Parteien bestimmen.

3. Die Professoren

Wie sie wurden, was sie sind

Wenn derartige Wertungen überhaupt erlaubt und sinnvoll sind, dann zählten die deutschen Universitäten Anfang des 20. Jahrhunderts zu den besten der Welt. Nach 1933 musste aber fast ein Fünftel des Lehrkörpers vor der Nazidiktatur ins Ausland fliehen, darunter allein 24 Nobelpreisträger aus Deutschland und Österreich.

Obwohl bei Kriegsende sechzig bis siebzig Prozent der Hochschullehrer in der NSDAP oder einer ihrer Organisationen waren, gab es für den Berliner Historiker Michael Grüttner »keine wirkliche Stunde null an Deutschlands Universitäten«[23]. Zwar wurde in der amerikanischen und der sowjetischen Besatzungszone zunächst über die Hälfte des Lehrkörpers entlassen. Ein Großteil der NS-Akademikerelite kehrte aber in den westlichen Zonen nach und nach wieder in Amt und Würden zurück, sogar vormals glühende Nationalsozialisten, wie etwa Lothar Kreuz. Der letzte Rektor der Berliner Universität und SS-Standartenführer wurde nach vorübergehender Entlassung 1952 Professor für Orthopädie, 1953 Präsident der Deutschen Gesellschaft für Unfallheilkunde und erhielt 1958 das Große Bundesverdienstkreuz. Unter dem Eindruck des Kalten Krieges stützte sich die Regierung Adenauer wie bei allen Staatsdienern auch bei den Professoren auf besagtes »schmutziges Wasser« aus der Nazizeit. Hinzu kam, dass die von den Nazis vertriebenen Rückkehrer von ihren – nunmehr verkappt – braunen Kollegen als »Besatzer« oder »Vaterlandsverräter« gemobbt wurden.

Die Studenten waren zunächst nicht viel besser: wenn nicht gerade offen faschistisch, so doch voll des NS-Gedankenguts und devoten Respekts für die NS-Professoren: »Die eigenen Hochschullehrer etwa bei der Besatzungsmacht anzuschwärzen, galt als nicht akzeptabel.«[24]

Erst die Studentenbewegung der sechziger Jahre brachte den Bruch: »Unter den Talaren – Muff von tausend Jahren« hieß die Parole unter Anspielung auf die ehrwürdige knöchellange Gewandung und auf Hitlers »Tausendjähriges Reich«.

Ein nicht unwichtiges organisatorisches Ergebnis der Achtundsechziger-Revolte war die wundersame Professorenvermehrung von 3000 auf 30 000, was aber offenbar das Lehr- und Forschungsniveau nicht unbedingt verbesserte.

Kein Wunder also, dass im Lichte der allgemeinen Bildungskatastrophe und des althergebrachten Wunsches der Wirtschaft nach Beschränkung von Ausbildung und Studium auf das für das Arbeitsleben unbedingt Notwendige auch *die* Professoren und ihr Beamtenstatus zusehends in das Fadenkreuz der Kritik geraten.

Faule Professoren?

»Professoren sind keine typischen Beamten«, betont der bereits erwähnte Professor Battis, »ein Finanzbeamter ist an die Weisungen seines Vorgesetzten gebunden. Ich kann in Lehre und Forschung machen, was ich will. Der rechtliche Status ist dafür egal.«

Tatsächlich garantiert der Grundgesetzartikel 5 den Professoren die Freiheit von Forschung und Lehre. Diese Freiheit findet, ähnlich wie die Meinungsfreiheit, ihre Grenzen nur im Strafgesetzbuch, zum Beispiel bei Beleidigung oder Leugnen des Holocausts. Damit sind die Professoren eine Art freie Unternehmer ohne unternehmerisches Risiko.

Konsequenterweise erlauben die Gesetze ihnen auch bezahlte Nebentätigkeiten, »insbesondere eine schriftstellerische, wissenschaftliche, künstlerische oder Vortragstätigkeit« sowie »die mit Lehr- oder Forschungsaufgaben zusammenhängende selbständige Gutachtertätigkeit«.[25] Die Nebenjobs dürfen allerdings nicht zu Lasten der eigentlichen Aufgaben gehen. Genau dies tun sie aber nicht selten.

Als Vorkämpfer gegen schwarze Schafe gilt der mittlerweile pensionierte Toxikologe Professor Ottmar Wassermann, der in einem Buch mit dem programmatischen Titel *Käufliche Wissenschaft* laut eigener Zusammenfassung »die unseriösen Machenschaften des gewinnorientierten Heidelberger Arbeitsmediziners Prof. Gerhard Triebig angeprangert« hat, der »sich als Gerichtsgutachter schon erfolgreich disqualifiziert hatte«[26]. In dem Bestseller heißt es:

> »Mit dem besonders fleißigen Triebig, der allein 1990 und 1991, also in 730 Tagen, 1260 ›Gutachten‹ – das heißt etwa 2 pro Tag – produziert hat, befasst sich endlich seit 1993 die Staatsanwaltschaft Heidelberg, nachdem er von einem Dioxin-geschädigten Wissenschaftler, den er ›begutachten‹ sollte, beim Vertauschen von Blutproben erwischt wurde.«

Triebigs Unterlassungsklage wurde vom Landgericht Heidelberg abgewiesen.[27]

Professoren als windige Fließbandgutachter sind natürlich nicht die Regel, wahrscheinlich würde man unter den Professoren wie unter jeder Berufsgruppe auch Ladendiebe oder Scheckbetrüger finden. Die Frage ist aber: Wer außer den Klatschmedien und einigen schreibenden Betriebswirten bestimmt überhaupt Faulheit bei *Professoren?* Dass Hochschullehrer ein gewisses Mindestmaß an Vorlesungen, Seminaren und Sprechstunden zu halten haben, versteht sich von selbst. Allerdings wäre schon die Quantität als Gradmesser für Qualität jenes Niveau, auf dem die Verblödungsindustrie ihre Klientel gerne hätte. Motto wie bei einer marktwirtschaftsorientierten Orchesterreform: Wieso bekommt der Cellist genauso viel Geld wie die Geigerin, wo er doch drei Einsätze weniger hat?

Leistungsprinzip und »Drittmittel«

Es geht also um das Leistungsprinzip, und das denkt sich Professor Battis ganz pragmatisch: »Geld ist aber nicht das entscheidende Kriterium für Leistung. Viel wichtiger ist, die Evaluation transparent zu machen: Jedem Hochschullehrer ist es unangenehm, wenn man ihm bescheinigt, dass er schlechte Vorlesungen hält, ständig zu spät kommt oder erst drei Wochen nach Semesterbeginn da ist. An unserer Fakultät werden alle Vorlesungen von den Studenten bewertet. Das wirkt Wunder.«

Ähnlich argumentiert der ehemalige Rektorenkonferenzpräsident und frühere parteilose Berliner Wissenschaftssenator George Turner: »Der beste und deutlichste Indikator für eine akzeptierte Vorlesung ist die ›Haltbarkeit‹ der Studenten. Wenn der Schwund im Verlaufe eines Semesters gering ist, spricht das zumindest für die Fähigkeit des Vortragenden, seine Hörer zu interessieren. Auch die Bewertung durch Studenten nach klaren Kriterien hilft.«[28]

Die ganze Scharfsinnigkeit dieses Gedankens wird deutlich durch die simple Frage, ob der ethisch und wissenschaftlich unbedarfte Wunschprofessor dann nicht gleich Idole aus dem »Showbiz« einladen sollte: heute Jennifer Lopez, morgen George Clooney, und für die BWLer vielleicht Dieter Bohlen und Yvonne

Catterfeld. Oder was ist, wenn ein Professor volle Hörsäle mit »Konjunkturprognosen durch Kartenlegen« erreicht? Sollen an deutschen Hochschulen wirklich die besten Marketingaffen prämiert werden?

Im Grunde ist das die Übertragung der Logik des Schmuddelfernsehens – »Die Leute wollen das« – auf die Universitäten. Damit sollen keineswegs fundierte Mehrheitsentscheidungen abgelehnt, sondern Wille und Fähigkeit gewisser »Bildungsreformer« zur Herbeiführung solch qualifizierter Voten angezweifelt werden.

Noch aufschlussreicher ist ein anderes von Turner genanntes Kriterium: »In der Forschung zeigen eingeworbene Drittmittel, Preise und Gutachten im öffentlichen Interesse Tüchtigkeit und Erfolg.« Ähnlich klingt eine Pressemitteilung der Uni Heidelberg im Oktober 2005: »Gerade Drittmittel werden als Ausweis erstklassiger Forschung gewertet.«[29] Und auf einer Veranstaltung des Deutschen Akademischen Austauschdienstes (DAAD) blickt man neidvoll auf das Vorbild USA: Dort nämlich »sind dann aber auch Professoren/innen, die Drittmittel einwerben, für die Universität interessant. Das Leistungsprinzip bestimmt das Gehalt.«[30]

Ähnlich wie bei der Lehre die Nachfrage der Studenten, so soll bei der Forschung die Nachfrage der Unternehmen entscheiden. Doch soweit die Konzerne Sponsoring nicht als pure Imagepflege betreiben, wollen sie etwas für ihr Geld sehen: Gute Leistung ist, was der Wirtschaft nutzt.

Das aber heißt im Extremfall: Wer gegen den Sozialstaat aufwiegelt, wer den Angriffskrieg zum Antiterrorkampf oder Tabak zum Heilkraut umdichtet und folglich das meiste Geld von Banken, Versicherungen, Rüstungs- oder Tabakkonzernen »herausleiert«, ist der »tüchtigste« Professor. Die Leistungsprämie sollte dann vielleicht Drückerkönig Herr Kaiser von der *Hamburg-Mannheimer* überreichen.

Wo aber hatten die deutschen Bildungsreformer in den USA bloß gesehen, dass Klinkenputzen bei Sponsoren Wissenschaftler macht, vielleicht sogar Wissenschaft *ist?* Seit 1969 der Wirtschaftsnobelpreis erstmals verliehen wurde, ging er schon neunmal an Professoren der University of Chicago. Und ihr Geheimrezept ist nach deutscher Lesart völlig »irrational«, nämlich nicht aufs Geldsammeln konzentriert. Vielmehr sei es ein ungeschriebenes Gesetz, dass Professoren keine Zeit für Aufträge von Beratungsfirmen opferten, sagt Derek Neal, Vorsitzender der Wirtschaftswissenschaftlichen Fakultät. »Bei uns hat jeder Professor viel Freiraum für eigene Forschung, das wissen alle zu schätzen.« Deshalb habe auch kaum ein Kollege Probleme, seine Arbeiten in angesehenen Publikationen zu veröffentlichen. Diese aber gelten als wichtiges Aushängeschild für die Qualität der Forschung, was wiederum dem Ruf der Universität nutzt. Jede Wette, dass die Chicagoer Nobelpreisträger bei ihren deutschen Imitatoren als »Faulpelze« eingestuft würden ...

Kurzum: Ganz so absurd und monolithisch, wie die marktradikale Theorie in Deutschland präsentiert wird, ist sie nun auch wieder nicht.

Der »Herr Professor« und der tumbe Untertan

Nun liegt es gerade bei Professoren der Wirtschafts- und Gesellschaftswissenschaften in der Natur der Sache, dass ihre fachlichen gleichzeitig politische Äußerungen sind. Problematisch wird dies angesichts der notorischen Expertengläubigkeit der Deutschen, die in der oft kriecherischen Verehrung der Träger von Professorentiteln kulminiert: Für viele bedeutet »Professor«

unparteiliche, unanfechtbare Universalkompetenz. Regelrecht bedenklich wird das, wenn diese Aura gottesgleicher unparteilicher Unfehlbarkeit von gesellschaftlichen Schichten instrumentalisiert wird. So zählt besagte Initiative Neue Soziale Marktwirtschaft eine wahre Kohorte von Professoren zu ihren Kuratoren oder Botschaftern, von denen allerdings bislang keiner für den Nobelpreis im Gespräch war.[31]

Nun ist gegen professorale Arbeitergebervertreter in den Medien nicht das mindeste einzuwenden – wenn offen gesagt wird, dass es welche sind. Leider verzichten aber gerade die als besonders seriös geltenden Nachrichtensendungen von ARD und ZDF bewusst auf diese Identifikation. So werden zum Beispiel die Professoren Bernd Raffelhüschen und Peffekoven unbeirrt unter Weglassen ihrer INSM-Funktion als »renommierte Wissenschaftler« und ihre teils haarsträubende marktradikale Propaganda als »knallharte Fakten« präsentiert. Dies mag legal sein, aber ist es auch redlich? Wird man demnächst den Pressesprecher von McDonald's als »unabhängigen Ernährungsexperten« und den Marketingleiter von ThyssenKrupp als »international anerkannten Friedensforscher« vorstellen?

In diesem Zusammenhang ist nicht unwichtig, dass eigentlich alle Wissenschaftler, die marktradikale Ideen verbreiten, nach ihrer eigenen Logik gar keine wirkliche, also ergebnisoffene Wissenschaft betreiben *können*. Ausgangspunkt ihrer Theorie ist nämlich der erwähnte eigennützige *Homo oeconomicus,* für den nur das persönliche Verlangen nach Einkünften, Prestige und Macht »rational«, alles andere dagegen »irrational« ist.[32]

Daraus folgt ja dann wohl auch, dass zum Beispiel ein solcher »rationaler« Wirtschaftsprofessor seine »Erkenntnisse« danach ausrichtet, wie positiv sie sich auf Geldbeutel, Medienpräsenz, öffentliches Ansehen sowie seinen Einfluss auf Politik und Gesellschaft auswirken.

Tatsächlich sind unsere Professoren wenigstens hier Weltspitze. Im August 2003 erschüttert eine *Spiegel*-Geschichte über »Erfundene Krankheiten« Patienten und Professoren gleichermaßen. Die Resultate der sorgfältigen Untersuchung sprechen ja auch für sich:

»Pharmazeutische Unternehmen sponsern die Erfindung ganzer Krankheitsbilder und schaffen ihren Produkten auf die Weise neue Märkte ... Krankheitserfinder verdienen ihr Geld an gesunden Menschen, denen sie einreden, sie wären krank. ... Professoren deutscher Universitäten steigen wie selbstverständlich als Meinungsbildner für die Pharma-Industrie in den Ring. Diese ›Mietmäuler‹ (Branchenspott) streichen für einen Vortrag oder einen Auftritt auf einer Pressekonferenz Honorare in Höhe von 3000 bis 4000 Euro ein und machen offen Werbung für die entsprechenden Krankheiten und die dazu passenden Produkte.«

Keine zwei Jahre später entlarvt wiederum der *Spiegel* in einer minutiösen Dokumentation: »Hochrangige Gesundheitswissenschaftler aus Deutschland ließen sich jahrelang Studien von der Tabakindustrie bezahlen ... oft klammheimlich und oft mit sechsstelligen Beträgen ... um die Gefahren des Rauchens herunterzuspielen.«

Die Ärztin Martina Pötschke-Langer vom Deutschen Krebsforschungszentrum ist sicher, dass durch den Einfluss dieser Professoren die Suchtprävention in Deutschland »die letzten zwei Jahrzehnte blockiert war« und die deutsche Forschung »weltweit abgeschlagen ganz hinten« liege.

Die Autoindustrie will da freilich nicht zurückstehen: Ferdinand Dudenhöfer, Professor an der Fachhochschule Gelsenkirchen, »gilt als unabhängiger Autoexperte der Nation«.[33] Über 1200mal wurde er allein in Zeitungen erwähnt, und Sabine Christiansen ernannte ihn zum »Autopapst«. Nun entlarvte der *Spiegel*, dass Dudenhöfers Firma allein im Jahre 2005 etwa 400 000

Euro von DaimlerChrysler erhalten hat, und fragte nach dem Zusammenhang der Zahlungen mit »euphorischen Äußerungen« über den Autokonzern.

Angesichts dieser Idealvorstellung von Leistungsprinzip, Eigenverantwortung und Mitteleinwerbung »made in Germany« ist der Beamtenstatus für Professoren als Hilfsmittel zur Vorspiegelung falscher Tatsachen und unantastbarer Autorität schleunigst abzuschaffen. Man könnte sogar fragen, was gewisse Professoren überhaupt im Staatdienst verloren haben. Wäre es nicht ehrlicher, sie würden etwa ihre Werbung für ein privates Gesundheitswesen nicht vom Lehrstuhl einer deutschen Hochschule aus, sondern in einer privaten Hamburg-Mannheimer-Uni vortragen? Die Karten lägen dann jedenfalls auf dem Tisch.

Andererseits sind Forschung und Lehre insofern Kernaufgaben des Staates, als man natürlich nicht unbedingt die geistige Zukunft der Gesellschaft in die Hände moralfreier Selbstbereicherer und opportunistischer Bakschischwissenschaftler legen sollte.

Allerdings dürften die Professoren in ihrer großen Mehrheit – wie auch die übrigen Lehrenden – dem Anspruch und der Praxis nach durchaus aufrichtig sein: Zuerst kommt die unbefangene Forschung und *danach* das Ergebnis. Sie forschen unbefangen und vermarkten *danach* das Ergebnis. Diese Professoren samt ihrer Forschung müssen natürlich geschützt werden vor Nötigung und Erpressung mit Einkommen und Karriere. Ein solcher Schutz aber scheint im Dienst eines demokratischen Rechtsstaats doch ein wenig eher gesichert als in existentieller Abhängigkeit von Unternehmen, die Stammplätze auf den Korruptionslisten von Transparency International besetzen.

Dies erfordert allerdings keinen Beamtenstatus für Professoren, über dessen Abschaffung bei Parteien und Verbänden – wenn auch mit unterschiedlicher Absicht – ja auch immer lauter nachgedacht wird. Und seltsamerweise kleben die Professoren gar nicht so sehr an den vermeintlichen Privilegien. Viele denken über einen möglichen Wechsel ins Angestelltenverhältnis wie Ulrich Battis: »Für mich würde sich nichts ändern.«[34]

4. Die In-sich-Beurlaubten

Die sogenannte In-sich-Beurlaubung (allein das Wort!) erinnert an die Geschichte des treusorgenden Schlossherren, der seinen Erben ins Testament schreibt, sie müssten die gesamte Dienerschaft bis an deren Lebensende bei angemessener Kost und Logis im Dienst behalten.

Staatsdiener passen ebensowenig in ein Privatunternehmen wie ein Abendanzug in eine Sauna. Nun hat aber die Deutsche Bundespost bei ihrer Privatisierung im Jahre 1995 ihren drei Nachfolgerinnen ein stattliches Beamtenheer hinterlassen:

- Bei der Deutschen Post sind es etwa 60000 von 200000 Inlandsmitarbeitern,
- bei der Postbank etwa 5000 von knapp 10000 und
- bei der Festnetzsparte T-Com der Telekom 60000 von 110000 Beschäftigten.

Bei jener In-sich-Beurlaubung nun ruht das Beamtenverhältnis, und der Mitarbeiter darf beim selben Unternehmen mit höherem Einkommen als Angestellter arbeiten. Dieser Coup zu Lasten des Steuerzahlers funktioniert aber naturgemäß leider immer nur befristet, und ein In-sich-Beurlaubter hat keinen Anspruch darauf, dass sein besser bezahltes, befristetes Angestelltenverhältnis in ein unbefristetes übergeht.[35] Der Staat könnte ihn also wieder zum Beamten mit weniger Geld »degradieren«.

Wieso tut er das nicht?

Im übrigen sind es ja wohl auch kaum die Briefträger, Lokführer und Telefonisten, die sich »dumm und dämlich« verdienen, sondern eher die millionenschweren »Nieten im Nadelstreifen« in den Chefetagen. Austauschbares Beispiel: Der Mitte 2002 abgelöste Telekom-Chef Ron Sommer erhielt bei seinem Abschied fast zwölf Millionen Euro.

Noch 2001 hatte man die Vorstandsgehälter mit Zustimmung der Bundesregierung von insgesamt 9 auf 17 Millionen Euro fast verdoppelt. Insbesondere der damalige Kanzlerkandidat Edmund Stoiber (CSU) hatte die Bundesregierung dafür verantwortlich gemacht, dass bei der Telekom die Gehälter um neunzig Prozent gestiegen seien, während der Kurs der T-Aktie neunzig Prozent seines Wertes verlor.

Hinzu kommt: Die Jammerer von heute sind die Stümper von gestern. Denn die ganze Kritik läuft auf das Wehklagen hinaus, dass man das Humankapital nicht einfach als Wohlstandmüll entsorgen kann und statt dessen wie die Telekom mehr als drei Milliarden Euro jährlich für 60 000 Zombie-Beamte aufwenden muss.

Dabei war doch die Unkündbarkeit der Beamten schon zum Zeitpunkt der Privatisierung durch die Postreform vom 1. Januar 1990 bekannt. Hat man auf eine biologische Lösung gehofft?

Den kündbaren Mitarbeitern aber ging es um so zügiger an den Kragen. Seit 1995 entließ allein die Telekom jährlich 10 000 Mitarbeiter, was aber offenbar wegen der »Globalisierung« nicht reichte. Insofern hatte auch die erwähnte Beamtenausleihe an die Arbeitsagentur im Juli 2004 geradezu demonstrativen Charakter.

Der faktische Ideenwettbewerb zum Herausmobben von Staatsdienern erscheint allerdings mit Blick auf das Gesamtvermögen eines der reichsten Länder der Erde ein wenig unappetitlich, wohingegen die Abschaffung der In-sich-Beurlaubung und damit der Futterkrippen für das Prinzip »staatlich abgesichert privat absahnen« durchaus notwendig ist.

Auf Unmut stößt zuweilen, dass die ehemaligen Staatsunternehmen bei der Besetzung neuer Dienstposten an das Laufbahnprinzip gebunden sind, zum Beispiel bei den jeweils erforderlichen Studienabschlüssen.[36] So richtig es ist, dass ein Diplom oder Titel kein Ausweis beruflicher Fähigkeit ist, so zeigt doch gerade das Beispiel vieler verantwortlicher Politiker, wozu ein völliger Verzicht auf Qualifikationsnachweise führt.

Salopp gesprochen: Selbst Privatisierungsfetischisten dürften kein Interesse daran haben, dass Firmenkarrieren für ausbildungslose »Finanzberater«, Kettenbrief-Initiatoren oder gestrandete Start-up-Betrüger reserviert werden.

Berechtigten Neid gegenüber ihren nicht erpressbaren beamteten Kollegen empfinden dagegen die nicht-beamteten Mitarbeiter, die die Segnungen der Marktwirtschaft in Form geringerer Einkommen und schlechterer Arbeitsbedingungen erfahren – insbesondere beim Scheitern: Die einen wandern häufig in die Frühpensionierung, die anderen womöglich in Hartz IV.

5. Die Beamten in der Bundesagentur für Arbeit

Gut 20 000 der über 90 000 Mitarbeiter der Bundesagentur für Arbeit sind Beamte, die sich sogar einen eigenen Verband leisten, den 10 000 Mitglieder starken Verband der Beschäftigten der BA im dbb/tarifunion (VBBA).

Die Geschichte der Arbeitsagentur ist eine Geschichte der Skandale. Schon ihre Existenz als Nachfolgerin der Bundesanstalt für Arbeit verdankt sie der Affäre um vorgetäuschte Vermittlungserfolge der Vorgängerbehörde.

Frischen Wind bringt im März 2002 als Ablösung des »glücklosen« Arbeitsamtschefs Bernhard Jagoda der Diplompsychologe Florian Gerster, der sich immerhin fast zwei Jahre halten kann. Kurz nach Anschaffung von 900 Dienstkarossen für 22 Millionen Euro und der Vollendung seines Lebenswerks, der fast eine halbe Million Euro teuren Umbenennung in Bundesagentur für Arbeit am 1. Januar 2004, muss er wieder gehen. Der »Gernegroß« *(Stern)* hatte an Roland Berger, McKinsey, IBM, Ernst & Young und BearingPoint insgesamt 41 Millionen Euro für »Beratung« überwiesen und dem Medienberater Bernd Schiphorst 1,3 Millionen Euro für »Imageaufbesserung« zukommen lassen.

Aber auch unter Nachfolger Frank-Jürgen Weise, den »sein Bundeswehr-Kamerad Florian Gerster schon vorher in den Vorstand berufen hatte«[37], jagt eine Panne die andere: erst das EDV-Chaos und die Angst der frischgebackenen Hartz-IV-Empfänger um die pünktliche Auszahlung ihres bisschen Geldes, dann das lähmende Entsetzen, dass Hartz IV vier Milliarden Euro teurer würde als erwartet. Trotz der komplizierten Anträge konnte nur 9,3 statt der geplanten 23 Prozent der 1,89 Millionen Berechtigten ihr Geld vorenthalten werden.

Der Bereich Arbeitsagentur zeigt besonders eindrucksvoll das Bemühen der politisch Verantwortlichen, Beamte und Bevölkerung systematisch gegeneinander aufzubringen. Schon die erwähnte Entsendung westdeutscher – und noch dazu finanziell besser gestellter – Beamter in den Osten war keine »gutgläubige Schlamperei«. Die Prognose »Das gibt Ärger« hätte in einer Forsa-Umfrage vermutlich neunzigprozentige Zustimmung erhalten.

Ein zweites Beispiel war die großspurig angekündigte Hotline zu Hartz IV im Sommer 2004. Zigtausende verunsicherte, enttäuschte, verzweifelte, wütende Anrufer trafen auf völlig überforderte fachfremde Telekom-Beamte. Kommentar der Agentur: Die Hotline sei eine reine »Ausfüllhilfe«. Wer Antwort auf konkrete Fragen oder eine individuelle Beratung erwarte, sei einem »Missverständnis« aufgesessen. Hinzu kam die ständige Rechtsunsicherheit: Werden Kindersparbücher angetastet? Muss der zur Mobilität verpflichtete Arbeitssuchende sein Auto verkaufen? Von welchen Intimitäten an gilt eine Wohngemeinschaft als anrechnungspflichtige Lebensgemeinschaft, und gilt hier der Videobeweis? All diese Fragen wurden zur gezielten Verunsicherung lange offengehalten.

Nach den Worten des unfreiwillig ironischen Agentursprechers wurden die »Ausfüllhilfen« fünf Tage geschult und hatten eine Datenbank mit häufig gestellten Fragen. Und die so »ausgebildeten« Beamten sollten nun die Anrufer vertrösten.

Aber nicht nur die Call-Center kommen schlecht an: »Note fünf für Arbeitsagentur«, verkündete die *Berliner Morgenpost* am 10. Oktober 2004 das Ergebnis einer eigenen Umfrage. Danach halten die Berliner die Mitarbeiter für besonders unfreundlich und inkompetent. Kurz darauf erhält die Agentur für ihre »inquisitorischen Fragebögen« von Datenschützern den »Big Brother Award«.

Die Hartz-IV-Empfänger sind aber nicht die einzigen im Visier der Arbeitsagentur, auch gegen die Arbeitssuchenden wird systematisch Stimmung gemacht und Panik geschürt: »Arbeitsagenturen wappnen sich gegen Gewalttäter«, verkündet *Spiegel Online* am 27. November 2004. »Mehrere Agenturen haben bereits Bombendrohungen erhalten.«

Im Herbst 2005 schließlich startet der designierte Ex-Wirtschaftsminister Wolfgang Clement eine bis dato in der Bundesrepublik einmalige staatsoffizielle Hetzkampagne gegen Arbeitslose: Auf der Website seines Ministeriums findet sich ein 33-seitiges Dokument mit dem Titel *Vorrang für die Anständigen*. Dieser »holprig formulierte« *(Spiegel)* sogenannte *Report vom Arbeitsmarkt* verwendet unter anderem Begriffe wie »Schmarotzer«, »Abzocker« und »Parasiten«.

Auch in puncto deutsches Herrenmenschentum braucht sich das Papier nicht zu verstecken:

> »Während deutsche Sozialhilfeempfänger von den Autoren mit vollem Namen genannt werden, bekommen Ausländer nur einen Vornamen zugestanden (›beim Kontrollbesuch jammert Ibrahim‹).«

Man kann unschwer erahnen, welche »Arbeit« da eigentlich von den Beamten und Angestellten der Arbeitsagentur verlangt wird. Natürlich werden sie mit den Hassschreibern dieses Papiers identifiziert – im günstigsten Fall. Kein Mensch nämlich ist verpflichtet, einem wildfremden Anrufer zu glauben, dass er der Papst, der Kaiser von China oder ein Mitarbeiter der Arbeitsagentur sei.

Beabsichtigt ist natürlich – und deshalb handelt es sich auch bei diesen eher an Goebbels als an Goethe erinnernden Ergüssen um marktradikale Propaganda –, dass die Bürger eine derartige Aversion gegen Beamte und Staatsdiener überhaupt entwickeln, dass die Forderung nach Abschaffung dieser ungeliebten Spezies und Privatisierung von Arbeitsagentur und am besten des ganzen Staates bei ihnen auf offene Ohren stößt.

In diesem Zusammenhang deckte der Bundesrechnungshof in seinen *Bemerkungen 2005* einen für die Geschichte der Bundesagentur geradezu typischen Skandal auf: Um »mit geschäftspolitischen Zielvorgaben die Wirtschaftlichkeit der Bundesagentur für Arbeit (zu) erhöhen«, habe die Zentrale

> »geduldet, dass die Agenturen für Arbeit sich aus dem Rechtsstaatsprinzip ableitende Anhörungsrechte von Leistungsempfängern nicht ausreichend berücksichtigten ... Rückforderungsansprüche können gegen neue Ansprüche der Leistungsbezieher aufgerechnet werden. Mit der Aufrechnung greifen die Agenturen in die Rechte der Leistungsbezieher ein. ... Die Agenturen versäumten in etwa der Hälfte der geprüften Fälle die erforderliche Anhörung. Sie übergingen damit die Rechte der Betroffenen, die sich aus dem Rechtsstaatsprinzip ableiten.«[38]

Beim Bürger entsteht fast der Eindruck, man wolle mit systematischem und serienmäßigem Rechtsbruch zu Lasten sozial Schwächerer die üppigen Gagen des Führungspersonals finanzieren. Interessant für Verfassungsjuristen dürfte auch die Ausrede der Ertappten sein. »Die Bundesagentur räumte die Versäumnisse ein. Dies sei auf einen Zielkonflikt in den Agenturen zurückzuführen.« Ein Zielkonflikt zwischen Rechtsstaat und »Wirtschaftlichkeit«? Erinnert das nicht an die These »Überregulierung schadet dem Wirtschaftsstandort Deutschland«?

Was also für viele Leistungsempfänger wie Willkür unverschämter kleiner Beamter aussah, kam in Wahrheit von oben. Der Fisch stinkt eben vom Kopfe her.

Entsprechend scharf ist auch der Ton der Prüfer:

»Der Bundesrechnungshof fordert die Zentrale auf ... sicher(zu)stellen, dass intern festgelegte Zielvorgaben mit gesetzlichen Vorgaben übereinstimmen.«

Hätte die Führung der Agentur die Energie, mit der sie diese »Zielvorgaben« betrieben hat, für einen fachkundigen und bürgerfreundlichen Einsatz ihrer gut ausgebildeten Beamten verwendet, so hätte sie nicht im Jahre eins nach Gerster schon wieder 25 Millionen Euro für Berater verpulvern müssen. Und das Spiel geht weiter: Pünktlich zum Weihnachtsfest 2005 gab's für McKinsey einen neuen Beratervertrag über sechs Millionen Euro.

Übrigens tut man gut daran, die »Berichte« von ARD und ZDF über die Arbeitsagentur mit äußerster Vorsicht zu genießen. Das NDR-Magazin *Zapp* enthüllte Ende Mai 2006, dass die Bundesagentur für peinliche Lobhudelberichte an ARD und ZDF »Summen im sechsstelligen Bereich« gezahlt hatte.

6. Politische Beamte

Zur *Ministerialverwaltung* im umfassenden Sinne gehören auch die meisten jener 363 607 Beschäftigten, die nach der Statistik des öffentlichen Dienstes im Aufgabenbereich »politische Führung und zentrale Verwaltung« tätig sind, davon 79 000 beim Bund und 255 000 bei den Bundesländern.

Im folgenden sind aber mit *Ministerialbürokratie* lediglich die im höheren Dienst in den Ministerien beschäftigten Beamten gemeint, als eine Art Zwischenglied zwischen politischer Führung und Verwaltung. Von ihnen gibt es beim Bund etwa 20 000 und in den Ländern etwa 50 000.

Die Allmacht der Bürokratie

Nach der marktradikalen Theorie und ihrem erwähnten Menschenbild des eigennützigen *Homo oeconomicus* wollen die Bürokraten ihre Macht erhalten oder ausweiten und die Verwaltungen zügellos wachsen oder bei gesellschaftlichem Widerstand wenigstens den Status quo bewahren.[39] Stimmt diese These?

Tatsächlich ist die »Allmacht der Bürokratie« kein erfundenes Schreckgespenst: Politische Beamte »schmeißen den Laden« einer Regierung. Sie liefern in der Regel die Gesetzentwürfe und die Gutachten meistens gleich mit dazu. Auch nach der Verabschiedung sind vor allem Beamte an der Ausführung beteiligt – all dies im Idealfall als Gehilfen der *gewählten* Politiker. De facto ist es allerdings umgekehrt. Regierungen und Parlamente »befinden sich fest in der Hand der bürokratischen Exekutiven«.

Normalerweise regiert also die Verwaltung: Sie macht sich

ihre Gesetze selbst. Politiker, egal mit wieviel rhetorischer und mimischer Brillanz sie Beschlüsse vortragen mögen, von deren konkretem Inhalt, Sinn und Zweck sie oft keinen Schimmer haben, segnen nur noch ab. »Ihnen werden nicht nur die Stichworte zugeflüstert, die sie möglichst pathetisch und bürgergängig vorzutragen haben. Das was sie in aller Regel entscheiden und verantworten, ist immer schon bürokratisch entschieden« und tritt ihnen als »Sachzwang« entgegen.

Das kann auch gar nicht anders sein, denn bei Tausenden von Mitarbeitern und den von ihnen bearbeiteten Detailfragen kann beispielsweise ein Minister gar nicht über alles informiert sein, geschweige denn durchblicken und kompetent entscheiden: Selbst der fähigste, fleißigste und aufrichtigste Politiker kann nicht besser sein als seine Bürokratie.

Allerdings kann die Politik nicht alle »handwerklichen Fehler« auf die Beamten schieben, wie auch die Verwaltung natürlich nicht sämtliches Verdienst für erfolgreiche Politik beanspruchen kann. Ob nämlich trotz aller bürokratischen Zwänge der Hund mit dem Schwanz wackelt oder umgekehrt, hängt zum großen Teil von der politischen, fachlichen und moralischen Kompetenz der Spitzenpolitiker ab.

Dies ändert jedoch nichts an der herausragenden Bedeutung der Ministerialbürokratie, selbst wenn diese Bedeutung zuweilen nur in der Möglichkeit – und Pflicht! – bestünde, das Schlimmste zu verhindern.

Wie gut ist die Spitzenbürokratie wirklich?

In Deutschland wird gern kolportiert, dass die ganze Welt die Deutschen um ihr Berufsbeamtentum beneide. Ob es sich dabei um selektive Wahrnehmung wie beim Weltruhm deutscher Schauspieler, um die Höflichkeit mallorquinischer Gastwirte oder um seriöse Bewunderung handelt, sei dahingestellt.

Wilhelm Hennis, Jahrgang 1923, langjähriger Mitarbeiter der SPD-Legende Carlo Schmid und für Richard von Weizsäcker »unter den deutschen Politikwissenschaftlern einer der wenigen Großen«, stellt vernichtend fest,

> »dass wir kein Berufsbeamtentum mehr haben, das sein Handwerk versteht ... Heute gilt die Ministerialbürokratie in Berlin nicht mehr viel. Die Minister umgeben sich lieber mit Jasagern und Schmeichlern statt mit Fachleuten.«[40]

Nun klingt die schon erwähnte gesetzliche Möglichkeit der Ruhestandversetzung beim Fehlen von »fortdauernder Übereinstimmung mit den grundsätzlichen politischen Ansichten«[41] eigentlich vernünftig, allerdings auch wie ein Freibrief zur Parteibuchwirtschaft. Zudem kollidiert sie mit dem Artikel 3, Absatz 3 des Grundgesetzes, wonach niemand wegen seiner politischen Anschauungen diskriminiert werden darf.

Für den Parteienforscher Hans Herbert von Arnim ist sie schlicht »ein besonders großes Einfallstor für Ämterpatronage«[42]. Es werde nämlich meist übersehen, dass politische Übereinstimmung nur ein *Zusatzkriterium*, nicht etwa der *Ersatz* für fachliche Qualifikation ist.

Dies ist übrigens kein Privileg der politischen Spitzenbeamten. Vielmehr sieht von Arnim generell eine grassierende Vetternwirtschaft:

> »Viele Richter- und Beamtenstellen, Positionen in öffentlichen Unternehmen und im öffentlich-rechtlichen Rundfunk werden nach Parteibuch, häufig im Proporz der etablierten Parteien, besetzt ... Die

Folgen sind Aufblähung und mangelnde Leistungsfähigkeit der Verwaltung und eingeschränkte Unabhängigkeit mancher Gerichte und Rundfunkanstalten gegenüber der politischen Klasse.«[43]

Diese Parteibuchwirtschaft kennt keine regionalen Grenzen und kein Nord-Süd-Gefälle: In Bayern heißt sie *Amigosystem*, im Rheinland *Klüngel* und in Berlin *Parteienfilz*.

Ausgewählte Lichtgestalten

Was meinen einige Beamtenreformer eigentlich mit ihrer Forderung, höchster Regierungsbeamter und erst recht Staatssekretär solle man nicht durch Bürokratenkram wie Ausbildungsnachweis und Laufbahnprinzip, sondern aufgrund der Leistung werden? Vielleicht schweben ihnen ja folgende Fälle vor?

Holger Pfahls verdient als lebende Korruptionslegende einen Ehrenplatz in allen Lehrbüchern über politische Beamte. Der promovierte Jurist war bis 1973 Richter beim Bayerischen Obersten Landesgericht, dann Wirtschaftsstaatsanwalt, ab 1974 im Bayerischen Umweltministerium, ab 1976 Referent und ab 1981 Bürochef der Staatskanzlei von Ministerpräsident Franz Josef Strauß, von 1985 bis 1987 Präsident des Bundesamtes für Verfassungsschutz, ab beamteter Staatssekretär bei Verteidigungsminister Manfred Wörner (CDU), ab 1988 bei Nachfolger Rupert Scholz (CDU), ab Januar 1989 verantwortlich unter anderem für Rüstungskontrolle. 1992 wird er auf eigenen Wunsch in den einstweiligen Ruhestand versetzt. Ab 1992 ist er Berater der *Mercedes-Benz AG*, von 1992 bis 1998 Geschäftsführer der Tochtergesellschaft *Mercedes-Benz Belgium* in Brüssel, ab Mai 1998 war er in Singapur Präsident und Geschäftsführer für die DaimlerChrysler-Aktivitäten in Südostasien. Selbstverständlich nimmt ein hochkarätiges Unternehmen wie Daimler auch hochkompetente Experten nicht ohne Probezeit. So soll Pfahls bereits während seiner Tätigkeit als Rüstungsstaatssekretär einen Beratervertrag mit der *Daimler-Benz Aerospace AG (Dasa)* gehabt haben, einem der wichtigsten Lieferanten der Bundeswehr. Vorstandsvorsitzender der *Dasa* war damals der ehemalige *DaimlerChrysler*-Chef Jürgen Schrempp. Ab April 1999 wird Pfahls per Haftbefehl gesucht, und nach filmreifer globaler Jagd erhält er im August 2005 wegen Schmiergeldannahme in Millionenhöhe zwei Jahre und drei Monate Haft.

Gustav-Adolf Stange (CDU), ehemaliger Verfassungsrichter sowie Vizepräsident des Oberverwaltungsgerichts von Mecklenburg-Vorpommern, von 1999 bis 2002 Brandenburger Justizstaatssekretär, wird im Januar 2006 vom Potsdamer Amtsgericht wegen versuchten Betrugs durch Erschleichung von 28 000 Euro Trennungsgeld zu vier Monaten Haft auf Bewährung verurteilt. Stange habe niemals ernsthaft – wie behauptet – von Münster in den Raum Potsdam ziehen wollen, sich statt dessen eine Wohnung und die Heimfahrten nach Münster bezahlen lassen. Ein Einzelfall? »Das Urteil könnte Folgen für weitere Justiz-Mitarbeiter haben«, glaubt der *Spiegel*.

Alfred Tacke, Jahrgang 1951, in den siebziger Jahren Absolvent des damaligen Verlegenheitsstudiums Volkswirtschaft und auch danach von 1976 bis 1987 an der Uni, dann etwa vier Jahre DGB und – schwups – beamteter Staatssekretär in niedersächsischen Wirtschaftsministerium unter Ministerpräsident Gerhard Schröder, dann dasselbe in der ersten Liga bei »E.on-Minister« Werner Müller und noch einmal unter Ex-Kanzler Schröder. Der »Kanzler der Bosse« macht Tacke 2000 zum persönlichen Beauftragten zur Vorbereitung des Weltwirtschaftsgipfels und bringt ihn im April 2004 allen Ernstes als Nachfolger des geselligen Bundesbankpräsidenten Ernst Welteke (SPD) ins Gespräch.

Originell ist auch, wie der ranghöchste deutsche Wirtschaftsbeamte seine Fähigkeiten einschätzt, die Kapazitäten der eigenen Beamten auszuschöpfen: »Wir fragen derzeit lieber Unternehmensberater wie McKinsey oder Berger, wenn wir schnell ein Politikkonzept brauchen.« Seine größte Leistung: Im Juli 2002 unterzeichnet er in Vertretung des nach Selbsturteil »befangenen« Wirtschaftsministers Müller die berüchtigte Ministererlaubnis zur Fusion von Deutschlands größtem Stromkonzern *E.on* mit Europas größtem Gashändler *Ruhrgas,* die das Kartellamt so vehement abgelehnt hatte. Sein größter Coup: Mitte 2004 geht er als Vorstandschef zur RAG-Tochter *Steag.* Das Resultat sehen die Aktionäre ebenso wie die Bürger an durchaus entgegengesetzten Kontobewegungen. Was kümmert ihn, dass sogar der *Spiegel* »Filzverdacht« hegt und das Ganze »nicht illegitim, aber anrüchig« nennt.

Cajo Koch-Weser »soll direkt an Vorstandschef Josef Ackermann berichten«, meldet AP am 23. Januar 2006. Mit dem Sprung vom Finanzministerium in die Chefetage der Deutschen Bank gibt der frühere Weltbank-Direktor den Beamtenhassern und den Korruptionsforschern eine Steilvorlage. Die Anti-Korruptionsorganisation Transparency International kritisierte den Wechsel, und das Finanzministerium leitete unverzüglich eine beamtenrechtliche Prüfung ein. Immerhin war der Diplomvolkswirt von 1999 bis zum bitteren rot-grünen Ende 2005 beamteter Staatssekretär bei Hans Eichel und als solcher für die Bankenaufsicht zuständig. Steine des Anstoßes: Während seiner Amtszeit wurde die umstrittene Führungsstruktur der Deutschen Bank genehmigt, obwohl das Justizministerium Bedenken hatte. In dieser Zeit geschah auch der Verkauf von Russland-Schulden im Umfang von 5 Milliarden Euro, der dem Bund laut Bundesrechnungshof 1,2 Milliarden Euro Schaden einbrachte. »Offensichtlich nicht korrekt gelaufen«, fand auch der CDU-Haushaltspolitiker Steffen Kampeter und schon gar nicht, was

Koch-Wesers späterer Arbeitgeber daran verdiente: »Das war ein sehr vorteilhaftes Geschäft für die Bank und ein sehr nachteiliges Geschäft für den Bund.« Übrigens: Dass Koch-Weser wie Tacke ebenfalls als Bundesbankpräsident im Gespräch war, versteht sich im Lichte dieser Geschichte wohl am Rande.

Thomas Mirow verdankt seinen Job als beamteter Finanzstaatssekretär ebenso wie sein Chef Peer Steinbrück einer Wahlniederlage. Als es im Februar 2004 mit dem Hamburger Bürgermeisteramt nichts wurde, machte er zunächst Roland Berger & Co Konkurrenz als Unternehmensberater. Studiert hat er Politik, Soziologie und Romanistik, promoviert über »Die Europapolitik Frankreichs in der Fünften Republik«. All das ist kaum wichtig für seinen Aufstieg zum Finanzstaatssekretär, eher schon sein SPD-Eintritt 1971 sowie seine Jobs als Büroleiter Willy Brandts und als Sprecher des Ersten Hamburger Bürgermeisters Klaus von Dohnanyi. Als der 1988 zurücktrat, tauchte Mirow erneut ins Unternehmensberaterlager ab. Von 1997 bis 2001 kam er als Hamburger Wirtschaftssenator erstmals mit seinem heutigen Fachgebiet Finanzen amtlich in Kontakt. Im März 2005 gab ihm Kanzler Schröder einen Vertrag als Abteilungsleiter für Wirtschaft und Arbeit im Kanzleramt. Matthias Krupa von der *Zeit* feixt: »Mirows Vorgänger waren in der Regel Beamte oder Ökonomen. Mirow ist weder das eine noch das andere ... und auf die Frage, was ihn als Wirtschaftspolitiker geprägt habe, antwortet er grundsätzlich, aber gänzlich unakademisch. Er habe, sagt Mirow, ›ein starkes Empfinden dafür, welcher politische und gesellschaftliche Schaden entsteht, wenn Wirtschaft nicht funktioniert‹.« Beamter und damit bis ans Lebensende alimentiert ist er jetzt jedenfalls.

Volker Halsch, der als beamteter Staatssekretär laut *Spiegel* vom Oktober 2005 »zu lange für einen der abgehalfterten Minister gearbeitet« habe und nun »neue Aufgaben in der Energiebranche« suche, wurde von Minister Steinbrück doch noch übernommen. Der *Magister Artium* hängt seit Beginn seines Berufslebens 1990 am Schürzenzipfel der hessischen SPD. Zunächst als Landtagsmitarbeiter, dann als Parteireferent, als persönlicher Referent von Ministerpräsident Eichel, ab Landesgeschäftsführer, ab 1999 Leiter des Leitungsstabs des Bundesministers Eichel, ab November 2002 beamteter Staatssekretär. Als Vertreter des Bundes im Aufsichtsrat der Telekom fängt er sich auf der Aktionärshauptversammlung im April 2005 einen Antrag auf Nichtentlastung und Ablösung ein. Seine Rolle, insbesondere beim Übernahmeangebot an T-Online, sei »mehr als zweifelhaft«. Am 16. Januar 2006 wird Aufsichtsrat Halsch von Parteifreunden »ohne Angabe von Gründen« durch Mirow ersetzt. Bereits 2002 hatte ihm die *Welt* ein durchwachsenes Zwischenzeugnis ausgestellt. »… kein Experte für Steuerfragen … entwickelt keine Theorie für ein globales Finanzsystem … wahrscheinlich könnte er auch nicht das System von Bretton Woods erläutern«. Eichel brauche aber »einen politischen Macher, keinen Referenten für Fachfragen«. Mit einem Wort: Kompetenz unerwünscht, was aus der Sicht eines Lehrers, der nicht durch einen Untergebenen fachlich blamiert werden will, durchaus verständlich ist. Eichels Nachfolger aber setzt diese bewährte Tradition munter fort. Volkswirt Steinbrück übernahm die parlamentarischen Staatssekretäre und Lehrer Barbara Hendricks und Karl Diller sowie als beamtete Kollegen neben den erwähnten Halsch und Mirow den Juristen Werner Gatzer.

Mit solchen Leuten an ihrer Spitze braucht die Ministerialbürokratie wirklich keine Kritiker und Feinde mehr.

Inkompetenz kauft teuren Rat von Inkompetenz

Stellen wir uns einmal vor, ein Firmenerbe setzt aus Unwissenheit einen völlig unfähigen Vorstand ein, und der wiederum besetzt das gesamte höhere Management mit seiner ebenfalls inkompetenten Verwandtschaft.

Bislang lief der Betrieb »von allein«, also ohne Zutun des Inhabers und des Vorstands. Das Management wusste um seine Aufgaben. Nun aber geht nichts mehr zusammen. In dieser Situation weiß der Vorstand sich nicht anders zu helfen, als externe »Experten« zu beauftragen.

Genau so verhält es sich mit Staat und Beamtenschaft. Parteienforscher von Arnim bringt es auf den Punkt:

»Eigentlich müssten die hoch bezahlten Spitzenbeamten in der Verwaltung den Beratungsbedarf der Politik selbst befriedigen können. Wenn sie das dennoch häufig nicht tun, dann liegt das auch an politischen Gründen. Manchmal will man das Thema einfach nur auf die lange Bank schieben oder man glaubt, das den eigenen Beamten nicht zutrauen zu können, weil man sie politisch besetzt hat und sie die nötige Qualifikation nicht aufweisen oder man meint, intern etwas leichter durchsetzen zu können, wenn man auswärtigen Rückenwind hat.«[44]

Diplomatischer kritisiert der Bundesrechnungshof,

»dass die Bundesbehörden die Kompetenz des eigenen Personals häufig unterschätzen oder aus anderen, nicht fachlichen Erwägungen heraus nicht nutzen«.[45]

Wenn nicht nur die gewählten Vertreter, sondern auch die von ihnen zu Spitzenbeamten gemachten Seilschaften fachlich nichts taugen, dann besteht natürlich riesiger Beraterbedarf. Und der kostet wirklich – und zwar ein wenig mehr als einen Monat zu Unrecht bezogenes Arbeitslosengeld II.

Für Studien- und Beratungsleistungen werden jedes Jahr mehrere hundert Millionen Euro allein auf Bundesebene ausgegeben.

- Von 1998 bis 2003 spendierte die Bundesregierung allen möglichen Beratern und Sachverständigen fast 190 Millionen Euro, davon 128 Millionen Euro für mehr als 1700 Analysen und Studien, 48 Millionen für 361 Experten der einzelnen Ministerien und 12 Millionen Euro für Expertenkommissionen.
- Allein das Wirtschaftsministerium engagierte 62 Beratungsfirmen, die teilweise gleich mehrere Aufträge abwickelten.
- 16,3 Millionen Euro Beraterkosten verschlang das umstrittene Maut-System.
- 1,4 Milliarden Euro haben die Bundesregierung und ihre nachgeordneten Behörden von 1999 bis 2003 für 2721 Beraterverträge ausgegeben.
- Im März 2004 gab die Bundesregierung zu, dass zu der Zeit 640 Beraterverträge liefen.

Genauere Zahlen im Sinne ihrer Informationspflicht fürchtete die rot-grüne Regierung offenbar wie der Teufel das Weihwasser, wie ihre Antwort vom Februar 2004 auf eine Anfrage von Unionsabgeordneten zum Thema Beraterskandal beeindruckend zeigte:

»Von einer detaillierten Übersicht der auf den jeweiligen Auftragnehmer entfallenden Aufwendungen muss abgesehen werden: Grundsätzlich sind die mit den Beratungsfirmen geschlossenen Verträge als interne Unterlagen vertraulich. Darüber hinaus haben sich einzelne Auftragnehmer die Geheimhaltung der vereinbarten Vergütung vertraglich ausbedungen, so dass es bereits aus diesem Grund nicht möglich ist, eine aussagekräftige detaillierte Gesamtübersicht zu geben.«

Postwendend erfolgt die Kritik der Opposition:

»Die Ablehnung der Bundesregierung, die Namen der von ihr beauftragten externen Berater mitzuteilen, nährt den Verdacht, dass sich die Bundesregierung in einigen Fällen nicht an das Vergaberecht gehalten hat, ihren Veröffentlichungspflichten nicht nachgekommen ist oder eine Verquickung mit einzelnen Beraterfirmen besteht ... Die Bundesregierung nährt damit den Verdacht, relevante Informationen zurückhalten zu wollen.«[46]

Wen erstaunt es da, dass der Bürger den Eindruck hat, dass die Regierenden das Licht scheuen, weil sie ihren Seilschaften horrende Gelder für wertlose Pseudoberatung zugeschaufelt haben?

In dem fünfzigseitigen Prüfbericht *Einsatz externer Berater durch die Bundesverwaltung* vom Sommer 2005 kritisiert der Bundesrechnungshof auf der Basis von neunzig geprüften Einzelgutachten vor allem die »freihändige«[47] Vergabe von millionenschweren Beraterauftragen, die mangelhafte Nutzung des eingekauften Wissens sowie unklare Ausschreibungsziele. Insbesondere wird bezweifelt, »ob Beratungsergebnisse überhaupt als Entscheidungsgrundlage verwendet wurden«.[48]

So habe das Innenministerium für die E-Government-Initiative »BundOnline 2005« Berater ohne Ausschreibung engagiert. Zudem sei »das vereinbarte Tagesbruttohonorar von rund 2600 Euro pro Berater rund doppelt so hoch wie die am Markt durchschnittlich gezahlten Beratungshonorare und damit weit überhöht gewesen«. So »entstand dem Bund ein Mehraufwand von über 2,2 Mio. Euro«.

Die Bundeswehr »vergab einen Teil des Betreuungsbedarfs an gewerbliche betriebsmedizinische Dienste (Unternehmen). Dabei vereinbarte sie eine überhöhte Vergütung. Durch Pauschalierungen konnten die Unternehmen zudem weitaus mehr Stunden in Rechnung stellen, als sie erbracht hatten.« Sarkastisch heißt es: »Wenn das Bundesministerium der Verteidigung diese Mängel beseitigt, kann es jährlich mehrere Millionen Euro einsparen.«

Atemberaubende Zustände auch bei der Einschaltung externer Gutachter für die Vergabe von Forschungsaufträgen für 1,9 Millionen Euro.

Das Innenministerium habe dem Bundesinstitut für Sportwissenschaft Forschungsaufgaben zugewiesen, die den Bund gar nichts angingen, da er nur für Spitzensport zuständig sei. Folglich sei ein Bezug zum Spitzensport bei der Mehrzahl der von den Externen getroffenen Förderentscheidungen »nicht erkennbar. So förderte das Bundesinstitut etwa Forschungen zum Alterssport, zur Bewegungswelt von Kindern und Jugendlichen oder zu den Sportbeschlüssen des DDR-Politbüros.« Kabarettreife Bilanz der Prüfer:

> »Die geförderten Vorhaben können vielleicht im Sinne einer Grundlagenforschung den allgemeinen Erkenntnisgewinn der Zuwendungsempfänger in den jeweiligen Fachdisziplinen erweitern. Dies ist aber nicht Aufgabe des Bundesministeriums.«

Da macht es schon fast nichts mehr, dass das Bundesinstitut die Projekte nur unzureichend überwacht und nur 17 der 65 drei Jahre zuvor beendeten Projekte ausgewertet habe.

Besonders peinlich für Politik und Spitzenbeamte: Gleichsam wie einem kleinen Kind schreibt der Bundesrechnungshof Ende

2005 zur Vermeidung der genannten Fehler »Eckpunkte für den wirtschaftlichen Einsatz externer Berater durch die Bundesverwaltung« auf, in denen vor allem die Prüfung des Einsatzes von Beamten statt teurer Berater angemahnt wird.[49]

Wie kompetent und einflussreich sind nun diese beratenden Lichtgestalten? Helmut Schmidts früherer Regierungssprecher Klaus Bölling mokiert sich über den

> »fulminanten Aufstieg der sogenannten Berater zu fulminanten Honoraren ... Es ist ein Armutszeugnis für diejenigen, die ihnen solche Aufträge geben ... Und nachher kriegen sie eine Ansammlung von Banalitäten und Selbstverständlichkeiten geliefert.«

Der erwähnte Ulrich Battis geht sogar noch weiter:

> »Viele der Unternehmensberater sind ganz teuer bezahlte Lehrlinge.«[50]

Warum sie dennoch engagiert werden, verrät Christian Wulff am 25. Januar 2004 bei *Sabine Christiansen:* Zwischen Politik und Beratern gebe es »Kartelle«, »Seilschaften«, »Beziehungsgeflechte« und »Gefälligkeitsgutachten«.

Kurz darauf stellt auch Rainer Frenkel von der *Zeit* den berühmten Berater Roland Berger zur Rede, aber: »Zu den qualitativen Vorwürfen, er arbeite mit Seilschaften, produziere Gefälligkeitsgutachten, betreibe Unsinniges mit Steuergeldern, äußert er sich im Gespräch nicht.«

Und die Konkurrenz McKinsey, immerhin in Deutschland Branchenführer vor Roland Berger, übernimmt bekanntlich seit ehedem für Angela Merkel das ökonomische Denken, oder in der zarten Prosa der *Zeit:* »McKinsey verlieh Angela Merkel Wirtschaftskompetenz.«

Deutschland-Chef Jürgen Kluge gilt ohnehin als einer der engsten Berater der Kanzlerin. Wen erstaunt da der Alarm des Bundesrechnungshofs, dass

> »auch solche Aufgaben an externe Kräfte übertragen werden, die zu den Kernaufgaben einer verantwortlich handelnden Verwaltung gehören«.[51]

Auch das »gute Gewissen der Union«, Bauernminister Horst Seehofer, warnt vor dem Einfluss der Berater: »Wer über die Zahlen bestimmt, bestimmt auch die Inhalte.« Abschreckendes Beispiel ist für ihn die Herzog-Kommission. Obwohl es um »zutiefst politische Gestaltungsaufgaben« gegangen sei, habe oft McKinsey die Richtung bestimmt.

Als Generalausrede gilt hier, die Politik sei »komplizierter« geworden. Etwas nostalgisch und sehr verstimmt sagt Politikprofessor Wilhelm Hennis:

> »Schwachsinn! In den fünfziger Jahren wäre es vollkommen unvorstellbar gewesen, dass die Regierung McKinsey oder Roland Berger beschäftigt hätte ... Mit dieser Litanei kann man alles entschuldigen. Ist etwa der Wiederaufbau nach 1945 unkompliziert gewesen?«[52]

Fazit: Kaum ein einziger Cent müsste für externe Berater ausgegeben werden. Sie sind meist inkompetent und nehmen den Beamten die Arbeit weg.

Beamte raus aus der Politik?

Ursprünglich gelangten deutsche Beamte in die Politik als bessere Abgesandte der Obrigkeit. Vor der Märzrevolution von 1848 ließ die Regierung zwar erstmals Beamte ins Parlament, allerdings unter der Auflage einer genehmigungspflichtigen Beurlaubung vom Staatsdienst, die natürlich nur Regierungsanhänger erhielten. Im Zuge der Revolution wurde die Beurlaubung für gewählte Beamte zum bis heute gültigen verbrieften Recht[53] – womit wir erneut bei einem Beamtenprivileg wären.

Es handelt sich auch hier um den materiellen und psychischen Vorteil einer gesicherten Existenz und eines garantierten Arbeitsplatzes. Nicht nur dass den Beamten der Ausflug in die Politik als »Dienstzeit im Sinne des Besoldungs- und Versorgungsrechts angerechnet wird. Sie haben auch Anspruch auf ihren früheren Job »mit mindestens demselben Endgrundgehalt«. Aber geht das gut, wenn ein Lehrer nach zwölf Jahren Bundestag wieder auf die Schüler losgelassen wird? Insofern dürften viele Eltern einigen Mandatsträgern über alle Parteigrenzen hinweg die Daumen zur Wiederwahl drücken.

Politiker aus normalen Berufen haben diese Garantien nicht. Deutlich wurde dies vor den Neuwahlen 2005, als Gerhard Schröders Plan zur Vertrauensfrage selbst in den eigenen rot-grünen Reihen auf verdächtig viel Widerstand stieß.

Natürlich wurde vehement abgestritten, dass der wichtigste Grund für das urplötzlich wiederentdeckte Vertrauen zum Kanzler, das eine Neuwahl überflüssig mache, die Sorge um die eigene Zukunft war. Immerhin, so kolportiert der langjährige *Bild*-Kolumnist Mainhardt Graf von Nayhauß, waren im Frühjahr 2005 neun Abgeordnete beim damaligen Bundestagspräsidenten Wolfgang Thierse als »soziale Härtefälle« registriert.

Insgesamt aber kann sich gerade abgewählten Politikern gegenüber das Mitgefühl getrost in Grenzen halten. Selbst eine für die eigene Partei vorübergehend untragbare Person wie der Bonusmeilennutzer Cem Özdemir landete nach seinem Aus im Jahre 2002 nicht bei der Arbeitsvermittlung für Erzieher und Sozialpädagogen, sondern 2004 im Europaparlament. Ebenso wie er werden die weitaus meisten unfreiwillig ausgeschiedenen Parlamentarier irgendwo in der Partei oder einer Nebenorganisation, wenn nicht gar in einer anderen Volksvertretung untergebracht.

Dabei darf jedoch nicht übersehen werden, dass Beamte im Gegensatz zu Parteiangestellten bei »Unbrauchbarkeit« nicht entlassen und schwerer hinausgeekelt werden können und dass es für sie bedeutend weniger schlimm ist, wenn sie den Anschluss in ihrem Beruf verloren haben.

In Deutschlands Parlamenten sitzen bis zu sechzig Prozent Staatsdiener, fast ein Drittel der Bundestagsabgeordneten sind Beamte, und Hans Herbert von Arnim sagt, warum das so ist:

»Die Rekrutierung von Politikern liegt allein in der Hand der Parteien ... Voraussetzung für ein Weiterkommen in der Partei ist regelmäßig die sogenannte Ochsentour. Sie verlangt jahrelange zeitaufwendige Kärrnerarbeit innerhalb der Parteien und macht Ortswechsel unmöglich. Das können sich nur Leute mit viel Zeit ... leisten, nicht aber (in Wirtschaft, Wissenschaft, Kultur usw.) erfolgreiche Personen. So kommt es, dass in den Parteien vor allem Beamte und Funktionäre reüssieren und dann auch die Parlamente dominieren.«[54]

Dazu drei Beispiele, zuerst noch einmal aus der Gruppe der Lehrer: Wir hatten gesehen, dass sinnvolle Leistungskontrolle praktisch unmöglich ist, und die Lehrer selbst machen geltend, dass sie nicht nur nicht nach den Pflichtstunden Feierabend machen, sondern nahezu »rund um die Uhr« für ihre Schüler da sind.

Nun war aber zum Beispiel die Bundesministerin für wirtschaftliche Zusammenarbeit und Entwicklung, Heidemarie Wieczorek-Zeul, von 1965 bis 1974 Haupt- und Realschullehrerin für Englisch und Geschichte, andererseits von 1968 bis 1972 im Stadtrat Rüsselsheim und von 1974 bis 1977 Juso-Chefin, was man sicher nicht so ganz nebenbei wird.

Ex-Finanzminister Hans Eichel arbeitete von 1970 bis 1975 als Studienrat für Geschichte, gleichzeitig aber als Kasseler Stadtverordneter und SPD-Fraktionschef. 1975 wird er Oberbürgermeister von Kassel.

Es ist schwer vorstellbar, dass hier der Lehrerberuf so ausgeübt wurde, wie nicht nur die Eltern und Schüler es sich wünschen.

Aber auch zu Polizisten im Bundestag gibt es Fragen. So ist Jürgen Herrmann (CDU) von 1995 bis zu Beginn seiner Bundestagskarriere 2002 Dienstgruppenleiter im Führungs- und Lagedienst bei der Bezirksregierung Detmold, aber auch von 1996 bis 2000 Vorsitzender des CDU-Stadtverbandes Brakel und seit 1999 CDU-Kreisvorsitzender im Kreis Höxter.

Wie bringt man diese beruflichen und politischen Karrieren auf eine Reihe?

Natürlich liegt der Verdacht nahe, dass Staatsdiener ihre Politambitionen quasi aus der Staatskasse finanzieren. Andererseits: Wieso soll man einem zwielichtigen »Import-Export«-Kaufmann seine 80-Stunden-Woche abnehmen, einem engagierten Bürger aber nicht?

So zutreffend und ärgerlich die Privilegien der Beamten auch sind, weitaus gravierender erscheint die Tatsache, dass im Bundestag 346 von 614 zur Rubrik »Abgeordnete, administrativ entscheidende Berufe« gehören, also Berufspolitiker sind, die sich teilweise noch nie auf dem Arbeitsmarkt bewähren mussten.

In diesem Zusammenhang ist es natürlich auch ein Unding, dass Beamte mit ihren 3,1 Prozent Anteil an der volljährigen Bevölkerung gut zehnfach überrepräsentiert sind. Nur fehlen in einer wahren Volksvertretung – bei allem Respekt vor diesen Leistungsträgern der Gesellschaft – natürlich nicht in erster Linie Waffenexporteure, Millionenerben, Börsenmakler, BWL-Bachelors und Schönheitschirurgen.

Deshalb klingt die Forderung nach Streichung des Beamtenprivilegs nach angelsächsischem Vorbild zwar plausibel, löst aber nicht das Problem und geht sogar nach hinten los. Wenn nämlich die mangelnde Bereitschaft breiter Bevölkerungskreise zur politischen Laufbahn mit dem Zukunftsrisiko begründet wird, was hilft dann die »gerechte Einbeziehung« einer weiteren Bevölkerungsschicht? Es ist wieder eine Variante der zynischen Behauptung, die Ungerechtigkeit zwischen Armen und Verhungernden sei dadurch zu verringern, dass die 1-Euro-Jobber den Obdachlosen etwas abgeben. Wird eine einzige Unfallärztin, Verkäuferin oder IT-Fachfrau plötzlich in die Politik gehen, wenn Beamte dasselbe Berufsrisiko tragen?

Die Frage kann also nicht lauten: Wie halten wir durch Erhöhung des Lebensplanungsrisikos auch noch die Beamten von der Politik fern, damit die von Hause aus materiell Abgesicherten wie in den USA endlich unter sich sind? Vielmehr gilt es, die Politlaufbahn im Sinne des Grundgesetzes *für jeden Bürger zumutbar* zu gestalten. »Wer wagt, gewinnt« mag für illegale Autorennen, Banküberfälle und Aktienspekulation gelten. Im Grundgesetz jedenfalls steht es nicht.

Wenig stichhaltig ist übrigens das Argument, die Beamten im Bundestag würden eine Interessengruppe bilden und Reformen des Beamtentums verhindern. Gerade die Marktradikalen, die den raffgiergesteuerten Egoisten als »rationalen« Menschen preisen, müssten doch wissen, dass ein Beamter genauso stark die Beamteninteressen vertritt wie Angela Merkel die Interessen der Physiker.[55] Auch dies erweist sich also als Scheinargument für »Beamte raus aus dem Bundestag«. Eher schon überzeugt eine

These des Berliner Politikprofessors Wolf-Dieter Narr: Da infolge von Inkompetenz und Überforderung der Politik die Verwaltungen die Gesetze ausarbeiten und umsetzen, und da dies zwangsläufig mit einer überproportionalen Beteiligung von Juristen verbunden ist, »erwächst nur eine allzu große Nähe zu bürokratisch-juristischen Formen der Politik, die die eigene parlamentarische Initiative vollends blockiert«.[56]

Aus alledem ergibt sich, dass auch das Problem des Beamtenprivilegs in der Politik nur im Zusammenhang mit der Abschaffung des Berufsbeamtentums geklärt werden kann.

Teil V

Die Bürokratie

Einführung

Bei der letzten Paragrafenzählung Anfang 2006 gab es allein auf Bundesebene 2060 Gesetze mit 47 823 Einzelnormen und 3182 Rechtsverordnungen mit 40 419 Paragraphen, mit denen der Länder und Kommunen sogar 6000 Gesetze und 90 000 Einzelvorschriften im deutschen Recht. Außerdem müssen 80 000 Seiten EU-Recht in nationales Recht umgesetzt werden.

Rechtzeitig zur Bundestagswahl 2005 ließ das Bundesjustizministerium die Bürger wissen, während der rot-grünen Ära seien 94 Gesetze und 376 Rechtsverordnungen entsorgt worden, die meisten aufgrund der »Initiative Bürokratieabbau« von 2003 zur Entlastung des Mittelstandes.

Nach einem Gutachten des Instituts für Mittelstandsforschung kostet die Bürokratie die deutschen Unternehmen jährlich 46 Milliarden Euro. Je kleiner das Unternehmen, desto höher die Belastung: Betriebe mit weniger als zehn Mitarbeitern beziffern ihren Aufwand durchschnittlich auf 64 Stunden und 4361 Euro je Beschäftigten.

Nun sind auch die besten Studien nicht vor Missbrauch sicher. Und so sind diese beeindruckenden Zahlen für die Deregulierungsdebatte so aussagekräftig wie die Angabe »882,25 Kilo Lebendgewicht« für die Spielstärke der deutschen Fußballnationalelf. Das Zahlenargument stimuliert aber das »gesunde Volksempfinden«, wonach Bürokratie und Gesetze ohnehin von Übel seien.

Bezeichnenderweise hielt der parlamentarische Justizstaatssekretär Alfred Hartenbach eine entsprechende Mahnung an die Industrie für notwendig:

> »Wird nicht oft völlig zu Unrecht das Recht als solches mit ›lästiger Bürokratie‹ gleichgesetzt? Gilt das Unbehagen an der ›Überregulie-

rung‹ nicht manchmal ganz pauschal dem Rechtssystem als solchem, den Vorschriften an sich? Eine solche Gleichsetzung zwischen Bürokratie und Recht dürfen wir aber nicht vornehmen … Die Behinderte, der man den Zugang zu einer Sauna verweigert, weil sie ›das ästhetische Empfinden‹ der anderen Gäste stört, muss ihr Recht also notfalls mit gerichtlicher Hilfe durchsetzen können. … Die Lebenssachverhalte sind komplex – das erfordert entsprechende Regelungen … Rechtsklarheit und Rechtssicherheit sind nicht ohne eine gewisse Regelungsdichte zu erreichen.«[1]

Und wenn Hartenbach bewusst betont, »unser Recht ist bezahlbar«, und den »Standortvorteil unseres Rechtssystems« hervorhebt, dann widerspricht er damit der Kernthese der Wirtschaftsliberalen, nämlich dass im Zeitalter der »Globalisierung« der Rechtsstaat einfach zu teuer sei.

1. Die Notwendigkeit der Bürokratie

Ohne »Bürokratie« geht es also nicht. Das weiß jeder, der auch nur ein Haushaltsbuch oder einen Terminkalender führt. Selbst mancher CD-Sammler hält eine akribische Aufzeichnung aller vorhandenen und mehr noch der verliehenen Exemplare für unabdingbar. Erst recht würde jeder Selbständige – auch wenn er als FDP-Sympathisant noch so laut über »bürokratische Verkrustungen« schimpft – jedem etwas husten, der ihm unter Hinweis auf »unbürokratische Lösungen« die Klientenkartei durcheinanderbringt oder die Inventarliste vernichtet.

Um so mehr gilt dies natürlich für den Staat. Wie fände es zum Beispiel der entkrustungsversessene Arbeitergeberpräsident Dieter Hundt, würde direkt neben seiner Villa eine »unbürokratisch« genehmigte Mülldeponie entstehen?

Überhaupt vergessen die Sozialstaatsfeinde, dass es ja gerade die von ihnen verherrlichten Privatkonzerne bei aller profitorientierten Firmenphilosophie nur allmählich schaffen, ihrer eigenen Bürokratie Herr zu werden. Wie sonst lässt sich erklären, dass Meldungen über »Stellenabbau in der Verwaltung« großer Unternehmen zur *Tagesschau* gehören wie der Wetterbericht? Und auch in Sachen Schildbürgerstreich brauchen sich die Privaten nicht zu verstecken. So ist es einem unbescholtenen Bürger bei einem »High-Tech«-Unternehmen schon passiert, dass er nach Rücksendung eines noch unbezahlten Druckers zu Unrecht 300 Euro Gutschrift erhielt, die aber zeitgleich ein Gerichtsvollzieher eintreiben wollte. Natürlich gibt es auch und gerade in der Staatsbürokratie sensationelle Schildabeispiele bis zum Abwinken, von denen wir einige kennenlernen werden.

Nur gilt gerade für die Privatisierer das Gleichnis mit dem Glashaus und den Steinen. Auch für die private Verwaltung gilt:

»Aus einer Hilfseinrichtung wird eine Institution, die bestimmt, was diejenigen wollen, die diese Einrichtung geschaffen haben.«[2] Die Verwaltung wird im Wortsinne zur Herrschaft des Büros, zur Büro-kratie.

Bei der Beurteilung von Bürokratie kommt man an Max Weber (1864–1920) auch 86 Jahre nach seinem Tod nicht vorbei. In seinem unvollendeten Hauptwerk *Wirtschaft und Gesellschaft* definiert er das Wesen der Bürokratie. Deshalb sei die wichtigste Stelle hier zitiert:

> »Die spezifische Funktionsweise des modernen Beamtentums drückt sich in folgendem aus:
>
> I. Es besteht das Prinzip der festen, durch Regeln, Gesetze oder Verwaltungsreglements generell geordneten behördlichen Kompetenzen ...
>
> II. Es besteht das Prinzip der Amtshierarchie und des Instanzenzuges, d.h. ein fest geordnetes System von Über- und Unterordnung der Behörden unter Beaufsichtigung der unteren durch die oberen, – ein System, welches zugleich dem Beherrschten die fest geregelte Möglichkeit bietet, von einer unteren Behörde an deren Oberinstanz zu appellieren.
>
> III. Die moderne Amtsführung beruht auf Schriftstücken (Akten), welche in Urschrift oder Konzept aufbewahrt werden, und auf einem Stab von Subalternbeamten und Schreibern aller Art. Die Gesamtheit der bei einer Behörde tätigen Beamten mit dem entsprechenden Sachgüter- und Aktenapparat bildet ein ›Büro‹ ...
>
> IV. Die Amtstätigkeit ... setzt normalerweise eine eingehende Fachschulung voraus.
>
> V. Beim vollentwickelten Amt nimmt die amtliche Tätigkeit die gesamte Arbeitskraft des Beamten in Anspruch, unbeschadet des Umstandes, dass das Maß seiner pflichtmäßigen Arbeitszeit auf dem Büro fest begrenzt sein kann.

> VI. Die Amtsführung der Beamten erfolgt nach generellen, mehr oder minder festen und mehr oder minder erschöpfenden, erlernbaren Regeln. Die Kenntnis dieser Regeln stellt daher eine besondere Kunstlehre dar ..., in deren Besitz die Beamten sich befinden.«[3]

Wichtiger und umstrittener als dieser »technische« ist der »politische« Aspekt der Bürokratie, die ja immerhin ursprünglich etwas Revolutionäres war: An die Stelle der Willkürherrschaft der Hofbeamten, denen die Ämter als Mittel zur Ausplünderung der kleinen Leute dienten, traten unantastbare und für alle Bürger gleiche Gesetze und Entscheidungskriterien.

Auch heute nutzen Gesetze im allgemeinen den Schwächeren. Gäbe es beim Einwohnermeldeamt keinen Aufruf nach Nummern, so würde sich wie am Wühltisch beim Sommerschlussverkauf stets der vorbestrafte Kneipenschläger gegen die schmächtige Seniorin durchsetzen. Ohne Gesetze und nur durch verlogene Appelle an die »Eigenverantwortung« geschieht nichts. Schließlich hat ausgerechnet Sozialistenfeind Bismarck die Sozialgesetze initiiert, weil die Habgier der Reichen durch bloße Ermahnungen nicht zu bremsen war und die immer stärkere Ausbeutung und Verarmung der Bevölkerung über kurz oder lang zu Aufständen geführt hätte. Nun hängt aber der Umfang unverzichtbarer Bürokratie unmittelbar mit dem Umfang der Gesetze und der wiederum mit den Aufgaben des Staates zusammen. Ein demokratischer Sozialstaat braucht mehr Verwaltung als ein sozialdarwinistischer schlanker Staat – der allerdings entsprechend mehr private Bürokratie benötigt.

Wer also Amtsschimmel und notwendigen Verwaltungsaufwand in einen Topf wirft, der fasst wahrscheinlich auch Pan- und Kartoffeln unter »Toffeln« zusammen.

Nebenbei gefragt: Wenn die Marktradikalen die meisten Gesetze für »Überregulierung« halten und auf Eigenverantwortung setzen, wieso sind ihnen dann die Gesetze zum Schutze des Reichtums noch nicht detailliert und scharf genug? Wieso schreckt man Villeneinbrecher durch Gesetze ab, anstatt den Verzicht auf einen Einbruch ihrer Eigenverantwortung zu überlassen? Mehr noch: Wieso plädieren ausgerechnet viele »Deregulierer« für einen »Schnüffelstaat« und damit gerade für einen gigantischen Verwaltungsaufwand allein für die Archivierung der Bild-, Ton- und Schriftinformationen über jeden Bürger?

Offenbar geht es den Reformern gar nicht um Deregulierung und Bürokratieabbau schlechthin, sondern nur um die Streichung *bestimmter* Regeln und Gesetze.

2. Die »Deregulierung« der Reformer

Eine klassische Beschreibung liefert die Deregulierungskommission der Bayerischen Staatsregierung:

> »Um einer systemimmanenten Ausweitung des staatlichen Einflusses entgegenzuwirken, muss die Deregulierung zur Daueraufgabe werden ... Außerdem gilt es Mechanismen einzuführen, mit denen die Regulierungsdichte nicht nur verringert, sondern auch dauerhaft auf einem niedrigen Niveau stabilisiert werden kann.«[4]

Betrachten wir zunächst einige Beispiel dafür, was Marktradikale unter »Überregulierung verstehen.

»Am Anfang einer Kampagne für mehr Tempo sollte die Abschaffung der antiquierten Richtgeschwindigkeitsverordnung stehen ... weg von Überregulierung und rot-grünen Ideologien, hin zu mehr Wirtschaftlichkeit durch Eigenverantwortung und Freiheit nach liberalen Grundsätzen.«[5] Dies klingt wie das Programm des Bundes Pubertierender Raser (BPR), ist aber der zentrale Beschluss des Bundeskongresses der FDP-Kaderschmiede Junge Liberale (Julis). Abgesehen von der wertvollen Entlarvung der Vorsorge gegen tödliche Raserunfälle als »rot-grüne Ideologie«, wird auch die Autoindustrie gegen Loblieder auf den furchtlosen Autobahndrängler wohl kaum juristische Schritte einleiten.

Nüchterne Jungautofahrer sind den Säuferversorgern ein Greuel. So sieht der Bundesverband der Deutschen Spirituosen-Industrie und -Importeure e. V. (BSI) in der Debatte über eine Null-Promille-Grenze für Fahranfänger die Gefahr der Überregulierung.[6]

Ein geradezu heroisches Engagement, wie man es sich ein einziges Mal bei Problemen wie Arbeitslosigkeit und neue Armut gewünscht hätte, zeigte die Politik im Jahre 2003 bei der deutschen Klage gegen das EU-Tabakwerbeverbot. Ehrlicher Kommentar des Europa-Abgeordneten Kurt Lechner (CDU): »Die sogenannte Tabakproduktrichtlinie ist gesundheitspolitisch motiviert und bringt keinerlei Verbesserungen des EU-Binnenmarktes mit sich.« Wenn Werbung zum Rauchen verführt und Rauchen Krebstote fordert, dann produziert Tabakwerbung natürlich Krebstote – für die CDU natürlich eine ekelerregende »gesundheitspolitische Motivation«. Mitte 2006 gab die Merkel-Regierung aber dem Druck der EU nach und bequemte sich zu einem Gesetzentwurf. Demnach soll Tabakwerbung in Zeitungen, Zeitschriften, Hörfunk und Internet ebenso verboten sein wie Sponsoring bei Fernsehveranstaltungen sowie das kostenlose Verteilen von Zigaretten.

Der BDI vertritt offenbar die These, dass Umweltschutz mit Marktwirtschaft kaum noch vereinbar ist: »Unternehmen müssen Konkurs anmelden oder ihre Produktionsstätten in das außereuropäische Ausland verlagern, weil der Standort Deutschland nicht zuletzt aufgrund der Überregulierung im Umweltschutz zunehmend unattraktiv und weniger wettbewerbsfähig wird. Das dient nicht den Interessen der Verbraucher.«[7] Leider nennt der BDI keine Zahlen, wieviel zum Beispiel ein Chemiekonzern sparen könnte, wenn er legal seine Giftbrühe in den Rhein leiten dürfte.

Vor dem Hintergrund von BSE und aller möglicher anderer Lebensmittelskandale ist die panische Angst vor »Überregulierung« durch Kennzeichnungspflicht menschlich und kaufmännisch sehr verständlich: Wüssten die Menschen, was drin ist im Essen, würden sie es möglicherweise nicht einmal geschenkt wollen. So warnt die Milchindustrie: »Ein Übermaß der gesetzlich geforderten Kennzeichnungen und Symbole auf Milchprodukten schafft beim Verbraucher mehr Verwirrung und Verunsicherung als Klarheit und Entscheidungshilfe.«[8]

Der Bundesrat macht sich die Sorgen von Gammelfleischverkäufern zu eigen: »Diese Verwaltungslast überfordert die Metzger und macht sie bei Fehlern zu Straftätern. Zumindest der Verkaufsbereich der handwerklichen Metzgereien sollte aus dem VO-Anwendungsbereich herausgenommen werden. Nach Angaben des Metzgerverbandes sind die Verbraucher an den obligatorischen Angaben nicht interessiert.«[9] Natürlich: Den Leuten ist es Wurscht, wer verdorbenes Zeug in die Regale bringt. Dem Standort Deutschland zuliebe riskieren sie gern ihre Gesundheit. Vorbildlich unbürokratisch handhabt es der Freistaat Bayern: »Behörden verteilen Gammelfleisch an Flüchtlinge«, meldete *Spiegel Online* am 9. Dezember 2005.

Auch dass das Eindämmen des Krebsrisikos etwas für Angsthasen ist, scheint eine Bundesratserkenntnis zu sein: »Auf Grund unklarer Regelungen im EU-Recht wurde die Vorschrift in der Gefahrenstoffverordnung im Sinne einer Messverpflichtung für jegliche Tätigkeit mit Karzinogenen oder Mutagenen in deutsches Recht umgesetzt. Das ist unangemessen für Bagatellfälle wie z. B. gelegentliche Benutzung eine Spraydose oder geringfügige Arbeiten mit krebserzeugendem Buchen- oder Eichenholz.«[10]

Mit linksideologischem Firlefanz wie der Bewahrung der Schöpfung braucht man den Marktwirtschaftschristen des Bundesrates gar nicht erst zu kommen: »In Deutschland sind die Zulassungsbedingungen insbesondere im Bereich der Auswirkung von Pflanzenschutzmitteln auf den Naturhaushalt (Wasser, Boden, Luft) strenger geregelt als in anderen Mitgliedstaaten.«[11]

Frei nach der Devise »Der Erhalt der Natur ist viel zu bürokratisch« kündigt Bundeslandwirtschaftsminister Horst Seehofer die Abschaffung des jährlichen Waldschadenberichts an. »Die Pointe: Der Bericht zum Waldsterben wird exakt zu dem Zeitpunkt abgeschafft, da die Schäden ihren Höhepunkt erreicht haben.«[12]

Ebenfalls ein Dorn im Auge ist der Ländervertretung »die rein naturschutzfachlich begründete Ausweisung von hafenwirtschaftlich relevanten Gebieten und von Flüssen, die als Wasserstraßen genutzt werden«[13], und die EU-Vogelflugrichtlinie 79/ 409/EWG, denn sie »führt zu Planungsunsicherheit und Entwicklungshindernissen für die Wirtschaft«.[14] Naturschutz schadet der Wirtschaft!

Ein klassischer Fall für »Überregulierung« ist für den Bundesrat die Sicherheit auf dem Bau: »Durch die Baustellensicherheitsrichtlinie, die Baustellenverordnung und deren Ergänzung durch die Regeln zum Arbeitsschutz auf Baustellen (RAB) ist ein umfängliches und in Teilen bürokratisches Regelwerk entstanden.«[15]

Allen Gesetzestreueschwüren zum Trotz haben die Marktradikalen naturgemäß ein Herz für Wirtschaftsbetrüger, frei nach dem sozialdarwinistischen Motto »Ein erfolgreicher Gangster ist besser als ein ehrbarer Normalbürger«. So schafften als Beitrag zum Bürokratieabbau immer mehr Bundesländer das Sammlungsgesetz ab. Nun brauchen die zahlreichen kriminellen Abzockerbanden unter den 20 000 Organisationen keinerlei Genehmigung mehr, um sich bei Haus- und Straßensammlungen als »Wohltätigkeitsvereine« einen möglichst großen Teil von den 2,5 Milliarden Euro jährlichen Spenden in Deutschland zu ergaunern: »Jeder der will, kann mit einer Sammeldose durch die Fußgängerzone tingeln.«[16]

Wer noch am Mittag des 2. Januar 2006 staatliche Sicherheitskontrollen für öffentliche Gebäude gefordert hätte, dem wäre die übliche Argumentationskette entgegengeschleudert worden: »Staatliche Kontrollen = Überregulierung = Planwirtschaft = DDR.« Daher gehört das, was nur wenige Stunden später geschah, in jedes Schulbuch als die perfekte Umsetzung der marktradikalen Ideologie von privater Eigenverantwortung: Beim Einsturz der Eissporthalle in Bad Reichenhall starben 15 Menschen. Und ebenso schulbuchmäßig nannte der Präsident der Bundesvereinigung der Prüfingenieure Hans-Peter Andrä den Grund dieser Katastrophe: Das politische Ziel, die baulichen Vorschriften zu lockern, um Kosten zu senken, sei gescheitert.

Die klassische »Eigenverantwortung« besteht im kostensparenden Verzicht selbst auf minimale bauliche Sicherheit auf Kosten von Menschenleben. Im Falle Bad Reichenhall waren es laut der von der Staatsanwaltschaft vorgelegten Gutachten falsche Statik, schlampige Instandhaltung und fehlerhafter Leim.

Aber wo marktradikal gehobelt wird, da fallen eben auch Späne, und so lehnte der Chef des Sachverständigen-Verbandes BVS die Einführung regelmäßiger Kontrollen ganz locker ab: Ein »Bau-TÜV« würde die Deregulierung von Vorschriften wieder umkehren. Dies fanden natürlich auch Landtag, Städtetag und Gemeindetag des Musterlandes Bayern.[17] Dieses fröhliche »Es wird schon gutgehen« wurde allerdings durch den Einsturz eines Supermarktdachs im ebenfalls oberbayerischen Töging widerlegt, bei dem es ausschließlich dank der Geistesgegenwart eines Angestellten keine erneuten Opfer zu beklagen gab.

Was übrigens Innenminister Günther Beckstein dazu zum besten gab, hätte auch von seinem Kabarett-Imitator Mathias Richling sein können: Bei hohen Schneelasten auf Dächern seien die Eigentümer für die Standfestigkeit ihrer Gebäude selbst verantwortlich. Sie müssten den Schnee rechtzeitig räumen und für Kontrollen an ihren Gebäuden sorgen. Wer die erforderliche Kenntnis dazu nicht selbst besitze, müsse »einen Architekten oder Fachingenieur beauftragen«. Und wenn nicht, dann eben nicht. Freie Marktwirtschaft hat ihren Preis.

3. Mit Bürokratie gegen Bürokratie

Schon die erste Regierungserklärung Willy Brandts im Jahre 1969 nannte den Bürokratieabbau als Ziel. Seitdem jagt beinahe ununterbrochen eine Kommission die andere – mit dem Resultat einer stetigen Bürokratiewucherung. »Eine traurige Geschichte des Scheiterns«, fasst im Mai 2006 der CDU/CSU-Fraktionsgeschäftsführer im Bundestag, Norbert Röttgen, all diese Versuche zusammen.

Als Meilenstein im antibürokratischen Kampf feierte die Politik das »Gesetz zur Umsetzung von Vorschlägen zu Bürokratieabbau und Deregulierung aus den Regionen«[18] vom 21. Juni 2005. Herausragende Neuerung: Jugendliche können nun unter bestimmten Bedingungen schon ab 5 Uhr und bis 23 Uhr arbeiten.

Die alte Bürokratenweisheit, nichts erfordere mehr Bürokratie als Bürokratieabbau, beherzigt auch Staatsministerin Hildegard Müller als Bürokratieabbaubeauftragte der Bundesregierung: Kaum war sie im Amt, entstanden Anfang 2006 jede Menge »Planstellen, mehr Koordinierung, mehr Verwaltungsaufwand«, kurzum: ein neuer »Gremiencocktail«.[19]

In Bayern ist Bürokratieabbau offenbar McKinsey-Sache, so von 2002 bis 2005 in Gestalt der »Henzler-Kommission« unter Leitung des früheren McKinsey-Europachefs Herbert Henzler. Ernstgemeinte Bilanz von Staatskanzleichef Erwin Huber: Bayern habe alle 105 Empfehlungen geprüft, 95 aufgegriffen, 72 »auf den Weg gebracht« und 23 bereits umgesetzt. Nach Kritikermeinung betrieb das Gremium allerdings von Anfang an nur eine Erleichterung für die Wirtschaft, nicht aber für die Bürger. SPD-Wirtschaftsexpertin Hildegard Kronawitter warnte dementsprechend davor, Bürokratie- mit Sozialabbau zu verwechseln, den Kündigungsschutz aufzuweichen und das Arbeitsrecht zu verwässern.

Die meisten marktradikalen Reformer interessiert der Bürokratieverdruss der Normalbürger und der kleinen Gewerbetreibenden wie das sprichwörtliche Umfallen des chinesischen Reissacks. Unter »Überregulierung« wird nicht in erster Linie der zuweilen unüberschaubare Paragrafenberg verstanden, sondern schlicht der gesamte Sozialstaat: Kündigungsschutz, Steuern, Arbeitssicherheit, Schutz von Gesundheit und Umwelt, Betriebsräte – kurzum alles, was den profitbewussten Kapitalbesitzer am Ausleben seines Triebes hindert. Entsprechend groß ist die Aversion dagegen. »Dieser Sozialstaat ist unsozial«, suggeriert der Chef der Initiative Neue Soziale Marktwirtschaft, Hans Tietmeyer, »Sozial ist, was Arbeit schafft« lautet das schon zitierte CDU-Evangelium, und Helmut Kohls früherer Finanzstaatssekretär und derzeit völlig überparteilicher Bundespräsident Horst Köhler fordert »Vorfahrtsregeln für die Arbeit« und Bürokratieabbau.

Ganz in diesem Sinne erhielt der Münchner Unternehmer Hans-Wolff Graf im Februar 2006 den mit 100 000 Euro dotierten »Werner-Bonhoff-Preis wider den Paragrafen-Dschungel«, weil seine Finanz- und Vermögensberatung efv-AG ohne Angestellte und ausschließlich mit Selbständigen mit einem eigenen angemeldeten Gewerbe arbeitet und damit viele arbeitsschutzrechtliche Vorschriften für die efv-AG nicht gelten. Ein Preis für Scheinselbständigkeit – Kommentar überflüssig.

4. Die Überregulierung der EU

Unter den Tausenden Einzelverordnungen der EU gibt es mit Sicherheit auch einige absurde und überflüssige. Die EU-Kommission selbst verspricht die Vereinfachung von 1400 Vorschriften. Wenn allerdings Wirtschaftsliberale diese Überregulierung kritisieren, ist genaues Hinschauen geboten.

Gekippt wurden zum Beispiel Regelungen zur Kennzeichnungspflicht von Lebensmitteln, zur Haftung bei Schäden durch Industrieabfälle auf grenzüberschreitenden Gewässern, zu verminderten Verbrauchsteuern für Biokraftstoffe und zum Schutz von jungen Meerestieren, also alles Dinge, die der Lebensqualität genutzt hätten. Und auch die Richtlinie zum Schutz der Bauarbeiter vor übermäßiger natürlicher Sonneneinstrahlung ist vielleicht für die Reichen und Schönen und ihre Politiker lächerlich, nicht aber für die Betroffenen, zumal man sich einen Hitzschlag nicht nur beim Sonnenbaden an Papis Pool holen kann. Gleiches gilt für den Hochwasserschutz: Vor dem Hintergrund der Flutkatastrophen an Oder und Elbe sieht das Bayerische Umweltministerium Anfang 2006 seine Hauptaufgabe bei der Vermeidung künftiger Katastrophen in einer Kampagne gegen »zusätzliche EU-Bürokratie beim Hochwasserschutz«.[20] Kurz darauf hätte es um ein Haar erneut eine Hochwasserquittung gegeben.

Emil Dister vom international geachteten Karlsruher Auen-Institut nennt die Schuldigen: »Der ökologische Hochwasserschutz wird in Bayern, Sachsen-Anhalt und Rheinland-Pfalz den Interessen der Agrarlobby und der Kommunen geopfert.« Immerhin sieht sich der zum Umweltstaatssekretär avancierte Betriebswirt Michael Müller (SPD) zu einer Pflichtkür in Sachen Scheinheiligkeit genötigt: »Wir müssen nachbessern, zu viele Ausnahmeregelungen für die Bebauung oder Landwirtschaft bergen eben ein hohes Risiko.«

Wie fundiert die Überregulierungskritik zumeist ist, zeigt das Gebetsmühlenbeispiel der FDP, die Verordnung zur »Gurkenkrümmung«.[21]

Gerade die hat nämlich nachvollziehbare praktische Gründe: So kann man einfach und schnell die Anzahl an Gurken in einem ebenfalls genormten Karton feststellen, und der Abnehmer kann sich auf die konstante Qualität der Waren verlassen. Zudem sind Normierung und Einteilung im internationalen Handel üblich, wie etwa bei Erdbeeren, Melonen und Bananen.

5. Deregulierung auf eigene Faust

Natürlich kann die Deregulierung auch auf eigene Faust vorgenommen werden. Das beliebteste Mittel, die »freihändige« Auftragsvergabe ohne Ausschreibung, haben wir bereits kennengelernt. Auf diesem Gebiet haben die Grünen übrigens kurz vor ihrer Abwahl ihre volle Politikfähigkeit bewiesen. Im Juni 2005 rügte der Bundesrechnungshof Jürgen Trittins Umweltministerium, weil es »freihändig ohne Wettbewerb« und in einem Fall sogar nur mündlich Aufträge für insgesamt 1,356 Millionen Euro an die Berliner Werbeagentur Zum goldenen Hirschen vergeben habe.

Ein recht amüsanter Fall trug sich im Februar 2002 im rot-roten Berlin zu. Finanzsenator Thilo Sarrazin (SPD) hatte ohne Ausschreibung an einen Bekannten »aufgrund früherer guter Zusammenarbeit« einen Auftrag für ein »Gutachten« vergeben, dessen Preis auch noch haarscharf unter dem Haushaltssperrenlimit von 200 000 Euro lag. Der Landesrechnungshof nannte dieses Vorgehen »vergaberechtlich unzulässig«. Imponierte das dem Senat? Keine sechs Monate nach diesem Rüffel berichtet die *Welt:* »Staatsanwälte, Steuerzahlerbund und Rechnungshof klagen an: In Berliner Behörden werden trotz Sparappellen und Haushaltskrise immer noch dreistellige Millionenbeträge verschwendet. Schuld ist nach Ansicht der Kritiker vor allem die mangelhafte Praxis bei der Vergabe öffentlicher Aufträge. Hier sei zu wenig Wettbewerb und zu viel Gemauschel mit den Firmen im Spiel.« Das ganze hat Tradition: Bereits im Jahre 1997 bezeichnete der hessische Rechnungshofpräsident Udo Müller Schmiergeldzahlungen an Behördenmitarbeiter bei der Ausschreibung öffentlicher Bauaufträge als »gängige Praxis«. Der Politologe Jürgen Bellers identifiziert derartige »Deregulierung« eindeutig als Korruption.[22]

Auch das skurrile Ende von Sarrazins Amigo-Affäre verdient Erwähnung: Der Senat strich dem Senator die bereits erwähnten 200 000 Euro. Aber nicht etwa ihm persönlich, sondern »Geld, das Sarrazin eigentlich für die Verwaltungsreform ausgeben wollte«. Man stelle sich eine Familie vor: Der Älteste beklaut den Jüngsten. Die Eltern ziehen dem Ältesten die Summe ab – von dem Geld, für das er dem Jüngsten Schulbücher besorgen sollte.

Auch hier stinkt wieder der Fisch vom Kopfe her, aber auch die unteren Abteilungen haben ihre Bereiche und Varianten der unbürokratischen Deregulierung. Die Kriminalprofessorin Britta Bannenberg und der ebenso unermüdliche wie unerschrockene Frankfurter Oberstaatsanwalt Wolfgang J. Schaupensteiner wissen über jede Menge faszinierender Fälle zu berichten[23]:

- Zwei Mitarbeiter eines Hochbauamtes zweigen bei der millionenschweren Restaurierung städtischer Gebäude Geld für großzügige Eigenheime ab.
- Ein Bürgermeister fordert erfolgreich 16 Jahre lang Geld und Sachleistungen von örtlichen Baufirmen als Gegenleistung für Aufträge.
- Ein Ordnungsamt verkauft Originalführerscheine an jeden, der das nötige Kleingeld mitbringt.

Weitere gängige Betätigungsfelder nennt Schaupensteiner in einer »chronique scandaleuse«, einem *A bis Z der Korruption*[24]. Das muss man sich ungefähr so vorstellen:

- Abschleppaufträge: Ehe sich die nach einem Unfall ohnehin geschockten Autofahrer umständlich im nicht griffbereiten Telefonbuch einen Abschleppdienst heraussuchen, erledigt das der Polizist ganz unbürokratisch.
- Asylbewerberunterkünfte: Welcher Vermieter will schon Aus-

länder? Natürlich sind 5000 Euro für 100 Quadratmeter reichlich happig. Aber es ist ja für zwanzig Leute und inklusive Nebenkosten. Außerdem sollte man nicht auf den Pfennig sehen.
- Auskünfte aus dem Polizeicomputer: Ist mir die Kripo schon auf der Spur? Hat mein verhasster Arbeitskollege Dreck am Stecken? Ein offizieller Antrag auf Akteneinsicht ist viel zu bürokratisch und zudem wenig aussichtsreich.
- Arbeits- und Aufenthaltserlaubnisse: Na schön, die Leute arbeiten schwarz, aber die deutschen Arbeitskräfte sind für den Baulöwen leider unbezahlbar.
- Kantinenbelieferung: Der Lieferant ist zwar doppelt so teuer wie sein Konkurrent. Aber Lebensmittel sind Vertrauenssache, und da ist man beim Schwager besser aufgehoben als bei Wildfremden.
- Kunstobjekte für staatliche Museen: Was heißt hier, 20 000 Euro für einen völlig unbekannten Maler sind zu teuer? Wollen Sie meine Cousine beleidigen?
- Marktstände im öffentlichen Verkehrsraum: Eine Genehmigung für eine Imbissbude in der City? Ob sich die Passanten nicht belästigt fühlen? Oje, das wird schwierig, aber vielleicht lässt sich etwas machen.
- Überteuerter Einkauf: Für medizinische Geräte, Büromöbel oder Polizeiausrüstungen haben wir zwar ein wenig zuviel bezahlt. Aber ein städtischer Einkäufer ist eben kein routinierter Marktanalytiker.
- Gewährung staatlicher Fördermittel: Keine Ahnung, warum ein Internetshop für ledige Blattläuse förderungswürdig sein soll, aber man darf junge Unternehmer nicht gleich ausbremsen.
- Steuerbescheide: »Werden der Ferrari und der teure PC wirklich nur geschäftlich genutzt? War das Dinner für 1000 Euro im Luxushotel wirklich ein Arbeitsessen? Man soll auch nicht zu misstrauisch sein, und wozu gibt's den Ermessensspielraum?«

- Sportanlagenbau: Natürlich erscheint ein Stadion mit 40 000 Plätzen für eine Gemeinde mit 4000 Einwohnern etwas ehrgeizig. Aber mein Onkel als Bauträger hat uns einen Sonderpreis gemacht; und wer konnte ahnen, dass vorläufig keine Olympischen Spiele in Klitschdorf stattfinden werden?
- Zulassung und TÜV-Stempel für Kraftfahrzeuge. Das wird knapp. Na Sie müssen ja wissen, wieviel Ihnen Ihr Auto wert ist ...
- »Zügige Rechnungsanweisung«: Natürlich schuldet Ihnen der Staat Geld für die Tischlerarbeiten. Aber ob Sie das Geld in diesem Jahrzehnt noch bekommen?

Schaupensteiner macht folgende Rechnung auf:

»Die Schmiergeldzeche zahlt der Steuerbürger: Wenn die Wassergebühren infolge überdimensionierter Klärwerke steigen, wenn die Kosten für Kindergärten, Schulen und Krankenhäuser weit über den Marktpreisen liegen, wenn der Staat die im In- und Ausland gezahlten Schmiergelder steuerlich subventioniert, wenn Investitionen zurückgestellt und Sozialleistungen gekürzt werden, weil die Kassen leer sind.«

Dem stellt er eine Vision gegenüber:

»Einmal unterstellt, Korruption und die Verschwendung von Steuergeldern ... würden entscheidend eingeschränkt, dann gäbe es auf lange Zeit keinen Grund über die Erhöhung von Steuern zu diskutieren.«

Dabei steht die Rechtslage eindeutig und leichtverständlich im Dreißigsten Abschnitt des Strafgesetzbuchs über die »Straftaten im Amt«: Die Paragrafen 331 (Vorteilnahme) und 333 (Vorteilsgewährung) StGB regeln den Regelverstoß im Rahmen der Kompetenzen, die Paragrafen 332 (Bestechlichkeit) und 334 (Bestechung) den Regelverstoß mit Kompetenz-Überschreitung sowie der Paragraf 335 diese Straftaten in besonders schweren Fällen.

Zuweilen wird allerdings hart durchgegriffen: So wollte sich ein Ehepaar bei einem Staatsanwalt bedanken, weil dieser einen Hafturlaub recht unbürokratisch genehmigt hatte. Es schickte ihm einen Gutschein in Höhe von fünfzig Mark für ein italienisches Restaurant. Die Behörde reagierte prompt. Das Ehepaar kam wegen Vorteilsgewährung an eine Amtsperson vor Gericht und musste zur Strafe 3000 Mark zahlen.

Wer dem netten Polizisten allerdings eine Zigarette anbietet, ist nicht wegen Beamtenbestechung dran: Generell erlaubt ist die Annahme von geringwertigen Aufmerksamkeiten wie etwa Massenwerbeartikeln oder die »sozialadäquate Bewirtung«.[25]

Bei aller Kritik an der illegalen Variante der unbürokratischen Deregulierung sollte aber nicht vergessen werden, dass sie durchaus Bestandteil der marktradikalen Theorie ist. Ihr Vordenker Jacob van Klaveren verstand unter Korruption bei Staatsdienern,

> »dass ein Beamter sein Amt als Betrieb betrachtet, dessen Einnahmen er im Extremfall zu maximieren versucht. (...) Die Höhe der Einnahmen hängt dann also nicht ab von einer ethischen Einschätzung seiner Nützlichkeit für das Gemeinwohl, sondern eben von der Marktlage und von seiner Geschicklichkeit, den Maximumgewinnpunkt auf der Nachfragekurve des Publikums herauszufinden.«[26]

6. Ist der Sozialstaat eine Geldfrage?

Die Frage, was man für sein Geld bekommt, also die Kosten-Nutzen-Analyse, gehört notgedrungen zum Alltag der meisten Menschen und sollte besonders für die Politik selbstverständlich sein. Um so verwirrender ist es, dass uns diese Trivialität unter dem Modewort »Gesetzesfolgenabschätzung« als letzter Schrei modernster Haushaltspolitik verkauft werden soll.

So heißt es in einem Leitfaden der Innenministerien des Bundes und Baden-Württembergs:

> »Für Bund und Länder ist die höhere Akzeptanz und Wirksamkeit von Recht ein wichtiger Reformbereich der Staats- und Verwaltungsmodernisierung. Erklärtes Ziel hierbei ist, die Qualität der Rechtsvorschriften zu verbessern und die Regelungsdichte zu verringern. Einen Beitrag dazu kann die Gesetzesfolgenabschätzung leisten.«[27]

Damit aber nicht zu viel Seriosität den Zweck der Übung gefährdet, warnt der BDI ausdrücklich davor, »durch überzogenen wissenschaftlichen Anspruch am Adressaten vorbei zu arbeiten«.[28]

»Bürokratie objektiv messbar«, verkündet das Institut für Mittelstandsforschung und legt ein Gutachten über reine Verwaltungskosten der Unternehmen vor. Demnach kostet zum Beispiel die Anmeldung zur Sozialversicherung pro Arbeitnehmer durchschnittlich 11,00 Euro und pro Auszubildenden 12,11 Euro, die Lohnsteueranmeldung 12,82 Euro, das Anzeigen eines Schwerbehinderten 178,58 Euro und das Melden eines Betriebsunfalls 17,16 Euro.[29]

Solche Rechnungen können zweifellos sehr nützlich sein – manch vornehmer Hausherr wüsste schließlich auch gern, wieviel ihrer überbezahlten Arbeitszeit die Putzfrau mit ständigem Polieren des Tafelsilbers vergeudet.

Allerdings versteht der leitende Autor, der Volkswirtschaftsprofessor Frank Wallau, die Studie als Grundlage für Unternehmen und Ämter zur Rationalisierung des reinen »Verwaltungskrams«, keinesfalls aber als Plädoyer für einen kostenbedingten Abbau des Sozialstaates – auch wenn Bundeswirtschaftsminister Michael Glos sie demonstrativ über den grünen Klee lobte.

Das Kostenargument an sich taugt also für die Streichung von Gesetzen genausowenig wie für die Kürzung von Beamteneinkommen:

Denn erstens erscheint der Staat auch in seiner Form als Sozialstaat für das einzelne Unternehmen als aktuell unveränderbarer »externer Sachzwang« wie etwa das Klima oder die Erdanziehung. Auf dieser Grundlage bieten – so sagt es ja gerade die marktradikale Theorie – freie Marktteilnehmer ihre Waren an, und andere Marktteilnehmer kaufen sie oder lassen es bleiben. Wer zu wenig verkauft, macht Pleite. Dass dadurch unterm Strich Millionen Menschen arbeitslos sind, ist im Rahmen dieser Theorie reines Pech für die Betroffenen. Erlaubt man aber heute den lebensunfähigen Unternehmen den Verzicht auf Arbeitsschutz und Lebensmittelgesetze, dann verlangen sie morgen womöglich Straffreiheit für Raubüberfälle auf die Konkurrenz. Sollte aber nicht der Markt allein aus eigener Kraft die Wirtschaft in Schwung halten?

Und zweitens: Wenn schon eine Kostendebatte, dann ist auch hier das Ganze zu betrachten. Selbstverständlich kann sich eine wirklich arme Gesellschaft wie vielleicht das Nachkriegsdeutschland nicht immer Kündigungsschutz oder Lohnfortzahlung bei Krankheit leisten. Wird aber eine steinreiche Gesellschaft immer reicher, dann ist jede Diskussion über »Geldnot des Staates« absurd:

Angenommen, in einem fiktiven Land müsste jedes Paar seine ersten fünf Kinder der Gottheit opfern. Dann wäre trotz einer Geburtenrate von vier Kindern pro Paar die Bevölkerung vom Aussterben bedroht. Was würde der neutrale Beobachter raten? Mit irgendwelchen Anreizen die Kinderproduktion noch höher zu treiben?

Sparsame und sinnvolle Ressourcenverwendung auch in der Verwaltung ist eine Sache, die schrittweise Abschaffung des Sozialstaats zur permanenten Sanierung konkurrenzunfähiger Betriebe eine ganz andere. Und da nach der Statistik von der gigantischen jahrzehntelangen Umverteilung so gut wie nie der Mittelstand, sondern stets die kleine Gruppe der Supervermögenden profitiert hat, erweist sich die deutsche Variante marktradikaler Propaganda als pure Rechtfertigung für die schamlose Bereicherung einiger weniger ohne die geringste Aussicht auf gesellschaftlichen Nutzen.

7. Überflüssige Gesetze und Behörden

Gesetze und Verordnungen sind bekanntlich nur so viel wert wie die Mittel ihrer Umsetzung. Daher hat die Bürokratie eine so entscheidende Bedeutung für die Verwirklichung von Politik. Umgekehrt kann aber Bürokratie nicht besser sein als die Gesetze, der Verwaltungsapparat und die Staatsdiener, die diese Gesetze anwenden.

Immer Ärger mit dem Amtsschimmel

Manche Mitbürger jammern mangels Kommunikationskompetenz ständig über das Wetter, andere über das schlechte Fernsehprogramm und wieder andere über »die Ämter«. Brillant artikuliert wird das »gesunde Volksempfinden« nicht nur von *Bild,* sondern auch von der Sendung *Quer* des Bayerischen Fernsehens: »Wer kennt das nicht, das Ämterspießrutenlaufen, wenn man seinen Führerschein verloren hat und einen neuen beantragen will – oder sich ein neues Auto gekauft hat ... und die alte Schrottkiste auch noch entsorgen will? Egal ob Baugenehmigung, Urkunden, Um- oder Abmeldungen vom Wohnsitz: Es hagelt Anträge, Stempel, Unterschriften, Beglaubigungen ... Und der lange Weg bis zum Ziel ist stets verbunden mit Nummernziehen, Warteräumen in Behörden und sehr viel Zeitverlust. Ganz zu schweigen von all den Regeln und Vorschriften, die befolgt werden müssen, damit man gewisse Anträge auch tatsächlich genehmigt bekommt.«

Doch der Reihe nach:

- Besonders laut jammern jene Antibürokraten, die im Vollrausch oder mit 100 km/h in der Innenstadt zu Mördern am Steuer geworden sind oder es leicht hätten werden können und die jetzt nach einem meist läppischen Fahrverbot ihren Führerschein neu beantragen müssen. Nun dürfte es aber, außer den Schluckspechten und Rasern selbst, kaum ein Bürger als »Überregulierung« empfinden, wenn diese Zeitgenossen nun ganz bürokratisch die Unbedenklichkeitsbescheinigung eines Psychiaters vorlegen müssen.
- Dass sich ein *Quer*-Reporter mit Pitbull ohne lästiges Nummernziehen und Hundeverbot auf Ämtern gegen Senioren und Frauen unbürokratischer durchsetzen könnte, ist unbenommen.
- Natürlich ist das Entsorgen der »alten Schrottkiste« nachts im Englischen Garten in München unbürokratischer, wäre da nicht die Überregulierung durch Notieren der Fahrgestellnummer.
- Das Thema Baugenehmigung nervt die meisten Bürger entweder nur einmal oder niemals im Leben. Folglich hört man Klagen darüber auch seltener von braven »Häuslebauern« als vielmehr von Großinvestoren, die Wohnraum in Büroflächen, Naherholungsgebiete in Einkaufszentren und Parks in Golfplätze umwidmen wollen.

Nicht zufällig unterfüttert *Quer* das angebliche Plädoyer für den kleinen Mann mit einer Umfrage unter 3500 Unternehmern ...

Der dramaturgisch nicht unbegabte Finanzberater Max Bollinger sieht einen Unternehmer »inmitten von Steuerbescheiden, Einspruchs- und Ablehnungsbegründungen, Aktenbergen über Gewerbesteuer, Kapitalertragssteuer, Grundbesitzabgaben, Sozialversicherungen, Berufsgenossenschaftsabgaben, Gewerbeaufsichtsamtsauflagen, Lohn- und Einkommensteuer-Richtlinien sowie diversen Steuerinformationen zu Abschreibungssätzen und

Zinserträgen, zu Erbschafts- und Schenkungssteuer nebst Formblättern und Fragenkatalogen, Anlagen und Schriftverkehr zu steuerlichen Grundsatzurteilen sowie zu aktuellen Änderungen und Ergänzungen«.[30]

Diese Bürokratieprobleme sind wahrlich tragisch, aber sie sind zum allergrößten Teil Probleme der Unternehmer und Freiberufler. So werden auch vom komplizierten Steuersystem normale Arbeitnehmer, Erwerbslose, Rentner und Familienangehörige kaum betroffen. Eine Stationsärztin, ein Supermarktkassierer oder eine Rentnerin brauchen normalerweise keine Steuerberater.

Nun gibt es aber derzeit knapp 4 Millionen Selbständige, verglichen mit rund 30 Millionen abhängig Beschäftigten bei etwa 82 Millionen Gesamtbevölkerung. Es soll an dieser Stelle nicht bestritten werden, dass die Selbständigen zu den moralisch wertvollsten, kreativsten und für den nationalen Wohlstand wichtigsten Menschen unseres Volkes und der gesamten Menschheit gehören. Dennoch sollte nicht außer acht gelassen werden, dass es sich bei den ernsthaften Bürokratieproblemen um absolute Minderheitenprobleme handelt. Nur durch die derzeit eindrucksvoll widerlegte Maxime, dass es »uns« nur gutgeht, wenn es der Wirtschaft gutgeht, werden sie für die Allgemeinheit überhaupt von Belang.

Dies ist allerdings beileibe kein Plädoyer für die teilweise abstrusen Irrungen und Wirrungen des deutschen Paragrafenwaldes. Zu gern würde man in Begleitung eines Psychologen die Autoren folgender Geistesblitze nach Motiv und traumatischen Kindheitserlebnissen befragen:

- »Der Tod stellt aus versorgungsrechtlicher Sicht die stärkste Form der Dienstunfähigkeit dar.« *(Unterrichtsblätter für die Bundeswehrverwaltung)*

- »Es ist nicht möglich, den Tod eines Steuerpflichtigen als dauernde Berufsunfähigkeit im Sinne von § 16 Abs. 1 Satz 3 EstG zu werten und demgemäß den erhöhten Freibetrag abzuziehen.« *(Bundessteuerblatt)*
- »In Nr. 2 ist in Spalte 2 das Wort ›Parkplatz‹ durch die Worte ›Platz zum Parken‹ zu ersetzen.« (Ausschussempfehlung zum Bußgeldkatalog)
- »Das Lutschen eines Hustenbonbons durch einen erkälteten Zeugen stellt keine Ungebühr im Sinne von § 178 GVG dar.« (Beschluss des Oberlandesgerichts Schleswig)
- »Ausfuhrbestimmungen sind Erklärungen zu den Erklärungen, mit denen man eine Erklärung erklärt.« (Protokoll im Wirtschaftsministerium)
- »Margarine im Sinne dieser Leitsätze ist Margarine im Sinne des Margarinengesetzes«, und »Gewürzmischungen sind Mischungen von Gewürzen«. *(Deutsches Lebensmittelbuch)*[31]
- »Ein Verschollener hat seinen Wohnsitz bei der Ehefrau.« (Finanzgericht Düsseldorf).
- »An sich nicht erstattbare Kosten des arbeitsgerichtlichen Verfahrens erster Instanz sind insoweit erstattbar, als durch sie erstattbare Kosten erspart bleiben.« (Beschluss des Landgerichts Rheinland-Pfalz)
- »Besteht ein Personalrat aus einer Person, erübrigt sich die Trennung nach Geschlechtern.« (Information des Deutschen Lehrerverbandes Hessen)
- »Die einmalige Zahlung wird für jeden Berechtigten nur einmal gewährt.« (Gesetz über die Anpassung von Versorgungsbezügen)
- »Kunststoff-Fenster mögen zahlreiche Vorteile haben, insbesondere in Bezug auf Wartung und Pflege – Holz hat den Vorteil, nicht aus Kunststoff zu sein.« (Urteilsbegründung des Landgerichts München)

- »Die für die außerordentlichen Einkünfte anzusetzende Einkommensteuer beträgt das Fünffache des Unterschiedsbetrags zwischen der Einkommensteuer für das um diese Einkünfte verminderte zu versteuernde Einkommen (verbleibendes zu versteuerndes Einkommen) und der Einkommensteuer für das verbleibende Einkommen zuzüglich eines Fünftels dieser Einkünfte.« (Paragraf 34, Absatz 1, Satz 2 des Einkommenssteuergesetzes)
- »Stirbt ein Bediensteter während einer Dienstreise, so ist damit die Dienstreise beendet.« *(Kommentar zum Bundeskostenreisegesetz)*

All dies musste dem unwissenden Bürger einmal gesagt werden! Nun aber zu jenen Gesetzen, die der Wirtschaft nicht gefallen und um die es den Entbürokratisierern ausschließlich geht.

Überflüssige Gesetze und Bestimmungen

Mit der Überregulierung gab es schon immer ein Riesentheater:

> »Die Bürokratie, die den Kleinbürgern Bedürfnis ist, wird aber den Bourgeois sehr bald zur unerträglichen Fessel. Schon bei der Manufaktur wird die Beamtenüberwachung und Einmischung sehr lästig; die Fabrikindustrie ist kaum möglich unter einer solchen Aufsicht. Die deutschen Fabrikanten haben sich bisher die Bürokratie durch Bestechung möglichst vom Halse gehalten, was ihnen gar nicht zu verdenken ist. ... Und je weiter sich die Industrie entwickelt, desto mehr ›pflichttreue Beamte‹ tauchen auf, d. h. solche, die entweder aus purer Borniertheit oder aus bürokratischem Hass gegen die Bourgeoisie den Fabrikanten die ärgsten Schikanen antun.«[32]

Was sich liest wie eine ins Schriftdeutsche übersetzte Stammtischpolemik eines Arbeitgeberfunktionärs, wurde vor 160 Jahren vom Unternehmer Friedrich Engels geschrieben.

Heute weissagt das Institut der deutschen Wirtschaft, ein »durchgreifender« Bürokratieabbau in dieser Legislaturperiode könne die Wirtschaftsleistung in Deutschland um mehr als dreißig Milliarden Euro oder 1,5 Prozent steigern. Bis zu 600 000 neue Jobs könnten entstehen. Das könnte gut sein, haben wir doch gerade gesehen, was Teile der Wirtschaft unter »Bürokratieabbau« verstehen. So könnte sich Bürokratieabbau bei Rüstungsexporten belebend auf den Arbeitsmarkt auswirken.

Aber im Ernst: Bei alledem gibt es noch jede Menge tatsächlich überflüssiger Gesetze und Verordnungen, die manch einen Betroffenen zu Recht zur Weißglut treiben.

Zuweilen widersprechen sich Bestimmungen: Die Hygienevorschriften verlangen, dass Küchenräume in Betrieben glatte, leicht zu reinigende Bodenfliesen haben müssen. Zugleich fordern Unfallverhütungsvorschriften aber in denselben Räumlichkeiten aus Sicherheitsgründen gerippte Fliesen.

Nach dem EU-Vergaberecht müssen die Kommunen beim Schulbucheinkauf ihren Bedarf im Amtsblatt der EU veröffentlichen – obwohl es wegen der Buchpreisbindung gar keine unterschiedlichen Angebote geben kann und somit sogar die übliche Vetternwirtschaft schwer anfechtbar ist.

Zwei Behörden streiten über den korrekten Grundbucheintrag eines Reiterhofs. Das Amt für ländliche Entwicklung besteht auf der Schreibweise »Flur 5/9«, die Grundbuchstelle des Amtsgerichts fordert den Eintrag »Flur fünf/neun«. Die beiden Behörden ziehen mit ihrem Streit vor das Verwaltungsgericht.[33]

Unvergessen sind auch Trittins Geister am Hindukusch: Die Bundeswehrtruppen in Kabul mussten sich im Jahre 2003 erst umständlich vom Dosenpfand befreien lassen.

Als Glanzstück deutscher Bürokratie gilt der »Jubelbeschluss« des Bundesrats. Die Ländervertretung beschloss am 7. April 2006 allen Ernstes eine Verordnung, wonach ungeachtet der Lärmschutzverordnung das Jubeln bei der Fußballweltmeisterschaft auch nach 22 Uhr erlaubt wurde.

Unmittelbar nach der Fußballweltmeisterschaft wiederum forderte die Stadt Heidelberg ihre Bürger ultimativ auf, bis zum Wochenende die an den Fassaden hängenden Flaggen zu entfernen, da sie gegen Vorschriften des Bau- und Denkmalschutzes verstießen.

Das bürokratische Meisterstück aber war im Mai 2006 die Verschärfung der Antimissbrauchsschnüffelei bei Hartz IV, vor allem die Beweislastumkehr bei eheähnlichen Gemeinschaften. Wie nämlich will man die *Nicht*-Existenz einer solchen Gemeinschaft nachweisen? Gabriele Oertel vom *Neuen Deutschland* fragt treffend: »Müssen die vermeintlich lustvollen Abzocker zum vertrauensvollen Gespräch bei der Sitte vorbeischauen, beim Gynäkologen den schriftlichen Nachweis sexueller Enthaltsamkeit einholen oder dem Mitarbeiter der Arbeitsagentur regelmäßig ihre unterschiedlichen Schlafstätten vorführen?«

Die Handvoll behandlungsbedürftiger Kemenatenvoyeure im Amt dürfte auf ihre Kosten kommen, die Steuerzahler dagegen kaum. Denn, wie der Ökonom Robert Kurz feststellt, »diese Ausgeburt von Bürokratenhirnen wird kaum Einsparungen bringen ... Auch die Spitzel der Sozial-Stasi müssen bezahlt werden ... Die bürokratische Mühle mit ihrer ›Kontrolle der Kontrolle‹ entfaltet längst eine absurde Eigendynamik.«[34]

Mit Sicherheit besteht ein riesiges Vereinfachungspotential gerade durch IT-Technik und Internet. Aber wie schöpfen die Verantwortlichen diese gigantischen Möglichkeiten aus?

Zur »Entrepreneurin des Jahres« und damit zum großen Vorbild der IT-Branche wählte die deutsche Wirtschaft im Jahre 2000 eine Betrügerin[35], nämlich die Münchner Vorzeigeunternehmerin Jeanine Graf, Chefin des 1997 gegründeten Softwareunternehmens Inquire AG mit »guten Verbindungen« *(Spiegel)* zu Bayerns damaligem Wirtschaftsminister Otto Wiesheu (CSU). Graf legte sich einen falschen Doktortitel zu, machte sich zwei Jahre älter und nannte Frankreich statt des Libanons als Geburtsland. Ihre Kunden wie etwa Porsche waren ebenso frei erfunden wie ihre 65 Mitarbeiter – sie hatte weniger als zehn. Ausgewählt wurde Graf von SAP, der Deutschen Börse, der Unternehmensberatung Ernst & Young und einer hochkarätigen Jury mit Dresdner-Bank-Chef Bernd Fahrholz. Bei solchen Idolen darf man auf den Beitrag der IT-Branche zu den Verwaltungsreformen gespannt sein.

Die bislang größte Aktion zum Bürokratieabbau schaffte einfach nur noch mehr Papierkram, besonders für die Strafverfolgungsbehörden: der »virtuelle Arbeitsmarkt«, die Internetbörse der Bundesanstalt für Arbeit. Kurz nach Ablösung von Florian Gerster als Chef der Bundesarbeitsagentur enthüllte Nachfolger Frank-Jürgen Weise im Februar 2004 eine Kostenexplosion von geplanten 65 Millionen auf etwa 165 Millionen Euro. Prompt schaltete die Innenrevision wegen vermuteter Korruption die Staatsanwaltschaft ein. Eine IT-Firma sei an der Vergabestelle vorbei beauftragt worden. Aber schamloses Hinauswerfen von Steuergeldern genügt den Bürokratieabbauern offenbar nicht. »Teuer und weitgehend nutzlos«, stellte der *Spiegel* fest. »Fachleute bezeichnen Aufbau und Design als vorsintflutlich.« Die Internetseite arbeitsagentur.de war nur auf lächerliche 300 000 statt auf zu erwartende eine Million Zugriffe eingerichtet.

Was ist vor diesem Hintergrund von all den wortreichen Appellen und Ankündigungen zum Thema Bürokratieabbau zu erwarten?

Laut Laudatio auf das Kabinett Schröder und Eigenwerbung der Regierung Merkel wurde

»auf vielen Feldern ... der Abbau der Bürokratie voran gebracht. Unternehmen, Handwerker, Lohnsteuerzahler, Versicherte, die öffentliche Verwaltung und viele Bürgerinnen und Bürger sind bereits von lästigen Pflichten und finanziellen Belastungen befreit worden.«[36]

Als Beispiel werden unter anderem die Streichung von Statistik-Meldepflichten der Unternehmen, die teilweise Aufhebung des Meisterzwangs im Handwerk und die elektronische Übermittlung von Steuermeldungen genannt.

Besonders stolz ist man auf die neue Arbeitsstättenverordnung vom 25. August 2004. So liegen bislang vorgegebene Raummaße, Raumtemperatur und Mindestlaufraum je Arbeitnehmer sowie die Einrichtung von Extraräumen für »körperliche Ausgleichsübungen« nunmehr im völligen Belieben des Unternehmers.

Die Entlastung der Bürgerinnen und Bürger und der Wirtschaft von Bürokratiekosten werde auch Anliegen der künftigen Bundesregierung sein. Ebenfalls außerordentlich beeindruckend ist die Absichtserklärung der EU- Kommission[37]:

- Bis 2009 will man 220 Vorschriften mit insgesamt 1400 Rechtsakten vereinfachen, unnötige oder veraltete Regeln aufheben. Zunächst sind Autos, Abfallwirtschaft und Baugewerbe dran, danach Lebensmittel, Kosmetika, Arzneimittel und Dienstleistungen.
- Gleichzeitig will man den Verwaltungsaufwand vor allem für kleine Unternehmen senken, so etwa Formulare vereinfachen und den Zollkodex dem elektronischen Informationsaustausch anpassen.
- Die Regeln sollen verständlicher werden und EU-weit einheitlich gelten.

Glaubt man all diesen Ankündigungen, dann dürften bald sämtliche Gesetze und Verordnungen auf einen Bierdeckel passen.

Bei aller Kritik an Regulierungen sollte man allerdings nicht vergessen, dass sie zum großen Teil keineswegs wegen der Staatsbetriebe, sondern gerade wegen der privaten »Marktteilnehmer« notwendig sind: So hat der Abteilungsleiter eines Staatsbetriebes keinerlei Anreiz, durch Sparsamkeit beim Arbeitsschutz die Gesundheit seiner Mitarbeiter zu gefährden – das Privatunternehmen dagegen schon, und oft bleibt ihm aus Konkurrenzgründen scheinbar keine andere Wahl.

Besonders ärgerlich für die Wirtschaftsliberalen: Ausgerechnet der Leiter der von der Landesregierung Nordrhein-Westfalen eingesetzten »Bullkommission« zur Zukunft des öffentlichen Dienstes, der Hamburger Verwaltungsrechtsprofessor Hans-Peter Bull, kennt seine Pappenheimer:

> »Regelungen, die von den Betroffenen als überflüssig angesehen werden, begründen in aller Regel Gemeinlasten, d. h. Pflichten, die der Einzelne oder das Unternehmen im Interesse der Gemeinschaft übernehmen muss, von der er oder es seinerseits in allen möglichen Hinsichten getragen und gestützt wird. Außerdem liegt solchen Gemeinlasten vielfach auch die Einsicht zugrunde, dass die Verpflichteten geringeren Aufwand betreiben müssen, um zu dem gemeinschaftlichen Ziel beizutragen.«[38]

In Umgangssprache übersetzt: Alle Vorteile einer Gemeinschaft mitnehmen, aber sich selbst um die Pflichten drücken. Hier passt der Ausdruck, mit dem häufig soziale Schwächere bedacht werden: »Schmarotzer«.

Überflüssige Behörden

Die Überflüssigkeit einer Behörde liegt im Auge des Betrachters. Marktradikale halten bekanntlich auch die Arbeitsagentur und vermutlich auch die Ministerien für Umwelt, Gesundheit und Verbraucherschutz für überflüssig. Ernsthafte Streichkandidaten, deren Auflösung unnötige Bürokratie, aber nicht gleichzeitig Lebensqualität abbauen könnte, sind:

- Die 27 Regierungspräsidien: Sie bündeln Verwaltungsaufgaben, die durch die Bundesländer übernommen werden, und stehen als Mittelinstanz zwischen den Ministerien und den Kommunen.[39] In nahezu allen Ländern wird ihre Abschaffung und die Verteilung ihrer Aufgaben auf die Ministerien und die Gemeinden diskutiert.
- Die 13 Oberfinanzdirektionen, davon neun mit Landes- und acht mit Bundesaufgaben. Sie unterstehen den Finanzministern. In Berlin, Hamburg und Mecklenburg-Vorpommern wurden die Landesabteilungen bereits aufgelöst und ihre Aufgaben von der Landesfinanzverwaltung übernommen. Diese Behörden gelten als »Tu-nix-Behörde«, wo man mangels Aufgaben täglich nur eine Stunde arbeitet. »Es muss schlimm sein, wenn jemand behauptet, man arbeite nicht«, witzelt Jan Rosenkranz in der *tageszeitung*. »Und noch schlimmer, wenn es viele glauben.«
- Die Filmbewertungsstelle Wiesbaden. Von ihr stammt zum Beispiel das Prädikat »Besonders wertvoll« für Streifen wie *King Kong*, *Catwoman* oder *Harry Potter und der Gefangene von Askaban*. Angesichts der Dauerschleichwerbung für Filme auf allen Fernsehkanälen kann auf Kinotips von Staatsdienern gut verzichtet werden.
- Die Bundesmonopolverwaltung für Branntwein. Sie kauft den

Agraralkohol der rund 24 000 klein- und mittelständischen Brennereien auf, reinigt ihn, bereitet ihn auf und verwertet ihn. Seit die Behörde im Jahre 1979 vor dem Europäischen Gerichtshof einen Rechtsstreit um den Import von Likör aus EU-Staaten verlor, existiert dieses Monopol nicht mehr. Die Subvention der einheimischen Erzeuger durch Aufkauf zu überhöhten Preisen kostet jährlich etwa 100 Millionen Euro.
- Die Deutsche Dienststelle. Sie wurde 1951 für die Benachrichtigung der nächsten Angehörigen von Gefallenen der Wehrmacht eingerichtet. Ihre Aufgaben sind nirgendwo im einzelnen festgelegt. Ein Teil der ursprünglichen Rechtsgrundlagen ist heute überholt oder entfallen. Das Land Berlin erhält dafür vom Bund jährlich etwa 19 Millionen Euro.

Die typische Entsorgung überflüssiger Ämter und Dienststellen sieht allerdings eher so aus wie in Berlin, das seit 2001 statt 23 nur noch 12 Bezirke hat und daher schlagartig rund 3000 Behördenmitarbeiter weniger brauchte. Wenn man nämlich vom Finanzamt über die Behindertenhilfe bis hin zur Meldestelle nahezu alles doppelt hat, kann man jede Menge Ämter dichtmachen. Kleiner Nebeneffekt: Für viele Menschen werden die Wege zur Behörde weiter und die Wartezeiten wegen des doppelten Bürgeransturms pro Mitarbeiter länger.

Wenn also bloßes Zusammenlegen und Schließen als Bürokratieabbau gefeiert wird, dann steht uns vermutlich irgendwann ein einziges zentrales Bundesfinanzamt in Starnberg und ein Bundesjugendamt in Blankenese bevor.

Nun kann man ja selbst minimale Bürgerfreundlichkeit für »irrationale Überbürokratisierung« halten, und Soziopathen ist ja ohnehin jeder unvirtuelle menschliche Kontakt ein Graus, auch mit Staatsdienern. Nur sollte man Servicestreichung auch beim Namen nennen und nicht in »Bürokratieabbau« umdichten.

Woran stramme Patrioten beim Reizwort »überflüssige Behörden« am allerwenigsten denken, das ist jene Institution, die vor dem größten Jahrtausendereignis aller Zeiten endlich offen ihrer eigentlichen Bestimmung nachging: »Die verdächtige Bevölkerung« – wie Bettina Gaus einen Artikel überschreibt – auszuspionieren: »Es ist nicht leicht, die Pläne für die Sicherheitsüberprüfung der Mitarbeiter bei der Fußballweltmeisterschaft ohne Sarkasmus zu betrachten. 250 000 Helfer, von der Putzfrau bis zum Platzanweiser, sollen auf ihre Zuverlässigkeit hin überprüft werden. 250 000! So schlimm kann die Personalnot der staatlichen Sicherheitsbehörden nicht sein, wenn dafür Kapazitäten frei sind.«

Die völlig enthemmte Verschwendung von Steuergeldern, die dann tatsächlich im sozialen Bereich an allen Ecken und Enden fehlen, ist eine Sache. Eine andere ist, dass »der Prüfauftrag weit gefasst ist: Nicht nur potentielle Gewalttäter sollen herausgefiltert werden, sondern eben auch Leute, denen zugetraut wird, unerwünschte Propaganda zu verbreiten. Die muss nicht einmal strafbar sein.« Aber was soll's: Wer nichts Regierungsfeindliches denkt, hat ja nichts zu befürchten. Oder doch?

»Der Vorgang ist grotesk. Aber lustig ist er nicht. Vor allem nicht für die Betroffenen. Das Ergebnis der Überprüfung bekommen nicht sie zu sehen, sondern ihre Arbeitgeber. Sie müssen also um ihren Arbeitsplatz bangen, ohne auch nur den Versuch unternehmen zu können, Vorwürfe zu widerlegen. Da empfiehlt sich Wohlverhalten. Aber was genau ist das? Darf ein Rettungssanitäter eigentlich die Politik von US-Präsident Bush für falsch halten?« Und Gaus folgert ganz logisch: »Eine solche Sicherheitsüberprüfung kann nur jemand gutheißen, der in allen Bürgerinnen und Bürgern zunächst und vor allem Verdächtige sieht. Dieses Menschenbild widerspricht dem Geist des Grundgesetzes. Die Urheber der Pläne sollten auf ihre Zuverlässigkeit hin überprüft werden.«

Ähnlich kommentiert Arno Widmann in der *Berliner Zeitung* die Observation von Oskar Lafontaine durch die Behörde: »So schlecht kann es um Deutschland nicht stehen, ... wenn Zeit und Personal zur Verfügung stehen für die Überwachung eines rosenwangigen älteren Herrn ... Selig ein Land, das dafür sein Geld ausgeben kann.«

Bezeichnend auch, was Widmann der Behörde zutraut: »Falls allerdings demnächst Unschönes aus Lafontaines Privatleben in die Öffentlichkeit gelangen sollte, dann sollten wir davon ausgehen, dass der Verfassungsschutz, statt sich um die Gefahren zu kümmern, die der Republik drohen, sich ein wenig zu sehr hat umlenken lassen auf die Gefahren, von denen die Regierenden ... annehmen, sie könnten ihnen gefährlich werden. So betrachtet ist die Nachricht keine frohe Botschaft mehr, sondern sie weckt Misstrauen gegen eines der zentralen Organe der Republik.«

Den demokratischen Charakter der Behörde zeigt auch dies: Unwidersprochen blieb eine *dpa*-Meldung, wonach etwa jeder siebente Funktionsträger in der NPD-Leitungsebene vom Kölner Bundesamt steuerfinanziert sei.

Steht und fällt die innere Sicherheit mit *diesem* Verfassungsschutz? Steht und fällt die deutsche Fernsehunterhaltung mit Schmuddeltalk und Dschungelcamp?

Überflüssige Staatsdiener

Eng verknüpft mit dem Problem überflüssiger Behörden ist das vermeintlich oder wirklich nutzloser Staatsbediensteter. Und auch hier fällt auf, dass hinter einer wortradikalen Fassade oft nur unpräzise bis nebulöse Aussagen stehen. Vieles scheint schlicht Ansichtssache zu sein: So wird ein Anhänger des Sozialstaats

Bürgernähe und eine entsprechende Personalstärke für unabdingbar halten, während Verfechtern von schlankem Staat und Sozialdarwinismus jegliche Bürgerberatung und die dazu erforderlichen Beamten als nutzloser Kostenfaktor erscheinen.

Ein Paradebeispiel dafür ist der Berliner Stellenpool der ausgemusterten Landesbediensteten, der im Frühjahr 2006 etwa 5200 Beschäftigte umfasste, darunter rund 2049 Erzieherinnen, die infolge des Privatisierungswahns in diesem hochsensiblen Bereich »überflüssig« wurden.

Wie der rot-rote Senat mit ihnen umsprang, wirkt wie aus einem Lehrbuch marktradikaler Entbürokratisierung. Die hochqualifizierten Kinderpädagoginnen wurden zu – natürlich nicht ausgebildeten – Jugendgefängniswärterinnen umfunktioniert, während die so wichtige Kinderbetreuung der »Eigenverantwortung« der Wohlfahrtsverbände, irgendwelcher privater Investoren und sonstiger treuherzig dreinblickender Zeitgenossen überlassen wird.

Es zeigt sich also, dass Stellenabbau häufig weder irgend etwas mit überflüssigem Personal noch mit Rationalisierung, sondern lediglich mit ganz banaler Qualitätssenkung zu tun hat. Wenn man bestausgebildete Vollzugsbeamte durch private Schlägertrupps und Erzieherinnen durch fachfremde Hartz-IV-Empfänger ersetzt, dann ist das etwas gänzlich anderes, als zum Beispiel durch die Erfindung des Buchdrucks ganze Armeen von Kalligrafen überflüssig zu machen. Völlig ungerecht, wenn auch beabsichtigt wäre es jedoch, die Schuld bei ebendiesen Hartz-IV-Empfängern zu suchen. Sie sind ihrerseits meist hochqualifiziert in anderen Berufen und werden marktwirtschaftstypisch als Humankapital hin und her geschoben.

8. Der bürgernahe Beamte

Dass die Wirksamkeit politischer Entscheidungen und (materieller) Leistungen entscheidend von der Bürgernähe der Verwaltungen abhängt, ist eine Binsenweisheit.

Die Fülle unterschiedlichster Aufgaben des Sozialstaats sowie die verstärkte Umsetzung von Föderalismus und Subsidiarität[40] führen zu einer erheblichen Verantwortung der örtlichen Behörden.

Nun sind aber die meisten dieser Leistungen Dienstleistungen, also Hilfe von Menschen für Menschen. »Sie haben immaterielle Ergebnisse, ... wenngleich sie zur Herstellung materieller Güter beitragen können.«[41]

Das heißt: Ob ein Staatsdiener einem hilflosen Mitbürger ein falsch ausgefülltes Formular freundlich korrigiert oder ihn barsch abweist, fällt in das nicht regulierbare Gebiet der Zwischenmenschlichkeit.

Wie freundlich sind Beamte wirklich?

Zwölf Uhr mittags: ein überfüllter Behördengang. Alle zwanzig Minuten wird ein Bürger hereingerufen. Zwischendurch aber herrscht reger Verkehr: eine Beamtin mit Gießkanne, ihr Kollege mit Kaffeekanne, dann zwei bestens gelaunte Staatsdiener, die sich laut lachend die Fotos vom letzten Abteilungsfest ansehen. Und wer schüchtern fragt, wie lange es ungefähr noch dauere, der wird erbarmungslos zusammengestaucht. Ist man nach drei Stunden endlich an der Reihe, so stellt sich heraus, dass infolge einer innerbehördlichen Umstrukturierung diese Abteilung nicht mehr zuständig ist und man sich eine Etage tiefer noch einmal neu anstellen muss ...

Natürlich gibt es solche Fälle. Andererseits gibt es auch Priester als Kinderschänder, Politiker als Betrüger, Ärzte als Lustmörder und Anwälte als Steuerhinterzieher. Die Frage ist immer, wie typisch solche Fälle für ganze Berufsgruppen sind.

Interessanterweise schneidet das »Amt um die Ecke« und sein Personal im Ansehen bei der Bevölkerung durchweg besser ab als etwa Politiker, Parlamente und Bundesbehörden. Und eine Emnid-Umfrage in der Hauptstadt ergab ein ähnliches Bild wie die meisten anderen dieser Art:

> »Die Mitarbeiter in den Amtsstuben konnten mit Freundlichkeit und Kompetenz viel Kredit bei den Berlinern gewinnen. Es zeigt sich also, dass der griesgrämige, abweisende Beamte ein Zerrbild ist, das nur einer Minderheit der Bürger in den Behörden begegnet.«

Am besten schnitten übrigens die Bürgerbüros, Kfz-Zulassungsstellen und Finanzämter ab, am schlechtesten – wen wundert's? – die Arbeitsagenturen.

Mit Bürgermeinung über die Freundlichkeit ihrer Mitmenschen ist es allerdings so eine Sache: Was halten Menschen vom Typ Alfred Tetzlaff, Dieter Bohlen oder Johannes B. Kerner für freundlich? Ist die Arztfrau beleidigt, wenn man sie nicht mit »Frau Doktor« anredet und ein C-Promi, wenn man ihn doch tatsächlich nach seinem Namen fragt? Es werden ja keine Idealmenschen befragt, sondern auch Figuren, die nicht »Bitte« und »Danke« sagen, älteren Menschen den Sitzplatz wegnehmen, Frauenbelästiger und Männerhasserinnen, Verkehrsrowdys und Kriecher, Partylöwen und Trauerklöße. Kurzum: Derartige Umfragen taugen bestenfalls für Meinungsmache auf Boulevardniveau, nicht aber für irgendwelche Rückschlüsse auf die Realität.

Wie wehrt man sich gegen Beamte?

Selbstverständlich nutzt es den betroffenen Bürgern wenig, dass ihr pampiger Beamter nur Angehöriger einer Minderheit ist, die ihre Kunden noch immer als Bittsteller und sich selbst als Herren und Herrinnen über deren Schicksal betrachtet. Für diesen Fall gibt es die Dienstaufsichtsbeschwerde, eine besondere Form der in Artikel 17 des Grundgesetzes vorgesehenen Petition. Bürger oder Institutionen können sich, insbesondere beim Verdacht auf eine Dienstpflichtverletzung, formlos an die unmittelbaren Vorgesetzten oder direkt an die Dienstaufsichtsbehörde wenden. Auf die Beschwerde muss in angemessener Frist geantwortet werden, allerdings besteht kein Anspruch auf eine nähere Begründung. Der Volksmund nennt die Dienstaufsichtsbeschwerde »formlos, fristlos, fruchtlos«.

Dass bei Straftaten im Amt und der damit oft verbunden erwähnten Kameraderie zuweilen nur der Rechtsweg oder die Herstellung von Öffentlichkeit hilft, bedarf keiner weiteren Erläuterung.

Wie langsam sind Beamte wirklich?

Ein Beamter klingelt bei Frau Müller: »Mein herzliches Beileid zum Ableben Ihres Gatten.« – »Lieb von Ihnen, aber er ist doch seit fünf Jahren tot.« – »Tut mir leid, aber ich habe die Akte vorhin erst auf den Tisch bekommen.«

Dieser Witz ließe sich natürlich mit unzähligen Beispielen belegen. So wartet man bei uns auf einen Personalausweis bis zu sechs Wochen, in Holland nur zehn Minuten.

Beeindruckend auch der Fall jener Beamtin, die nach einer Suspendierung wegen Verdachts auf eine Straftat im Amt volle sieben Jahre bei 65 Prozent ihres Gehalts auf eine Entscheidung über Rehabilitation oder Rauswurf warten musste und schließlich über den Petitionsausschuss eine zügige Entscheidung – zu ihrem Nachteil – durchsetzte. Diese und vermutlich sämtliche übrigen Beispiele verblassen aber hinter dem Fall, der um die Welt ging. »Gnadenlos korrekt: Die Deutsche Post fahndet auch sechzig Jahre nach dem Tod Adolf Hitlers nach dessen derzeitigem Aufenthaltsort.« Am 9. Februar 2005 wurde im Bundestag eine in England abgeschickte Postkarte zugestellt. Übrigens: Zehn Jahre zuvor, im Januar 1995, wurde die Post privatisiert …

Wie allgemeinverständlich sind Beamte wirklich?

Zweifellos schimmert bei (zu) vielen Staatsdienern der preußische Beamte durch, der sich vor allem in amüsant gestelztem Amtsdeutsch äußert, also »Mitteilung macht«, »zur Auszahlung bringt«, »eine Bestätigung zukommen lässt«, »eine Durchsicht vornimmt«, »eine Einreichung macht« oder gegen den ganzen Quatsch »Widerspruch einlegt« – das alles natürlich »vorbehaltlich des Vorgenannten« und »unter Zuhilfenahme eines Rechtsmittelbehelfs«.

Wenngleich wir oben am Beispiel der Hartz-IV-Fragebogen gesehen haben, dass unverständliches Amtsdeutsch zuweilen die Bürger vom Wahrnehmen ihrer Rechte abhalten soll, so ist in den meisten Fällen schlicht persönliche Unsicherheit der Beamten zu vermuten. Sind Formulierungen wie »Lieber Herr Meier« und »Mit freundlichem Gruß« schon Aufweichung der Staatsräson oder gar Verbrüderung mit dem Untertan? Um die Beamten zu einer verständlichen Sprache zu animieren, erscheinen von Zeit zu Zeit Leitfäden wie die *Tipps zum einfachen Schreiben* der Stadt Bochum, in denen »Verständlich schreiben«, »Bürgernah und freundlich formulieren«, »Texte gliedern und ordnen« oder »Mehr Service zeigen« gelehrt und gefordert wird.[42]

Wer das allerdings hämisch belächelt, sollte in sich gehen, ob er nicht auch »eine Bestellung aufgibt«, »ein Angebot unterbreitet«, »einen Versuch unternimmt« oder »eine Absage erteilt«.

Die eigentlich interessante Frage ist ohnehin, ob wirklich alle Beteiligten mit »Bürgerfreundlichkeit« dasselbe meinen. Unter »Serviceorientierung als Grundprinzip der Verwaltung« versteht zum Beispiel die Deregulierungskommission der Bayerischen Staatsregierung:

> »Um für Unternehmer ein attraktives Klima zu schaffen, müssen die Verwaltungen ihre Funktion als Serviceeinrichtung für die Wirtschaft noch besser verinnerlichen und ausüben. Die Kommunikation mit den Unternehmen sollte daher effizienter werden, ebenso die Abwicklung von Prozessen und der Vollzug von Gesetzen, die Unternehmen betreffen.«[43]

Die Verwaltungen als »Serviceeinrichtungen für die Wirtschaft« – endlich einmal ein offenes Wort. Karl Marx hätte es nicht besser formulieren können.

Teil VI

Allheilmittel Privatisierung?

Einführung

Als Allheilmittel gegen alle wirtschaftlichen und bürokratischen Probleme nennen die Marktradikalen die Privatisierung, und ihre Verbissenheit dabei erinnert an den Römer Marcus Porcius Cato (234–149 vor Christus): »Ceterum censeo Carthaginem esse delendam – Übrigens meine ich, dass Karthago zerstört werden muss.«

Das Karthago der Marktradikalen ist der Sozialstaat, und seine Zerstörung besteht in der Privatisierung. Anders aber als bei Cato, der jede Rede mit diesem Bekenntnis beendete, bestehen die Äußerungen vieler Marktradikaler ausschließlich aus dem Loblied auf die Privatisierung.

Um dieses Allheilmittel zu hinterfragen, beginnen wir einfach mit einer Unterstellung der Berliner Professoren Peter Grottian und Wolf-Dieter Narr:

> »Die Reduktion öffentlicher Dienstleistungen haben sich nur diejenigen auf ihre Fahnen geschrieben, die selbst sozioökonomisch privilegiert sind und darum frohgemut verlangen können, Bürgerinnen und Bürger müssten mehr selbst tun und mehr selbst finanzieren.«[1]

Dass staatliche Einrichtungen gegenüber privaten besonders für die benachteiligten Schichten von Vorteil sind, ergibt sich aus dem grundsätzlichen Unterschied zwischen beiden. Während die öffentliche Hand zumindest laut Grundgesetz dem Wohl der Allgemeinheit verantwortlich ist, sind die Privatunternehmen nur der Gewinnmaximierung verpflichtet, also dem kleinen Kreis der Kapitaleigner. Das berüchtigte Kennwort heißt: »shareholder value«.

Das heißt: Im Hinblick auf den Schutz der Umwelt, der Gesundheit und der Sicherheit am Arbeitsplatz lassen sich Privatunternehmen von nichts durch nichts abhalten außer durch das

Strafgesetzbuch sowie die Angst vor Imageverlust und damit verbundene Profiteinbußen.

Insbesondere die Qualität der verkauften Ware oder Dienstleistung muss nur gut erscheinen und keineswegs sein. Mogelpackung schlägt Preissenkung, und Werbung schlägt wirklichen Nutzen.

Unbeschadet logischer Überlegungen und praktischer Erfahrungen, wird allerdings häufig der Eindruck suggeriert, Kapitalismus und Privatkonzerne seien Gottes Wille auf Erden, Staatseigentum und Gemeinwohl dagegen »stalinistisches Teufelszeug«.

Wo das nicht verfängt, ist Etikettenschwindel angesagt. Kein Betrüger sagt: »Seht her, ich bin ein Betrüger«, und kaum ein Feind des Sozialstaats bezeichnet sich als solchen. Wohlweislich behauptete daher der damalige SPD-Chef Matthias Platzeck:

> »Wir wollen keinen abgemagerten Sozialstaat, sondern einen besseren ... Er ist Partner, nicht Verwalter der Menschen. Er aktiviert die Menschen, damit sie ihr Leben in eigener Verantwortung gestalten können.«[2]

Auf Deutsch: Hilf dir selbst, sonst hilft dir keiner. Bei Finanzminister Peer Steinbrück klingt das so: Chancengerechtigkeit »und nicht Ergebnisgleichheit« werde zum Grundprinzip eines modernen Sozialstaats, der sich auf Kern- und Zukunftsaufgaben beschränken müsse.[3]

Das heißt zum Beispiel: Fünf Millionen Arbeitslose sollen gleiche Chancen beim Kampf um 500 000 offene Stellen erhalten und hundert Eltern gleichberechtigt um einen einzigen bezahlbaren Kindergartenplatz kämpfen. Dies als »Sozialstaat« zu bezeichnen erinnert an den jiddischen Witz vom Rabbi beim Fleischer: »Ich möchte zwei Stück von diesem Fisch dort« – »Verzeihung, Rabbi, aber das ist Schweinesteak.« – »Habe ich Sie gefragt, wie der Fisch heißt?«

1. Rückblick

Lassen wir am besten zunächst einmal die CDU zu Wort kommen. Im legendären Ahlener Programm vom 3. Februar 1947 heißt es:

»Das kapitalistische Wirtschaftssystem ist den staatlichen und sozialen Lebensinteressen des deutschen Volkes nicht gerecht geworden. Nach dem furchtbaren politischen, wirtschaftlichen und sozialen Zusammenbruch als Folge einer verbrecherischen Machtpolitik kann nur eine Neuordnung von Grund auf erfolgen. Inhalt und Ziel dieser sozialen und wirtschaftlichen Neuordnung kann nicht mehr das kapitalistische Gewinn- und Machtstreben, sondern nur das Wohlergehen unseres Volkes sein.«[4]

Es ist also die damals noch von christlichen Grundwerten motivierte CDU, die die Hitler-Diktatur nicht als völlig unvergleichliches »Reich des Bösen« definierte, sondern als Form des Kapitalismus. Dementsprechend hatte sie auch zu Fragen wie staatlicher Kontrolle und Privatisierung eine geringfügig andere Position als einige ihrer Erben:

»Die neue Struktur der deutschen Wirtschaft muss davon ausgehen, dass die Zeit der unumschränkten Herrschaft des privaten Kapitalismus vorbei ist ... Es muss eine neue Struktur der Wirtschaft gesucht werden, die ... die Möglichkeit zu technischem Fortschritt und zur schöpferischen Initiative des einzelnen lässt ... Wenn in besonderen Fällen die Form des *Staatsbetriebes* zweckmäßiger erscheint, so sollten die vorstehenden Grundsätze der Anwendung dieser Form nicht entgegenstehen ... Auch bei der eisenschaffenden Großindustrie ist der Weg der *Vergesellschaftung* zu beschreiten ... Das *Genossen-*

schaftswesen ist mit aller Kraft auszubauen und die Rechtsform der Stiftung auch in wirtschaftlichem Bereich nachdrücklich zu fördern ... Die schon vor 1933 begonnene *gesetzliche Kontrolle* des Geld- und Bankwesens sowie des Versicherungswesens muss weiter ausgebaut werden.«[5]

Tatsächlich waren in der alten Bundesrepublik bis zur Vereinigung wichtige Infrastrukturbereiche wie Wasser, Abwasser, Müll, Energie, Post, Telefon, Bahn, Nahverkehr, Bergbau, Gesundheit, Erziehung, Straßen, Häfen, Flughäfen meist in öffentlicher Hand, ohne dass irgend jemand die Bundesrepublik jemals »sozialistisch« genannt hätte.

Der plötzliche Privatisierungswahn wird teilweise auf einen Siegeszug der marktradikalen Theorie zurückgeführt. Dies ist aber nicht stichhaltig: Die seit 1938 als »Neoliberalismus« bezeichneten Publikationen von Friedrich August von Hayek bis Milton Friedman sind ihrem Gehalt nach nichts anderes als eine Art RTL-Version von Adam Smith' *Wealth of Nations* (»Wohlstand der Nationen«) von 1776, angereichert um die Einsicht, dass freie Marktwirtschaft keineswegs zum allgemeinen Wohlstand, sondern zu einer Verarmung der Bevölkerung zugunsten der Reichen und möglicherweise zu Aufständen führe, so dass die Marktwirtschaft durch einen starken Staat (»law and order«) zu sichern sei.[6] Smith' mittlerweile 230 Jahre alte Theorie kann auch in ihrer verwässerten Form kein Grund für den Umschwung sein, ebensowenig aber die »Globalisierung«, die für seriöse Wissenschaftler schlicht eine »Nebelkerze« ist.[7] Ob Siegeszug des Internets, europäischer Binnenmarkt, Standortverlagerungen, Global Player oder internationale Kapitalmärkte bis hin zu Hedgefonds – all dies ist zwar neu, aber es ist so wie mit dem Navigationssystem im Auto: Natürlich ist es eine »kleine Revolution« – aber niemand würde deshalb die Privatisierung der Verkehrskontrollen fordern.

Der wirkliche Grund der marktradikalen Offensive ähnelt dem des Kampfhundes, der gefragt wird, warum er den Zwergpinscher zerfleischt hat: »Weil man mich gelassen hat.«

Nach dem Zusammenbruch der Ostblockstaaten war der »Wettstreit der Systeme« beendet und die Idee der menschenwürdigen Gesellschaft durch einen pervertierten »Sozialismus« diskreditiert. Nun fehlte dem ungezügelten Turbokapitalismus (Heiner Geißler) jeglicher Maßstab. Zwar waren diese Diktaturen zu keinem Zeitpunkt attraktiv. Aber man stelle sich nur einmal vor, es gäbe nebenan einen Staat ohne Arbeitslose, Analphabeten, offensichtliche Kinder- und Altersarmut und Korruptionsskandale: Selbst eine Plattenbauwohnung ist besser als gar keine Wohnung, ein mieser Job besser als gar keiner und 15 Jahre Wartezeit für ein mickriges Auto besser als gar kein Auto.

Daher ist die zeitliche Nähe von Ostblockbankrott und westlichem Generalangriff auf den menschenwürdigen Sozialstaat kein Zufall.

Erst recht aber ist der Ausverkauf staatlichen Eigentums kein Sachzwang: Die immense Staatsverschuldung wurde von der Politik bewusst herbeigeführt. Allein durch die Körperschaftsreform von 1999 mit der Steuerfreiheit für Veräußerungsgewinne aus Beteiligungen bei Kapitalgesellschaften wurden den Konzernen bereits im ersten Jahr 23 Milliarden und bis heute mehr Geld zugeschustert, als jetzt dem Sozialstaat fehlt. Hätte man allein diese Steuer nicht verändert, so wäre die Staatskasse nicht leer und mancher Sozialabbau wohl überflüssig.

Ohne das unbeschwerte Profitinteresse nationaler Unternehmen geringzuachten: Die Feindseligkeit gegenüber jeder Art von Sozialstaat und damit auch gegenüber den Staatsdienern ist international, folglich auch die aggressive Gier nach Privatisierung. Zentrale Bedeutung hat das multilaterale GATS-Abkommen der Welthandelsorganisation WTO von 1994, das den grenzüberschreitenden Handel mit Dienstleistungen regelt und dessen fortschreitende Liberalisierung zum Ziel hat. Insbesondere sollen staatliche Kernaufgaben wie Wasser- und Erdgasversorgung, Gesundheitswesen, Krankenhäuser und Pflegeheime zumindest teilweise privatisiert und dem freien Spiel der Marktkräfte unterworfen werden.

Andererseits zeigt die Wirklichkeit, von Alters- und Kinderarmut über Pisa-Studie bis hin zur Arbeitslosigkeit, wohin der marktradikale Weg der Deregulierung und Privatisierung nicht nur in Deutschland geführt hat.

Da also das offensichtliche Mittel zum Weg *in* die Krise immer unverfrorener als Ausweg *aus* der Krise dargestellt wird, sollten wir die wichtigsten Privatisierungen einmal näher betrachten. Profitieren die Bürger wirklich davon?

2. Die Schwachen

Der Umgang mit den sozial Schwachen offenbart besonders krass den Unterschied zwischen Sozialstaatlern und Marktradikalen. Für die einen ist ein menschenwürdiges Leben aller Bürger ein vom Staat zu garantierendes Recht, für die anderen sollen die sozial Schwachen auf die Großherzigkeit vor allem der Reichen angewiesen sein. Beispielhaft kommt dies in den abstoßenden Wohltätigkeitsgalas zum Ausdruck, in denen sich die skrupellosesten Nutznießer des Wirtschaftssystems als große Gönner der Opfer feiern lassen. Dem entspricht die möglichst völlige Entstaatlichung der Sozialfürsorge. Wenn dennoch etwas für die sozial Schwachen geschieht, dann aus Eigennutz der privaten Wohltäter: Mildtätigkeit muss sich rechnen.

Zu den Schwächsten, die sich nicht wehren können und daher den Sozialstaat besonders brauchen, zählen vor allem Kinder und Alte. Wenn man die ihnen grundgesetzlich und moralisch zustehenden Leistungen nichtstaatlichen Einrichtungen übergibt, ist also ein kritischer Blick geboten. Eine besondere Rolle spielen dabei die weder staatlichen noch privaten Träger, also die Wohlfahrtsverbände.

Die Freie Wohlfahrtspflege: »Rationaler Eigennutz«

Die sechs Spitzenverbände der Freien Wohlfahrtspflege[8] betreiben über 90 000 Einrichtungen und Dienste mit rund 1,2 Millionen haupt- und 2,5 bis 3 Millionen ehrenamtlichen Mitarbeitern und leisten engagierte Hilfe in Initiativen, Hilfswerken und

Selbsthilfegruppen. Freie Wohlfahrtspflege unterscheidet sich einerseits von gewerblichen – auf Gewinnerzielung ausgerichteten – Angeboten und andererseits von denen öffentlicher Träger.

Allein das Wort »gemeinnützig« zaubert wunderschöne Assoziationen hervor: eine Mischung aus Mutter Teresa, Professor Brinkmann und »unser Lehrer Doktor Specht«. Sie helfen, wenn niemand mehr hilft, sie schauen weder aufs Geld noch auf die Uhr, und ihr Lohn erwartet sie dereinst im Himmelreich.

Wie integer und selbstlos sind nun die Freien Wohlfahrtsverbände wirklich?

Nehmen wir zunächst das Flaggschiff amtskatholischer Nächstenliebe, die Caritas. Ihr früherer Manager Hans-Joachim Doerfert wurde im Februar 2001 vom Koblenzer Landgericht wegen Veruntreuung zu sieben Jahren und drei Monaten Haft verurteilt. Er hatte durch Scheinverträge die Caritas-Firma *ctt* um zwanzig Millionen Mark betrogen. Ist es solches Geld, das dann für die Einstellung qualifizierter Erzieherinnen fehlt? Caritas-Präsident Hellmut Puschmann beklagte jedenfalls, dass durch die kriminellen Aktivitäten Doerferts die Caritas »als Ganzes geschädigt wurde«.

Und wie steht's beim Roten Kreuz? Hier gönnte man sich dreierlei:

Zweckentfremdung: Im Jahre 1999 flog auf, dass der Kreisverband Bernau mit erwirtschafteten Mitteln und aus Spenden von mehreren Millionen Mark ein sogenanntes Multisoziales Begegnungszentrum mit drei Solarien, einem Eiscafe und einer Diskothek errichtet haben soll. Gleichzeitig habe sich der damalige DRK-Geschäftsführer 20 000 Mark Monatsgehalt und einen Dienstwagen für 120 000 Mark genehmigt.

Bereicherung: Für 154 000 Mark erwarb der Kreisverband Bochum ein Top-Grundstück in der Stadt. Den Kaufpreis überwies Geschäftsführerin Eva Thielker von dem Konto, von dem eigentlich der Erweiterungsbau eines Altenheims bezahlt werden sollte. Nun begann sie mit dem Bau eines schmucken Bungalows – das DRK hatte ihr mit Billigung des Vorstandes auf dem Grundstück ein Erbbaurecht eingeräumt. Mit der hilfsbereiten Geste mochte sich das Finanzamt allerdings nicht anfreunden. Weil DRK-Geld satzungswidrig eingesetzt worden sei, erkannte der Fiskus dem Verband vier Jahre lang die Gemeinnützigkeit ab.

Korruption: Im Blutspendeskandal des Bayerischen Roten Kreuzes (BRK) wurde der ehemalige Leiter des Blutspendedienstes Adolf Vogt im April 2000 zu fünf Jahren und zehn Monaten Gefängnis verurteilt. Ex-Geschäftsführer Heinrich Hiedl erhielt vier Jahre und zehn Monate. Vogt hatte Schmiergelder in Höhe von 2,5 Millionen Mark erhalten, Hiedl rund 1,5 Millionen. Im Gegenzug hatten Zulieferfirmen übertreuerte Blutspendematerialien an das BRK verkauft. Der Schaden für das Rote Kreuz liegt bei 18 Millionen Mark. Bezeichnenderweise war es Bayerns damaliger Ministerpräsident und gleichzeitiger BRK-Chef Alfons Goppel, der seinen persönlichen Referenten und früheren Staatsanwalt (!) Hiedl 1973 zum Landesgeschäftsführer gemacht hatte.

Und die Arbeiterwohlfahrt (AWO)?

»Zu den größten Erfolgen der Brandenburger Zielfahnder« gehört laut *Welt* »die Festnahme des AWO-Betrügers Michel Wieland.« Der frühere Finanzchef des AWO-Regionalverbandes Brandenburg-Süd soll Ende 1997 rund 1,8 Millionen Mark unterschlagen haben. Im November 1998 wurde er auf der Karibikinsel Martinique aufgestöbert und ausgeliefert.

Natürlich ist die große Mehrheit der Mitarbeiter und wahrscheinlich auch des Führungspersonals der Wohlfahrtsverbände gesetzestreu und sozial eingestellt, und es geht auch gar nicht um die Frage der Einzelfälle, also von wie vielen Pigmentflecken an man von Sommersprossen reden kann. Nur sollte jeder, der voreilig staatliche Aufgaben an »gemeinnützige« Verbände delegiert, auch wissen, mit wem er es dort zu tun hat.

Vor allem sollte er wissen, dass die Wohlfahrtsverbände sofort Feuer und Flamme für den Einsatz von Ein-Euro-Jobbern waren und der Paritätische Wohlfahrtsverband unverzüglich 3000, die Caritas »mehrere tausend« und die AWO 2500 Arbeitsplätze zusicherte – zum Beispiel für Maurer als Kindergärtner, wie wir noch lesen werden.

Von einer originellen Variante eigenverantwortlichen unternehmerischen Handelns berichtet übrigens die *Welt:* »Goldgrube Pflegeheim: Die Heimleitung sammelt die Chipkarten der ahnungslosen Bewohner ein; Ärzte und Krankengymnasten schreiben Untersuchungen und Turnkurse auf, die nie stattfinden, und zeigen sich beim Pflegeheim dafür finanziell erkenntlich.«[9]

All das ist aber noch harmlos, verglichen mit den »skandalösen Zuständen«, die laut einem Bericht von *Report Mainz* bei Pro Seniore im Herbst 2004 herrschen, mit 17 000 Betten und über 100 Einrichtungen einer der größten deutschen privaten Pflegeheimbetreiber. Der renommierte Pflegeexperte Claus Fussek kommentierte die Filmaufnahmen:

> »Ein klarer Verstoß gegen die Menschenwürde. Das sind Menschenrechtsverletzungen, das ist Freiheitsberaubung ... Hier werden Menschen endgelagert. Sie sind von der Gesellschaft abgeschoben. Es ist ein Wartesaal zum Tod.«

Und zum Ergebnis unangemeldeter Kontrollen des Medizinischen Dienstes der Krankenkassen: »Diese Missstände, die dort aufgelistet sind, sie sind eine Bankrotterklärung für jedes Pflegeheim. So ein Heim gehört geschlossen, und zwar sofort.« Christopher Hermann von der AOK Baden-Württemberg sagt sogar: »Man muss leider davon ausgehen, wir beobachten das ja nun über viele Jahre, dass dort ein gewisses System dahintersteckt. Und dieses wird erhärtet dadurch, dass Pro Seniore als Träger auch sehr unkooperativ ist.«[10]

Nur Einzelfälle oder Ergebnis profitorientierter Altenpflege?

Laut einer Studie des Deutschen Instituts für Menschenrechte (DIMR) gibt es bei uns in der Pflege keine menschenwürdige Pflege-Grundversorgung. 348 000 Menschen, also etwa ein Drittel der Pflegebedürftigen, bekämen zu wenig zu essen und zu trinken. Sogar fast die Hälfte der Betreuten, rund 440 000 Menschen, lägen wund und hätten Druckgeschwüre. Die Vorsitzende des Berufsverbandes für Altenpflege (DBVA) Christina Kaleve hält ungefähr ein Drittel der Pflegebetriebe für schwarze Schafe. So würde bei vielen die Fachkraftquote unter den gesetzlich vorgeschriebenen fünfzig Prozent liegen – ohne dass von seiten der Heimaufsicht viel passiere.

Fazit: Völlig unerheblich ist es, ob die Privaten auf Druck der Öffentlichkeit und der Behörden das eine oder andere Mal die gröbsten Missstände abstellen. Ein profitorientiertes Unternehmen kann seine Einstellung zur Menschenwürde schon deshalb nicht ändern, weil ein Unternehmen schon per definitionem gar keine Einstellung zur Menschenwürde hat.

Kitas und Tagesmütter: Ein Klaps hat noch nie geschadet

Wie bereits geschildert, wird auch das wichtige Feld der Kinderbetreuung weitgehend den privaten Investoren und Freien Wohlfahrtsverbänden überantwortet. Zwangsläufige Folge ist die Invasion aller möglichen selbsternannten Kinderbetreuerinnen, die weitgehend unkontrolliert die »Super-Nanny« nachspielen können.

Auf die Frage, ob denn auch ein 55jähriger Maurer im Kindergarten arbeiten könne, sagt der damalige Chef und heutige Ehrenvorsitzende der AWO, Manfred Ragati:

> »Es gibt doch viele ältere Langzeitarbeitslose, die selbst Kinder großgezogen haben und sich inzwischen auch um die Enkel kümmern. Die können durchaus im Kindergarten mithelfen.«[11]

Folglich beschäftigen die Wohlfahrtverbände im Erziehungsbereich mit Vorliebe Ein-Euro-Jobber. »Unqualifiziert – aber geeignet für die Kitas«, resümiert Ulrike Herrmann in der *tageszeitung* und kritisiert, dass »nicht qualifizierte Erzieherinnen, sondern unqualifizierte Eltern in die Kindertagesstätten einrücken«.

Für Wolfgang Tietze, Professor für Erziehungswissenschaft mit dem Schwerpunkt Kleinkindpädagogik an der Freien Universität Berlin, ist das ein

> »Skandal. Waschmaschinen, Schneeketten, Schönheitscremes: Alles wird bei uns regelmäßig kontrolliert und getestet, die Qualität unserer Kindergärten nicht.«

Tietze geht davon aus, »dass nur rund 30 Prozent der Kindergärten gute Qualität aufweisen«.[12]

Diese Kita-Qualität scheint auch Hessen anzustreben. Finanzminister Karlheinz Weimar nahm den Streik im öffentlichen Dienst vom Frühjahr 2006 zum Vorwand, um mit der Privatisierung von Kindergärten, Müllabfuhr und Kliniken zu drohen.

Noch preiswerter als indiskutable Kitas sind Tagesmütter. Auch ihre Eignung hat Tietze eingehend erforscht:

> »Die Qualität der Tagesmütter ist extrem unterschiedlich. Es gibt gut ausgebildete, engagierte Tagesmütter, oft ehemalige Erzieherinnen. Daneben gibt es Frauen, denen man die Kinder sofort wegnehmen müsste. Im Schnitt ist die Qualität niedriger als in den Einrichtungen.«

So brachte eine Münchener Mutter von 3 Kindern ihren Sohn täglich zu einer Tagesmutter, die ihr vom Jugendamt vermittelt wurde. Als sie ihn einmal eine Stunde früher als gewöhnlich abholen kam, fand sie ihr Kind mit starrem Blick und völlig benommen vor. Sie alarmierte das Jugendamt, das die Tagesmutter mit den Vorwürfen konfrontierte und ihr schließlich die Betreuungserlaubnis entzog. Drei Tage später, am 27. Februar 2005, nahm sich die Tagesmutter das Leben. Laut Polizei stellte sich heraus, dass sie in ihrem Haus statt der erlaubten 6 bis zu 21 Kinder unter 4 Jahren gleichzeitig untergebracht hatte. Die Kinder stellte sie mit Medikamenten ruhig und legte sie zum Schlafen in den Keller. Erhellender Kommentar des Jugendamtsleiters: Unangemeldete Kontrollen seien aus Personalmangel nur bei extremem Verdacht möglich.

Wenn also nichtstaatliche Kinderbetreuung häufig viel miserabler ist, so nicht unbedingt billiger für den Staat. Schon 1999 stellte der Rechnungshof Hessen fest,

> »dass ein wirtschaftlich geführter gemeindlicher Kindergarten für den Haushalt kostengünstiger sein kann als der Zuschuss an einen freien Träger mit weniger strengen Wirtschaftlichkeitsmaßstäben. Außerdem zeigte sich, dass gegenwärtig viele freie Träger versuchen, ihren freiwillig erbrachten Eigenanteil bei der Finanzierung einer Tagesstätte drastisch zu Lasten der Gemeinden zu reduzieren.«[13]

Beim großzügigen Umgang mit Steuergeldern zugunsten der freien Träger ist auch dem Berliner Senat kaum eine Ausrede zu unverfroren.

»Per Saldo ergaben sich in den Jahren 1999 und 2000 Überzahlungen von zusammen fast 1 Million Euro, die das Land Berlin wegen des Swing von den Trägern nicht zurückgefordert hat. Die Senatsverwaltung hat inzwischen selbst erkannt, dass diese zur Vermeidung von Verwaltungsaufwand gedachte Vereinfachungsregelung von den Trägern der Kindertagesstätten zu ihren Gunsten beeinflusst wird, und im Jahr 2002 die Zustimmung der Verbände zur Streichung des Swing angestrebt. Das ist ihr bisher nicht gelungen.«[14]

»Bisher gelungen« ist es dagegen, den Preis des Sozialtickets für öffentliche Verkehrsmittel von 20 auf 32 Euro zu erhöhen. Tip vom Beratermäzen und Finanzsenator Thilo Sarrazin für die sozial Schwächeren: »Entfernungen von drei bis fünf Kilometern können zu Fuß oder mit dem Fahrrad erfolgen.«[15]

Die Alten

Nicht nur Deutschlands Erziehungs- und Bildungssysteme, auch seine Pflegeheime beschäftigten bereits die UNO.

Ihr Ausschuss für wirtschaftliche, soziale und kulturelle Rechte mit Sitz in Straßburg kritisierte im November 2001, bis zu 85 Prozent der Heimbewohner seien unterernährt, weil das Personal nicht genügend Zeit habe, sie zu füttern oder weil das Essen ungeeignet sei. Jeder dritte leide an Austrocknung, weil zu wenig Flüssigkeit verabreicht werde. Unruhige Patienten würden mit Psychopharmaka ruhiggestellt, weil das Personal keine Zeit für Zuwendung habe.

Kein Wunder: Da werden notwendige Pflegekräfte zwar mit den Krankenkassen abgerechnet, aber nicht eingestellt. Statt dessen wird der Hausmeister mit weißem Kittel versehen und zum

Altenpfleger ernannt. Der typische optische Eindruck von Kontrolleuren:

> »Badewannen werden über längere Zeit nicht gesäubert, Schwarzschimmel wabert an den Wänden der Gemeinschaftsbäder, Schichten von Schmutz liegen auf Fensterbrettern und unter Betten, und Duschstühle sind kotkontaminiert.«[16]

Derlei »Qualitätsdefizite« sieht auch der Medizinische Dienst der Krankenversicherer keineswegs als Einzelfälle, sondern als strukturbedingtes Problem.

Wie ernst die politisch Verantwortlichen die UNO-Kritik nehmen, wird im Jahre 2004 beim berühmten DRK-Skandal deutlich: Wegen bedrohlicher Unterernährung der Bewohner und katastrophaler Hygiene in sechs Heimen in Schleswig-Holstein wurden zwei von ihnen sofort geschlossen. Der DRK-Landesgeschäftsführer wurde entlassen. Dennoch blieb ein massiver Vertrauensverlust. »Eklatante Mängel in Pflegeheimen des DRK«[17] meldete auch Niedersachsen.

Derzeit kümmern sich etwa 475 000 Beschäftigte in rund 9200 Pflegeheimen um etwa 604 365 Menschen. 190 000 Beschäftigte in 10 600 ambulanten Pflegediensten betreuen 1,44 Millionen Menschen.[18] Das Statistische Bundesamt schätzt einen Anstieg der Pflegebedürftigen von jetzt rund 2,2 Millionen auf 2,83 Millionen im Jahre 2020 und ihres Anteils an der Gesamtbevölkerung von 2,5 auf etwa 3,4 Prozent.

Damit verheißt der Pflegemarkt einerseits findigen Investoren unvorstellbare Gewinne aus bloßem Kapitalbesitz, andererseits ist fraglich, wie lange und bis zu welchem Grad sich die Bevölkerung bei der Altenfürsorge von privaten Abzockern ausnehmen lassen will und kann.

Schon heute kostet die Heimunterbringung eines finanziell unausreichend versorgten 80jährigen Mannes mit Pflegestufe 2 die Kinder bis zu 2200 Euro monatlich.

Dies ist der Einsatz des christlichen Pharisäertums. So geht der evangelische Theologieprofessor Thomas Klie von 1,9 Millionen Heimbewohnern im Jahre 2050 aus und folgert zunächst völlig richtig: »Die Pflege muss schon in naher Zukunft als gesellschaftliche Gemeinschaftsaufgabe angesehen werden.« Dann aber macht er den typischen Kriecherbogen um die Superreichen und behauptet: »Um die Altenpflege auch zukünftig finanzieren zu können, ist mehr bürgerschaftliches Engagement nötig.« Ehrenamtliche Helfer sollten allerdings »finanziell entschädigt« werden und zur Vermeidung von Missständen – wir wollen doch nicht schon wieder vor der UNO landen – mit Pflegeprofis zusammenarbeiten.

Zweifelhaft ist allerdings, ob die Bundesbürger sich wirklich in die trostlose Idylle profitorientierter Heime und ihrer schlecht oder gar nicht ausgebildeten Belegschaft begeben wollen. Nur jeder fünfte Deutsche möchte im Notfall später einmal im Pflegeheim landen und etwa die Hälfte möglichst von Angehörigen gepflegt werden.

Eine Meldung aus England lässt für die Zukunft jedenfalls Böses erahnen. Britische Mediziner fordern nämlich, Seniorenheimbewohner nach einem Herzinfarkt nicht mehr wiederzubeleben, um Kosten zu sparen.

3. Die Alten von morgen –
Das große Rentengeschäft

Auch im Rentengeschäft winken den Privatkonzernen astronomische Gewinne. Im Jahre 2002 setzte die gesetzliche Rente allein mit den Beitragseinnahmen etwa das Dreifache der privaten Lebensversicherer um. Könnten nur zehn Prozent davon auf private Vorsorge umgelenkt werden, so wäre dies ein Umsatzplus von etwa 25 Prozent oder 15 Milliarden Euro.

Im Grunde müsste jede Diskussion über die Privatisierung des Rentensystems allein durch den Bankrott des US-Energieversorgers Enron von 2001, dem »Symbol der Schwäche des US-Wirtschaftsliberalismus«[19], ein für alle Male erledigt sein. Tausende Mitarbeiter verloren damals ihre gesamte Altersvorsorge.

Und selbst wenn es keine Pleite à la Enron geben sollte, so konstatiert zum Beispiel der *Spiegel* eine »Trügerische Sicherheit bei Fondspolicen«: Zwar erfahren hier die Versicherten schon beim Abschluss ihre spätere Rentenhöhe, allerdings nur »in der Theorie. Etliche Anbieter lassen im Kleingedruckten die Möglichkeit offen, den Rentenfaktor zu senken.«

Buchstäblich *nichts,* was ein Privatunternehmen zusagt, ist wirklich sicher und kann es auch gar nicht sein. Erstens kann *jedes* Unternehmen *jederzeit* pleite gehen oder sich ein ertragreicheres Betätigungsfeld suchen. Zweitens unterliegt ein Marktteilnehmer ausschließlich dem Prinzip des Marktes, also der Gewinnmaximierung. Irrationale Dinge wie Anstand, Moral, Verantwortung oder Humanismus kommen in der marktradikalen Theorie nicht vor.[20] Deshalb ist von vornherein die Privatvorsorge unsicherer als die gesetzliche Rente, was ja der Zusammenbruch derartiger Systeme in Großbritannien, Osteuropa, Südamerika und vor allem in den USA auch praktisch bewiesen hat.

Dabei wird in kaum einer Branche die Überlegenheit frischer, ideenreicher und effizienter Privatunternehmen gegenüber trägen, unflexiblen und bürokratisierten Staatsbetrieben so deutlich wie bei den Rentenversicherern.

Bei dieser Erfolgsgeschichte muss der verhasste Staat allerdings ein wenig nachhelfen: Durch die Förderrente sponsert er die Versicherer – man gönnt sich ja sonst nichts – allein im Jahre 2006 mit schätzungsweise 870 Millionen und 2008 mit über zwei Milliarden Euro. Dieses Geld fehlt natürlich der gesetzlichen Versicherung.

Herzstück der großherzigen Schenkungsaktion ist die Riester-Rente, die nicht umsonst von den Konzernen in überdimensionalen Werbekampagnen angepriesen wird: »Der Staat fördert Ihre Rente – nutzen Sie die Riester-Rente für Ihre Altersvorsorge.« Als Argument dient die ehrenwerte Angstmache: »Da das bestehende Rentenniveau nicht länger mit dem Generationenvertrag von heute gehalten werden konnte, wurde das gesetzliche Rentenniveau zum Jahr 2002 gesenkt. Mit dieser Rentenreform wurde parallel die Riester-Rente eingeführt. Mit ihr sollen die beschlossenen Kürzungen bei der gesetzlichen Altersrente ausgeglichen werden.«[21]

Zu alldem ist zu bemerken:

- Die Generationenlüge wurde bereits von seriösen Ökonomen wie Albrecht Müller enttarnt.[22] Erstens bedeuten zwar mehr Rentner mehr Rentenkosten, andererseits weniger Kinder auch weniger Erziehungs- und Ausbildungskosten. Zweitens steigt die Produktivität und damit der Reichtum der Gesamtbevölkerung. Drittens ist es einigermaßen aberwitzig, nach einer Jahrzehnte dauernden Umerziehung zum »rationalen Eigennutz« und der daraus folgenden Politik der »Armutsgarantie Kind« nun plötzlich die Solidarität der Senioren zugunsten der späte-

ren Rente der besserverdienenden Jungen (»Generation Golf«) einzufordern. Aber viele Ältere haben ihre Lektion gelernt: »Wer spart, hungert bloß für die Erben«: Nicht erst seit Frank Schirrmachers Bekenntniswerk *Minimum*[23] ist deutlich, dass die Demografiekatastrophe eine direkte Folge der auf Egoismus beruhenden Marktwirtschaft ist.
- Die Rentenversicherung wurde systematisch ruiniert durch zweckentfremdete Aufbürdung der Kosten der deutschen Einheit. Zusätzlich diskreditiert wird sie durch mehrjährige beschlossene und angedrohte Nullrunden sowie die stereotype und gleichgeschaltete Behauptung, die gesetzliche Rente liege in den letzten Zügen und müsse unbedingt durch private Vorsorge ergänzt werden.
- Von viel Vertrauen in Pisa und das Verblödungswerk der Medien zeugt die Ankündigung, man werde die Rentenbeiträge nicht über einen bestimmten Satz (zum Beispiel zwanzig Prozent) steigen lassen bei gleichzeitigem Appell zur Beitragszahlung für Privatvorsorge. Man »unterstellt, dass die Betroffenen nicht fähig sind, 20 und 4 oder 20 und 5 zusammenzuzählen«.[24]

Ist die Privatvorsorge wenigstens billiger und unbürokratischer? Leider auch hier Fehlanzeige. Betrieb und Vertrieb des Kapitaldeckungsverfahrens sind bedeutend teurer als für das Umlageverfahren. So gehen bei der Riester-Rente rund zehn Prozent für Verwaltung und Vertrieb drauf, was allein beim Blick auf die opulente Ausstattung mancher von Beitragszahlergeld finanzierten Konzernfilialen, Vertreterbüros und sündhaft teuren Prunkhochhäuser leicht nachvollziehbar ist. Dagegen kommen die überbürokratisierten »Gesetzlichen« für die Verwaltung mit maximal vier Prozent der eingezahlten Beiträge aus.[25]

Dass die Subventionierung der Konzerngewinne ein Fass ohne Boden ist, zeigte die verklausulierte Drohung im Herbst 2003, man werde einige saubere Pleiten nach Enron-Vorbild hinlegen, sollte der Staat nicht zugunsten der Aktionäre noch ein paar Steuermilliarden herausrücken. Prompt beschloss die Regierung ein Hilfspaket, was die Union »Politik auf Zuruf von Interessenvertretern« nannte. Selbst die Konzerne schätzten den Wert des erpressten Geschenks auf etwa fünf Milliarden Euro; und sogar aus der SPD-Fraktion kam die Kritik, man müsse wegen dieser Subvention zwei Milliarden Euro in der Rentenkasse einsparen.

Mit einem Wort: Staatliche Vorsorge wird zugunsten der Versicherungskonzerne ruiniert und das Ganze dann als größere »Rentabilität« der Privatwirtschaft gefeiert. Als absoluter Zynismuskönig erwies sich der SPD-Fraktionsvize Joachim Poß:

»Es geht hier nicht darum, die Gewinninteressen der Versicherungsbranche zu bedienen, sondern wir handeln im Interesse von Millionen von Versicherten.«[26]

4. Gesundheit als Privatvergnügen

In der Vorgeschichte der Menschheit und während der Hurrikan-Katastrophe von New Orleans im Sommer 2005 wurden Schwache und Kranke vom Rudel einfach zurückgelassen.

In zivilisierten Nationen dagegen gilt Gesundheit als »das höchste Gut auf Erden«, wie die Verdi-Gesundheitsexpertin Andrea Becker zum Thema Privatkliniken sagt:

> »Ursprünglich waren Krankenhäuser dazu da, Menschen zu heilen, koste es was es wolle ... Es ging nicht um Geld verdienen, sondern um Versorgung, um ethische Fragen ...«[27]

Nun haben die rationalen Geldverdiener längst auch ein Auge auf das Gesundheitswesen geworfen: Allein in Deutschlands Krankenhäusern werden jährlich gut 53 Milliarden Euro umgesetzt. Und auch hier heißt es stereotyp, private Anbieter seien besser und billiger.

Durch die Gesundheitsreform von 2003 wurde die Gesundheit endgültig zur Ware, der Kranke zum Kunden. Qualität und Effizienz waren die Schlagworte. Die Einführung des Fallpauschalengesetzes, das im Jahr 2008 in Kraft tritt, bietet einen Anreiz zur möglichst schnellen, also zwangsläufig hektischen, schlampigen und seelenlosen Abfertigung der Kranken. Wenn es zum Beispiel für eine Herzoperation einen bestimmten Betrag gibt, dann kosten notwendige sorgfältige Zusatzuntersuchungen ebenso wie eine ausreichende Liegezeit nach dem Eingriff die Klinik nur zusätzliches Geld: Schneller Pfusch lohnt sich, menschenwürdige und dem ärztlichen Eid entsprechende Behandlung und Betreuung werden bestraft. Dasselbe gilt natürlich auch für die Arbeitsbedingungen und die Bezahlung des Personals, zumal das

»Humankapital« etwa achtzig Prozent der Kosten eines Krankenhauses verursacht.

Wie man sich das schnelle Geld auf Kosten der Beschäftigten und damit auch der Kranken vorstellt, verrät beispielhaft der Wunschzettel eines Clubs von Bankern und Wirtschaftsleuten aus dem Mekka des Bankenskandals und des Filzes: Der *Verein Berliner Kaufleute und Industrieller*[28] fordert in einem Positionspapier zur »Reform der Berliner Hochschulmedizin« unter anderem den Abbau von 1621 Uni-Betten, betriebsbedingte Kündigungen und die Ausgrenzung angeblich einfacher Patientenfälle und vor allem private Beteiligungen in der Hochschulmedizin. Das eine bedingt das andere: Wenn man die weltberühmte Charité, die im Gegensatz zu unzähligen Privatkliniken nicht mit Traumrenditen und Skandalen, sondern mit medizinischer Qualität Schlagzeilen macht, durch Streichung von notwendigem Personal und der dadurch erhofften Leistungsminderung und Unzufriedenheit der Patienten ruiniert hat, fällt die Hochschulmedizin wie eine reife Frucht in die Hände windiger Privatuniversitäten, an denen sich dann zum Beispiel oben genannte »Krebsforscher« offen von der Tabakindustrie alimentieren lassen können.

Dieses absichtliche Herunterwirtschaften kommt zusehends in Mode: »War die Privatisierung von vornherein geplant und die Vernachlässigung Strategie?« fragt zum Beispiel der *Reutlinger General-Anzeiger* Anfang 2006 anlässlich des Skandals um die Zentralküche des Uniklinikums Tübingen.

Kurzum: Hinter all dem Gerede von Überbürokratisierung des Gesundheitswesens steht nichts als der Renditenappetit privater Investoren. Und ähnlich wie bei der Altersvorsorge dürfte auch hier der finanzielle Aufwand für Werbung, Vertreterprovisionen und Medienpräsenz höher sein, als es der für staatliche Verwaltung bei aller Bürokratie jemals sein könnte.

Auch hier stehen die privaten Versicherer in Lauerstellung,

wohl unterstützt von einer Lobbyistentruppe im Bundestag, angeführt bis zu ihrem Aufstieg in die Regierung von Angela Merkels rechter Hand, der Staatsministerin Hildegard Müller als Barmenia-Beirätin. Und auch hier leisten die gesetzlichen Kassen durch Leistungsstreichung und Beitragspolitik willige Beihilfe. Dass für Normalpatienten die Belastbarkeitsgrenze längst überschritten ist, zeigt der Wahlkampfknüller der Ministerin Ulla Schmidt im Juni 2005, »dass mit Hilfe von Steuermitteln vermieden werden soll, die Beitragszahlenden stärker zu belasten«.

Nach der Wahl allerdings klang das schon ganz anders. Wenn das Ziel der Ruinierung der gesetzlichen Krankenversicherung in Gefahr gerät, läuft auch die SPD Amok: Als Ulla Schmidts früherer Berater, der Medizinprofessor Karl Lauterbach, eine saftige Erhöhung der Einkommensteuer zur Finanzierung der gesetzlichen Krankenversicherung forderte, übertrafen sich die Lehrerin Schmidt, der als SPD-Geschäftsführer 2004 grandios gescheiterte Olaf Scholz, Fraktionschef Peter Struck und andere medizinische Laien in dem, was der Volksmund Mobbing nennt.

Immer weniger und schlechtere Versorgung bei gleichzeitig längerer und schlechter bezahlter Arbeit des Personals? Fast überflüssig zu erwähnen, wo die Milliarden der Patienten bleiben: So meldete der Pharmakonzern Roche für 2005 eine Steigerung des Betriebsgewinns um 33 Prozent gegenüber dem Vorjahr auf 9,1 Milliarden Franken (5,8 Milliarden Euro), und bei Boehringer Ingelheim kletterte der Betriebsgewinn um 40 Prozent auf gut 1,9 Milliarden Euro – um nur einige Beispiele zu nennen. Die am 3. Juli verabschiedete Reform selbst verdient kaum diesen Namen. Für Ursula Weidenfeld vom *Tagesspiegel* ist sie »Die Katastrophe«: Ihr Urteil: »Übrig geblieben sind von all dem großen Gerede über grundlegendes, über Jahre beständiges Reformwerk, an dem sich diese Regierung messen lassen muss: eine saftige Beitragserhöhung, eine neue Geldverteilungsinstitution und Kleckerkram.

Dafür braucht man keine große Koalition. Dafür braucht man noch nicht einmal eine Bundesregierung.«

Und der wirtschaftsliberale *Spiegel*-Schreiber Gabor Steingart befürchtet gar: »Die Bürokratie dürfte durch den neuen Gesundheitsfonds eine schöne Sonderkonjunktur erfahren. Denn neben den bisher rund 40 000 Krankenkassenmitarbeitern, die sich mit der Einziehung der Kassenbeiträge befassen, wird die neue Fondsbehörde nun ebenfalls Mitarbeiter rekrutieren, die sich auf Kalkulieren von Beiträgen verstehen.«

Übrigens zeigt sich die Fähigkeit privater Systeme zur flächendeckenden Sicherung beispielhaft an der Unterversorgung ganzer Regionen wie zum Beispiel Brandenburg mit niedergelassenen Ärzten.

Dies allerdings hat nichts mit »Profitgier« der Ärzte zu tun. Vielmehr handelt es sich um eine Form der kapitalismustypischen »Landflucht«. Auch der selbstloseste Allgemeinmediziner kann in einer immer dünner besiedelten Gegend so wenig überleben wie ein Bäcker oder Gastwirt.

5. Privatbahn nach britischem Vorbild?

Die noch bundeseigene Deutsche Bahn AG (DB) entstand 1994 aus der Deutschen Bundesbahn, der Deutschen Reichsbahn der DDR sowie der Westberliner Verwaltung des ehemaligen Reichsbahnvermögens. Das Netz der Bahn ist mit rund 34000 Kilometern Schienen, über 5700 Bahnhöfen und Zugangsstellen, täglich 37000 Fahrten und jährlich fast zwei Milliarden Reisenden nach dem Schweizer SBB-Netz das dichteste und am höchsten belastete Eisenbahnnetz der Welt.

Unter den rund 225000 Bahnmitarbeitern (Stand Januar 2006) sind etwa 52000 Beamte und 3000 Staatsbeschäftigte im Bundeseisenbahnvermögen zusammengefasst, die man nicht Knall auf Fall loswerden kann. Dies mag ärgerlich und scheinbar teuer sein, aber ist es auch der Grund für Leistungsqualität und daraus resultierendes Image der Bahn?

Es ist nicht nur Nostalgie, sondern nachprüfbar dokumentiert, dass die Deutsche Bundesbahn als ein Paradebeispiel für »Pünktlichkeit, Sauberkeit, Zuverlässigkeit« galt. Als Resultat von Privatisierung und unternehmerischer Eigenverantwortung à la Hartmut Mehdorn aber ist für die meisten Kunden privater Verkehrsbetrieb und Schlampigkeit ein und dasselbe Wort: »Jeder fünfte Fernzug ist zu spät«, meldete der *Spiegel* im Frühjahr 2006. »Für Bahnreisende ist es bereits Alltag: Reist man per ICE oder IC, rechnet man ein paar Minuten Verspätung bereits ein.«

Auf Deutschlands Pausenhöfen kursiert ein beliebtes Spiel. Man fragt per Handy bei der Bahn nach dem Preis für eine beliebige Inlandsfahrt. Vorher wird gewettet, um wieviel Prozent der genannte über dem günstigsten Preis liegt: 25, 35 oder gar noch mehr? Eine umfangreiche Studie der Stiftung Warentest ergab: In der Hälfte der Beratungen wurde ein bis zu 107 Prozent höherer Preis genannt. Allerdings stellte man auch fest, dass die Berater wegen der schlechten technischen Ausstattung gar nicht so viel dafürkönnen. Fazit:

»Das neue Tarifsystem ist zu kompliziert, zu teuer, zu inflexibel ...
Das Image der Bahn hat gelitten. Das gibt mittlerweile auch die Chefetage zu. Dennoch, die Hauptschuld liege beim Kunden.«[29]

Deshalb wird auch bei fast jeder Gelegenheit der Bundesgrenzschutz auf die Kunden gehetzt, wenn sie zum Beispiel zwar ein überteuertes Ticket besitzen, aber versehentlich einen früheren Zug genommen haben.

Auch hier sieht alles nach bewusstem Ruinieren eines noch staatlichen Unternehmens aus. Dabei ist die ersehnte und immer wieder verschobene Privatisierung durch den Börsengang nur eine Seite. Die andere ist die Konkurrenz der Autokonzerne. In der *Zeit* findet sich eine schlüssige These: »Leider arbeiten seit 20 Jahren Politiker und Lobbyisten daran, dem Auto die Konkurrenz durch die Bahn zu ersparen und diese in einen Sektor zu verdrängen, in dem sie dem Auto möglichst wenig Konkurrenz macht.«

Privatisierung bedeutet auch die Stillegung der meisten Strecken außerhalb der Ballungsgebiete. Nicht umsonst waren in einem Gutachten, das die Bahn Anfang 2006 dem Bundestagsverkehrsausschuss vorlegte, die Passagen über entsprechende Pläne geschwärzt und mussten erst durch die Medien ans Licht gezerrt werden.

Die Diskretion ist verständlich; schließlich zeigt das Beispiel Großbritannien, was Privatbahn bedeutet:

»Jahrzehntelange Investitionsversäumnisse und ein Privatisierungsprogramm, das Management und Unterhalt von Zügen, Signalsystemen und Schienen auf Teilfirmen, Franchisenehmer und Verantwortlichkeiten zersplitterte, haben das Bahnsystem Großbritanniens zum veraltetsten, unzuverlässigsten und gefährlichsten in Europa werden lassen ... Tödliche Unfälle sind längst zur traurigen Normalität geworden.«

Die Bilanz: 1996 bei Watford ein Toter, 1997 in Southall sieben Tote, 1999 in London 31 Tote, 2000 in Hatfield vier Tote. 2001 im nordenglischen Selby dreizehn Tote, 2002 bei London sieben Tote, 2004 bei London sechs Tote.

»Die Installation eines automatischen Bremssystems, das diese Unfälle hätte verhindern können, wurde als zu teuer abgelehnt.«[30]

Das und nichts anderes kommt bei Privatisierung heraus. Wen erstaunt es da noch, dass inzwischen 76 Prozent der Briten eine Wiederverstaatlichung der Bahn wollen?

Zwei noch viel schlimmere Zugkatastrophen gab es allerdings bei uns:

- Im Juni 1998 starben bei Enschede nach einem ICE-Unfall 101 Menschen.
- Am 22. September 2006 gab es auf der Transrapid-Teststrecke Emsland 23 Tote.

Nun ist der Transrapid ein Gemeinschaftsunternehmen der Siemens AG und der ThyssenKrupp AG, und die machten wie üblich »menschliches Versagen« verantwortlich. Aber wie heißt es in einem offiziellen Dokument *Die Transrapid-Versuchsanlage* des Betreibers der Transrapid-Testanlage: »Personen- und Sachschäden in Verkehrssystemen sind nicht mit der einfachen Floskel ›Menschliches Versagen‹ zu erklären. Fehler des Menschen müssen erlaubt sein. Das System, bestehend aus Technik und Organisation, ist verantwortlich für die sichere Abwendung negativer Folgen.«[31]

Für Marktwirtschaftler allerdings sind tödliche Unfälle dieser Art offenbar ein »Sachzwang der Globalisierung«. Und so meint das *Handelsblatt* auf die Kritik an Personalpolitik, Arbeitsbedingungen und »Verschlankung« der Bahn AG als möglichen Unfallursachen recht unverbissen, dass »die mobile Gesellschaft ihren Blutzoll fordert«. Und da man offenbar mit regelmäßigen derartigen Katastrophen rechnet, empfiehlt die *Neue Zürcher Zeitung* das »Sprach- und Formenarsenal einer Liturgie des Todes, um die Katastrophen zu bemeistern«.

Übrigens lässt bei uns auch im öffentlichen Nahverkehr die Politik in Sachen Herunterwirtschaften nichts anbrennen. Bis 2009 kürzt der Bund den Ländern die entsprechenden Beihilfen um 2,3 Milliarden Euro.

Sprichwörtliche Unzuverlässigkeit, indiskutabler Service, unverschämte Preispolitik, regelmäßig falsche Auskünfte durch überfordertes Personal, all das gepaart mit pampigen Rechtfertigungen – seit ihrer Privatisierung ist die Bahn ein wandelndes Ärgernis.

Genau dies ist die Stunde des Aufsichtsrats. Für viele Bürger klang die Meldung vom 25. März 2006 wie ein verfrühter Aprilscherz:

> »Bahn-Kontrolleure verdreifachen ihre Bezüge ... Bahnchef Mehdorn wollte ursprünglich sogar noch mehr für die Aufsichtsräte herausholen.«[32]

Und wer langte als Aufsichtsratschef mit nun 60 000 Euro jährlich mal wieder am kräftigsten zu? Richtig: Werner Müller, *der* Werner Müller, der während seiner Zeit als Wirtschaftsminister von E.on 8000 Euro »pikante Pension« *(Spiegel)* erhalten und die erwähnte Fusion von E.on und Ruhrgas initiiert hatte. »Nur zwölf Monate später bedankte sich die Industrie artig bei ihrem ehemaligen Mitarbeiter.« Müller wurde Chef der Ruhrkohle AG (RAG), die zu einem Drittel der E.on gehörte.

Fest steht: Beim nächsten Unfall infolge falscher Sparsamkeit bei der Sicherheit wissen die Bahnkunden wenigstens, wo das Geld geblieben ist.

Vor diesem Hintergrund zog die große Koalition die Notbremse. Sie erteilte den hochfliegenden Tagträumen des Bahnchefs Hartmut Mehdorn vom Global Player Bahn AG eine Absage und beschloss im Herbst 2006 die Privatisierung (»Börsengang«) der Bahn nur noch ohne das Filetstück Schienennetz.

6. Die Post:
Globalisierungszwang Kriminalität?

Seit die Post AG im Jahre 1995 aus der Deutschen Bundespost hervorging, hat sie es wahrlich weit gebracht. Seit 2005 sind private Anleger endlich mehrheitlich unter sich, und entsprechend fruchtbar ist auch die Arbeit.

Besonders stolz ist man auf die Ausgliederung weiter Teile der Zustellung, gut 600 Bezirke allein beim Paketdienst.

Bei ihrem Weg zum Global Player muss die Post natürlich jeden Cent zweimal umdrehen. So werden auch die Briefkästen inzwischen überwiegend von billigsten Subunternehmen geleert, vom Pizzaservice, von polnischen Firmen. Von welchen Leuten genau, lässt sich nicht so leicht feststellen. Für die Auswahl des Personals ist ein Dienstleister zuständig, dem die Post oft nur Niedrigpreise zahlt.

Lustigerweise erhält man zu Dumpingpreisen offenbar das entsprechende Personal – auch Sparen hat seinen Preis. Und so verschwinden täglich Tausende von Briefen und Päckchen:

Wegen Diebstahls ganzer LKW-Ladungen an Briefen und Päckchen mit insgesamt 15 000 Euro Bargeld wurden zwei einschlägig Vorbestrafte vom Landgericht Trier zu mehrjährigen Haftstrafen verurteilt. Hübsche Fälle hat auch der *Spiegel* zusammengetragen:

- In Frankfurt ermittelt die Staatsanwaltschaft gegen einen Viernheimer Subunternehmer, der unter anderem Tausende Einschreiben verschwinden ließ, Schaden: rund 270 000 Euro.
- In Köln soll sich ein 47 Jahre alter Disponent eines Tochterunternehmens der Post aus dem Depot für Wertbriefe bedient haben.

- In Stuttgart stahl ein Kurierfahrer offenbar massenweise Postsendungen.
- In Kassel soll ein 19jähriger Ex-Angestellter einer Fremdfirma zunächst siebzig Briefkästen geleert und dann rund 2000 Briefe gefleddert haben.
- In einem Briefzentrum in Hamburg-Altona schlitzte ein Unbekannter im vergangenen Jahr regelmäßig Briefe auf und stahl Geld und Wertsachen.
- Im Raum Frankfurt stellte die Polizei Handys, Computer und Kameras im Wert von rund 200 000 Euro sicher, die Postmitarbeiter entwendet haben sollen.

Fast noch atemberaubender als die Langfingerinvasion ist der Kommentar des Postsprechers Dirk Klasen: »Gegen organisierte Kriminalität sind auch wir nicht gefeit.«[33]

Daher heißt die Konsequenz der Post AG Verstärkung der Auslagerung: Bis Ende 2006 sollen weitere 200 Filialen von externen Dienstleistern betreut werden. Bis jetzt wurden bereits rund 7000 der 12 000 Filialen in partnerbetriebene Standorte umgewandelt.

Und wenn erst der letzte der noch über 60 000 Postbeamten herausgeekelt oder in den Ruhestand versetzt ist, dann werden natürlich auch der »Sachzwang Briefschwund« und die Unterwanderung der Postzustellung durch kriminelle Billigjobberbanden schlagartig aufhören.

Einstweilen will man allerdings offenbar aus der Not eine Tugend machen: Wenn sowieso ein wachsender Teil der Briefe auf dem Müll landet, passt es ganz gut, dass die Post jetzt auch den Müll wegbringen und in die Entsorgungsbranche einsteigen will.[34]

Aber nicht nur für die Kunden bedeutet die Postprivatisierung eine dramatische Verschlechterung, auch für die »Partneragenturen«: Arglosen Betreibern von Zigarettenläden, Zeitungskiosken oder Getränkegeschäften stellt die Post Geldtresore zur Verfügung, die aber wegen zu leichten Gewichts bei Diebstahl und Raub gar nicht versichert sind. Wenn dann etwas passiert wie bei Getränkehändlerin Yvonne Rank, der gleich der ganze Tresor mit 23 000 Euro gestohlen wurde, dann verbucht die Post, die die Älteren noch als seriöses Staatsunternehmen kennen, das als Bargeldentnahme. Kein Witz, aber wenigstens ein Einzelfall? Jede vierte der rund 7000 privaten Filialen wurde nach Angaben des Verbandes der Postagenturen bereits bestohlen oder ausgeraubt.

Aller Verharmlosung zum Trotz warnt der Vorsitzende der Arbeitsgemeinschaft deutscher Polizeipräsidenten, Hans-Dieter Klosa, vor allem vor

> »den Gefahren, die mit diesen Überfällen verbunden sind, für die Betreiber der Agenturen, aber auch für Menschen, die als Kunden dort möglicherweise in der Nähe sind. Deswegen geht es um mehr, als nur um Vermögenswerte, und insofern sehe ich hier auch eine besondere Verantwortlichkeit der Post, die letzten Endes diese Agenturen betreiben lässt.«[35]

7. Energieversorgung: Halten private Strommasten besser?

Die Frage, ob und wie private Energiekonzerne die nationale Stromversorgung sicherstellen können und wollen, ist seit dem Blackout in den USA und Kanada im August 2003 mit etwa sechzig Millionen Betroffenen und dem Stromausfall im Münsterland, als bei Wintereinbruch 2005 über 250 000 Menschen tagelang bei Eiseskälte im Dunkeln saßen, endgültig geklärt. Spätestens seit dem Sturmtief »Lothar« vom Herbst 1999, das eine ganze Reihe von Strommasten ins Kippen brachte, weiß die Strombranche nämlich von der erhöhten Bruchgefahr, wie etwa Werner Roos vom Netzvorstand der RWE-Tochter Energy gegenüber der *Berliner Zeitung* zugab ... Umfang und Zeitablauf des Sanierungsprogramms seien einem unabhängigen Gutachter vorgelegt worden, der die Planung als grundsätzlich zulässig und verantwortbar zertifiziert habe. Fazit: »Chaos wie im Münsterland bei extremem Wetter jederzeit möglich.« Und im Klüngelland Nordrhein-Westfalen waren natürlich auch die Behörden »in die Schlampereien verwickelt«. Bereits 1994 hatte das Materialprüfungsamt Dortmund, das seinerseits dem Wirtschaftsministerium untersteht, bei einer Begutachtung von Strommasten in Bayern herausgefunden, dass der verwendete Stahl brechen und damit Gefahr für Menschen bedeuten kann.

Anfang November 2006 wurde die Schlamperei »globalisiert«: Weil in Deutschland die Stromnetze zusammenbrachen, saßen Millionen Westeuropäer ausgerechnet übers Wochenende im Dunkeln. Auch der Bahnverkehr brach teilweise zusammen. Der Stromversorger E.on übernahm die Verantwortung. Diesmal meldete sich sogar die Bundesregierung zu Wort: Die Versorger müssten ihrer gesetzlichen Pflicht nachkommen und ein leistungsfähiges Stromnetz gewährleisten, forderte Bundesumweltminister Sigmar Gabriel (SPD).

Nun genügt es aber offenbar nicht, die Versorgung zuverlässig garantieren zu können. Man muss sie auch zu völlig überhöhten Preisen anbieten. Und seit die deutsche Stromversorgung dank der Politik fest in den Händen der vier Großen E.on, RWE, EnBW und Vattenfall Europe ist, wird damit dermaßen übertrieben, dass sogar das Bundeskartellamt und Hessens Wirtschaftsminister Alois Rhiel Ende 2005 verbalen Widerstand leisteten. Und um die Bürgerveralberung komplett zu machen, setzte sich Eberhard Meller vom Verband der Elektrizitätswirtschaft an die Spitze des Protestes: »Es ist grottenfalsch, dass der Kunde selbst nichts gegen Preiserhöhungen machen kann.«[36] Als einzige unverbrüchlich an der Seite der Energiekonzerne standen – die Gewerkschaften! Verdi und IG Bergbau, Chemie, Energie lehnten regulierende Eingriffe zur Absenkung der derzeit hohen Strompreise ab. Sie hätten in Deutschland inzwischen ein Niveau erreicht, »das Investitionen ermöglicht«. Bisher hatten die Bürger erlebt, dass Traumgewinne durch Stellenabbau entstehen und zu Investitionen für Stellenabbau genutzt werden.

Richtig daran ist nur, dass tatsächlich astronomische Gewinne gescheffelt wurden. »Rekordpreise für Energie spülen RWE mehr Geld in die Kasse«, kommentierte die *Welt* im Februar 2006 kurz und treffend den Anstieg des Nettogewinns um vier Prozent auf 2,23 Milliarden Euro.

Undankbarkeit und Geiz gegenüber ihren Helfern kann man den Privaten allerdings nicht vorwerfen. So soll der SPD-Abgeordnete Reinhard Schultz laut *Frontal 21* seit Jahren vom Vattenfall-Konzern als Berater und Aufsichtsrat bezahlt worden sein und außerdem ein diskret von RWE verfasstes Kampfpapier unverändert und unter eigenem Namen an seine Fraktionskollegen weitergegeben haben.

Anfang 2006 ermittelte die Sonderkommission »Gas« der Kölner Staatsanwaltschaft gegen etwa 200 Kommunalpolitiker und fünf Manager von E.on Ruhrgas wegen Vorteilsnahme beziehungsweise Vorteilsgewährung. Betroffen waren unter anderem die Stadtwerke von Burscheid, Essen, Krefeld, Moers, Meerbusch, Grevenbroich, Remscheid, Solingen, Stolberg, Kaarst, Grefrath, Nettetal, Willich, Wülfrath, Hilden, Langenfeld, Leverkusen, Siegburg, Troisdorf, Bad Honnef, Euskirchen, Dormagen, Langenfeld, Aggertal, Radevormwald, Wipperfürth, Wermelskirchen, Neuss und des Rhein-Erft- und Oberbergischen Kreises.

Der *Spiegel* stellte fest: »Mit kostspieligen Ausflügen hat E.on Ruhrgas versucht, Stadtwerke als Großkunden an sich zu binden.« Der Konzern soll »für seine treuen Abnehmer eine Art Reisebüro betrieben haben – und dabei zum Teil sehr bereitwillig auf die Wünsche seiner wichtigsten Großkunden eingegangen sein ... Inzwischen mehren sich die Hinweise, dass es sich bei den bezahlten Trips um ein Problem der gesamten Energiebranche handeln könnte.«

Fazit des Korruptionsforschers Werner Rügemer:

»›Privatisierung‹ ist das Motto. In Hunderten von Stadtwerken haben die Konzerne in den vergangenen Jahren Stadtwerks-Anteile zwischen 20 und 75 Prozent erworben, so dass sich in den Konsortialverträgen die Lieferung von Gas und Strom sowie die Preise für Wasser und Abwasser, für Müllentsorgung und Straßenreinigung ganz anders absichern lassen. Da wird mit harten Bandagen gekämpft, und die Kommunalpolitiker schrauben den Preis ihrer Käuflichkeit hoch.«[37]

8. Hat der Kölner Müllskandal Appetit gemacht?

Inzwischen ist die deutsche Müllentsorgung bereits in allen Bundesländern außer in Hamburg und Berlin zu mehr als fünfzig Prozent privatisiert. Vorteile davon aber haben nur zwei Gruppen: hemmungslose Abzockerbanden und korrupte Politiker im Gefolge des Kölner Müllskandals – die Bürger jedenfalls nicht.

Denn dass seinerzeit durch den mit Schmiergeldmillionen initiierten Bau einer viel zu großen Kölner Müllverbrennungsanlage die Gebühren pro 120-Liter-Tonne Müll von 242 Mark (123,73 Euro) im Jahre 1992 auf 413 Euro im Jahre 2004 explodierten, war kein Zufall.

Private Müllentsorgung ist trotz niedriger Lohnkosten oft bedeutend teurer als staatliche, auch wenn es keine Einstandspräsente wie im Freiburger Umland gibt: Dort stiegen kurz nach der Privatisierung die Gebühren um sechzig Prozent. Und sollte es doch einmal billiger sein, dann nur deshalb, weil die Müllwerker dort meist unter schlechteren Bedingungen (zum Beispiel Schichtdienst) arbeiten und statt 1400 nur 1100 Euro netto verdienen oder statt 10 nur 5,70 Euro Stundenlohn erhalten. In Sachsen und Baden-Württemberg will man bereits polnische Leiharbeiter gesichtet haben.

Ein weiteres Erfolgsgeheimnis privater Unternehmen stößt allerdings auf Intoleranz humorloser Nachbarstaaten. Im Februar 2006 kritisierte der Prager Umweltminister Libor Ambrozek rechtswidrige Mülltransporte aus Deutschland nach Tschechien. »Die reichen Länder entsorgen ihren Müll auf dem Gebiet der armen Länder, ob legal oder illegal.« Nicht zufällig erwischten die tschechischen Grenzer vor allem illegale Abfallexporte aus Bayern und Sachsen.

Wie lautete doch ein Vortragsthema des Geschäftsführers der Niedersächsischen Gesellschaft für Sonderabfall, Jörg Rüdiger: »Teilprivatisierung der Sonderabfallentsorgung – ein erfolgreiches Geschäftsmodell«.[38]

9. Arbeitsvermittlung: Eigenverantwortlich kriminell

Was passiert, wenn man die Arbeitsvermittlung in private Hände gibt? Kaum war das Prämiensystem für private Agenturen verkündet, wonach jeder vermittelte Arbeitslose 2000 Euro einbringt, da war nicht nur für polizeiliche Betrugsexperten und Millionen Krimifans klar, was passieren würde. Drei Varianten sind besonders beliebt:

- *Methode fifty-fifty:* Ein Arbeitgeber, der sich für einen Arbeitnehmer entschieden hat, schickt ihn zum Vermittler. Man teilt die Prämie.
- *Methode Scheinarbeitsverhältnis:* Kaum ist die Mindestzeit von sechs Monaten abgelaufen und die Prämie gezahlt, fliegt der Arbeitnehmer raus.
- *Methode Personalunion:* Der Arbeitgeber vermittelt seine Arbeitnehmer über seine eigene Agentur.

»Abzocken leicht gemacht« ist dann auch der Tenor nicht nur des *Spiegel,* sondern auch der Kontrolleure vom Bundesrechnungshof. In knapp einem Drittel von 900 untersuchten Fällen fanden sie entweder Nachweise oder Anhaltspunkte für Missbrauch oder »Mitnahmeeffekte« und vermuten »die Spitze eines Eisbergs«, da die Regelung selbst »in hohem Maße missbrauchsanfällig« sei.

Ergebnis: »Gerade das gewollt unbürokratische Handling erweist sich als Einladung zum Betrug.«

Aber sehen wir es positiv: Während sozialstaatliche Miesmacher behaupten, man könne nicht vorhandene Arbeitsplätze auch nicht vermitteln, verdienen findige Unternehmer sogar Geld damit.

Müssen unsere geschäftstüchtigen und einfallsreichen Privatvermittler nun irgendwelche Strafen oder auch nur ein Versiegen ihrer Geldquelle befürchten? Marktradikale wie die FDP fordern in diesem Zusammenhang, die Bundesagentur für Arbeit in eine reine Versicherungsanstalt umzugestalten und die Arbeitsvermittlung für alle Arbeitssuchenden vollständig über Vermittlungsgutscheine zu organisieren.[39]

10. Ein typisches Beispiel privater Kontrolle

Wie es aussieht, wenn der Staat Lebensmittelkontrollen Privatunternehmen überlässt, musste beim BSE-Skandal im Jahre 2002 sogar das Bayerische Landesamt für Gesundheit und Lebensmittelsicherheit (LGL) zugeben:

»Die Vorfälle um die Untersuchung von Gehirnproben auf BSE durch ein nicht ... zugelassenes Privatlabor, sowie in der Folge die Aufdeckung von Unregelmäßigkeiten auch in anderen Bundesländern (Baden-Württemberg, Niedersachsen, Nordrhein-Westfalen und Rheinland-Pfalz) haben die grundsätzliche Frage aufgeworfen, wie die Qualität der BSE-Untersuchungen durch private Laboreinrichtungen verbessert und der geforderte Qualitätsstandard effektiver überprüft werden kann.«

Aber dann kam gleich die Entwarnung: Es wurde hoch und heilig abgelehnt,

»dass die Tests nur noch in staatlichen Untersuchungseinrichtungen vorgenommen werden«.[40]

Die damalige NRW-Umweltministerin Bärbel Höhn hielt ihre schützende Hand sogar über ein beim Schlampen erwischtes Labor, das seine Arbeit in gewohnter »Eigenverantwortung« fortsetzen durfte.[41]

Allerdings sollte sich der Staat auf die wirklich wichtigen Kontrollen beschränken. Ob der Leibnizkeks wirklich immer 52 Zähne hat, können durchaus gewissenhafte Privatlabors eigenverantwortlich überprüfen.

11. Abschließendes zur Privatisierung

In keinem einzigen Bereich hat die Privatisierung den Normalbürgern irgendwelche Vorteile, wohl aber sinnlich erfahrbare und an Fakten nachprüfbare Nachteile gebracht: Private liefern – mit Ausnahme der Mehrzahl der Kleinunternehmen – in der Regel schlechtere Qualität zu höheren Preisen – und das bei unwürdigen Arbeitsbedingungen und Niedrigstlöhnen. Dies freilich ist keine Charakterfrage. Achtet zum Beispiel ein Bauunternehmer auf solide Arbeit sowie menschenwürdige Behandlung der Mitarbeiter und verzichtet er noch obendrein auf Bestechung, so droht sehr schnell der Bankrott.

Schon deshalb ist Privatisierung – unabhängig von der Haushaltslage in einem der reichsten Länder der Erde – keine seriöse Option.

Wählt man also aus reiner Finanznot die offenkundig in jeder Hinsicht schlechtere Option der Privatisierung, so ist das wie ein Darlehen bei einem Kredithai: Es wird alles nur viel schlimmer. Nicht nur die Stromkunden wissen ein Lied davon zu singen.

In vielen Fällen werden staatliche Einrichtungen systematisch ruiniert, um den Bürgern eine Privatisierung aufzuschwatzen. Eine besondere Verhöhnung des Menschenverstandes ist es, wenn man wie bei der Altersvorsorge höhere Beiträge zur gesetzlichen Rentenversicherung für »unzumutbar« erklärt, denselben Bürgern aber einen noch höheren Beitrag zur Privatvorsorge zumutet. Dass diese Konzerne dann auch noch mit Milliardenbeiträgen beschenkt werden, die angeblich zur durchaus möglichen Sanierung der staatlichen Vorsorge fehlen, rundet das Bild nur ab.

Warum prinzipiell nahezu jeder Privatbetrieb in Staatseigentum gemeinnütziger arbeiten könnte, zeigt ein banales Gedankenspiel: Angenommen, vor zehn Jahren hätten die Kapitaleigner eines DAX-Unternehmens ihre gesamten Anteile klammheimlich dem Staat geschenkt: Dann wäre dieses erfolgreiche Unternehmen in Wahrheit ein Staatsbetrieb mit dem Vorteil, dass die traumhaften Milliardenrenditen eben dem Staat, also wenigstens theoretisch der Allgemeinheit zugute kämen.

Gegen das auf Erfahrung und Logik gegründete Misstrauen gegenüber Privatunternehmen wird häufig eingewandt, gegen illegales Treiben gebe es den Rechtsweg. Dies aber gleicht der Empfehlung, die prall gefüllte Brieftasche gut sichtbar auf dem Rücksitz seines Cabrios liegen zu lassen, da es gegen Diebstahl ja Gesetze gebe.

Ähnlich ist es mit dem Vorwurf des Generalverdachts. Ein solcher Generalverdacht sogar gegen alle Bürger ist allerdings üblich: Wer am Konzerteingang sagt, er habe seine Karte zu Hause vergessen, wird nicht eingelassen, also wie ein schäbiger Lügner behandelt. Und wer sich bei Polizeikontrollen nicht ausweisen kann, muss meist mit aufs Revier.

Wie so ein Generalverdacht entsteht? Im März 2006 beschließt der Dresdner Stadtrat den Verkauf sämtlicher 50 000 städtischer Wohnungen für 981 Millionen Euro an den US-Investor »Heuschrecke« Fortress. Betroffen ist jeder fünfte Dresdner. Federführend ist Oberbürgermeister Ingolf Roßberg (FDP). Zur Person Roßberg eine dpa-Meldung vom 12. Juli 2005: »Gegen den unter Untreue-Anklage stehenden Dresdner Oberbürgermeister Ingolf Roßberg (FDP) wird nun auch wegen Korruptionsverdachts ermittelt.«[42]

»Dresden verschleudert sein Eigentum«, stellt Brigitte Fehrle in der *Berliner Zeitung* fest und schreibt dem Ausverkäufer ins Stammbuch, was für viele Regierende in Bund und Ländern gilt: »Stolz braucht Dresdens Bürgermeister Roßberg wirklich nicht zu sein. Welche Leistung hat er vollbracht? Er hat seinen öffentlichen Haushalt derart in die Miesen gewirtschaftet, dass er jetzt seinen größten, ja vielleicht seinen einzigen Schatz verkaufen muss, um sich zu retten: Den gesamten Wohnungsbestand der Stadt. Das ist keine Heldentat, das ist eine selbst ausgestellte Unfähigkeitsbescheinigung.«

Das Wichtigste aber ist der politische Aspekt: Wenn nicht nur notwendige medizinische Versorgung und Altersrente, sondern auch Kindergärten, Schulen, Universitäten, Schwimmbäder, Museen, Theater, Erholungsparks für immer weniger Bürger erschwinglich sind, dann winkt eine Kluft zwischen Arm und Reich wie zur Zeit der Götterdämmerung der französischen Feudalgesellschaft.

Besonders ärgerlich für die Marktradikalen: Nicht einmal besagte »Bull-Kommission« gibt das erhoffte grüne Licht zur Privatisierungsorgie, sondern

> »vertritt die Auffassung, dass der Staat sich aus der unmittelbaren Erfüllung vieler Aufgaben zurückziehen solle, dass er andererseits aber für die Erreichung sozialstaatlicher Ziele einzustehen habe. ... Nicht empfohlen wird eine Politik, die darauf abzielte, so viele Agenden wie möglich materiell zu privatisieren ... Die zuverlässige, korrekte, insbesondere gesetzmäßige und unparteiische Erfüllung der Aufgaben des öffentlichen Dienstes ist von großer Bedeutung – für die Einzelnen, die Unternehmen, die Gesellschaft. Wirtschaft und Politik sind auf eine qualifizierte öffentliche Verwaltung angewiesen.«[43]

Und nicht zuletzt wirkt blindwütige und moralfreie Staatsverschlankung auf den Arbeitsmarkt, wie auch Oskar Lafontaine erkennt:

> »Der fortgesetzte Abbau von Arbeitsplätzen im öffentlichen Dienst, in dem in Deutschland weniger Menschen als in den USA und Groß-

britannien und weitaus weniger Menschen als in den skandinavischen Ländern beschäftigt sind, hat nicht wenig zum Arbeitsmarktfiasko beigetragen.«[44]

Übrigens: Wie ehrlich und gemeinverantwortlich Privatbetriebe arbeiten, denen manche ja schließlich nach und nach fast den gesamten Staat anvertrauen wollen, lässt sich sogar pauschal an nüchternen Zahlen ablesen. Laut dpa-Meldung vom 11. Mai 2006 mussten die Unternehmen 2005 fast 14 Milliarden Euro an Steuern nachzahlen.

»Vor allem die Großunternehmen haben nur unwillig gezahlt und sich vor dem Fiskus arm gerechnet. Freiwillig zahlten sie nur rund zwei Drittel der fälligen Körperschaftsteuer. Ein Drittel – rund 5,36 Milliarden Euro – trieben die Betriebsprüfer ein.«[45]

Aber arbeiten die Privaten wenigstens unbürokratischer und effektiver?

Nach einer Studie der Unternehmensberatung Proudfoot sorgt die Verschwendung von Arbeitszeit durch Verwaltung, endlose Konferenzen und zu viele Büroangestellte in Deutschland für einen Gesamtschaden von mehr als 170 Milliarden Euro im Jahr, also knapp acht Prozent des Bruttoinlandsproduktes oder 32,5 Arbeitstage pro Person und Jahr.

Teil VII

Was wirklich getan werden kann und muss

Da also der Marsch in den »schlanken Staat«, also »Privatisierung um jeden Preis«[1], als Weg aus der Dauerkrise des Beamtentums und des öffentlichen Dienstes in einem Sozialstaat ausscheidet, stellt sich die Frage nach verfassungskonformen Alternativen.

Der Staat als Großkonzern

Für Max Weber war Bürokratie auch für private Unternehmen die rationale Form der legalen Herrschaft. Betriebe sollten also wie Bürokratien funktionieren.[2] Im völligen Gegensatz dazu sollen heute staatliche Bürokratien nach den Gesetzmäßigkeiten von Unternehmen handeln. Sachlich falsche und damit stilecht marktradikale Bezeichnungen wie »Deutschland AG« drücken dieses Wunschdenken aus.

Allerdings ist Deutschland wegen des Sozialstaatsgebots nach den Grundgesetzartikeln 20 und 28 eher mit einer traditionellen Großfamilie vergleichbar. Wäre eine solche Familie nach marktwirtschaftlichen Prinzipien organisiert, so erhielten die Eltern als Verdiener stets am meisten, während die Kinder und Großeltern am Existenzminimum lebten. Der Spruch »Solange du deine Beine unter meinen Tisch streckst ...« und die Zuteilung von Taschengeld für die Nichtverdiener deuten diesen Sachverhalt sogar an. Handelte es sich zudem um Kleingewerbler, so würden alle »unproduktiven« Ausgaben wie Kino, Zoo und Reisen bis hin zu Sonntagsbraten, Pudding und Arzneimitteln rigoros zusammengestrichen, um alles »ins Geschäft« und seine Vergrößerung zu stecken.

Selbst die Ausbildung der Kinder – eigentlich doch eine Investition in die Zukunft des Familienbetriebs – würde qualitativ und quantitativ minimiert: Lehrbücher, Bildungsreisen und ein Schulbesuch über die neunte Klasse hinaus wären überflüssiger Luxus.

Zweifellos könnte ein solcher Familienbetrieb kurzfristig wirtschaftlich besser dastehen als ein solidarisch organisierter, aber selbst im Erfolgsfall würde man diese Familie eher bemitleiden als beneiden: reiche Banausen, früher als »Geldadel« verspottet und schon 1670 von Molière in der Komödie *Der Bürger als Edelmann* verewigt. Parallelen zum Publikum der Bayreuther Wagner-Festspiele und des Wiener Opernballs drängen sich geradezu auf.

Eng verbunden mit dem Hirngespinst Deutschland AG ist die Vorstellung, staatliche Leistungen müssten sich selbst finanzieren. Dazu ein Beispiel:

Eine Sozialstaatlerin und eine Marktradikale machen Urlaub. Für die Sozialstaatlerin ist der Urlaub etwas, was sie sich gönnt; für die Marktradikale muss er sich selbst finanzieren. Folglich genießt die Sozialstaatlerin ihren Urlaub, während die Marktradikale ihn kostendeckend gestaltet, indem sie vor Ort als Zimmermädchen, Eisverkäuferin oder Dirne arbeitet.

Natürlich wird auch und gerade die Sozialstaatlerin im Urlaub und im sonstigen Leben möglichst sparsam sein. Ebenso muss auch der Staat die notwendigen Ausgaben zur Sicherung der Daseinfürsorge möglichst gering halten und Verschwendung vermeiden. So ist auch die Beseitigung – tatsächlich und nicht angeblich – überflüssiger Bürokratie und Gesetze eine ständige Aufgabe. Allerdings darf »der fiskalische Beweggrund der Reform öffentlicher Verwaltung ... nicht der primäre sein«.[3] Und das muss er auch nicht in diesem reichen Land.

Die Mutter aller Reformen:
Die Föderalismusreform

Warum wurde die Föderalismusreform jahrzehntelang verschleppt, und warum ging sie dann völlig überhastet »im Stil des chinesischen Volkskongresses« (Guido Westerwelle) und mit den sattsam bekannten »handwerklichen Fehlern« über die Bühne? Unmittelbar nach der Einigung kritisierte SPD-Fraktionschef Peter Struck den eigenen Gesetzentwurf, und »selbst die Rechtspolitiker wissen nicht genau, ob die Ankündigung stimmt, die Gesetzgebung werde beschleunigt«.[4]

Die nervigen Blockadespielchen des Bundesrats gegenüber dem Bundestag wurden zum Markenzeichen deutscher Politik zunächst in den letzten Jahren der Regierung Kohl, als unter Rädelsführerschaft von Saarlands Ministerpräsident Oskar Lafontaine die SPD-Mehrheit in der Länderkammer kaum noch ein Gesetz durchwinkte. Dasselbe Spielchen gab es dann zwischen der Regierung Schröder und der nun schwarz-gelben Bundesratsmehrheit.

Allerdings verdient das – eigentlich berechtigte – Wehklagen über die Handlungsunfähigkeit der Regierung im konkreten Fall einige Heuchelpunkte.

Wie sonst, wenn nicht mit Hilfe einer »blockierenden« Union, hätte der Kanzler der Bosse sein Umverteilungsprogramm zugunsten der Konzerne gegen die eigene Parteibasis durchsetzen können?

»Kriegen wir im Bundesrat nicht durch« war das Totschlagargument gegen alles, was nur einen Hauch von Sozialem hatte. Genau dies hatte der *Spiegel* bereits vor der Hessenwahl 2003 vorausgesagt: »Ausgerechnet eine deftige Wahlniederlage könnte den Reformern die Arbeit erleichtern: Wichtige Gesetze lassen sich nur mit Hilfe der Union, die den Bundesrat nach Siegen in Hannover und Wiesbaden massiv dominieren würde, durchsetzen – ein wirksames Argument, um die Begehrlichkeiten von Gewerkschaften und Parteilinken abzublocken ... Viele in der SPD-Spitze sehnen sich regelrecht nach einer Phase der engeren Kooperation mit den CDU-Ländern.«

Warum es nun einigen nicht schnell genug gehen konnte, erklärt sich möglicherweise aus der Ungeduld der Stichwortgeber aus der Wirtschaft.

Da besonders auf Betreiben Roland Kochs die Bereiche Bildung, Hochschulpolitik und Umwelt faktisch vollständig Ländersache wurden, steht dem Cola-Kolleg und Unilever-Uni nichts mehr im Wege. Erst auf den letzten Drücker wurde auf Druck einiger linker SPD-Abgeordneter nachgebessert: Künftig darf ein Land wenigstens Wissenschaftsprogramme des Bundes akzeptieren.

Nicht zufällig legte Hessens Ministerpräsident großen Wert auf das »Kooperationsverbot«, wonach die Förderung des Bundes für Ganztagsschulen ausdrücklich untersagt ist. Die Pisagaranten und Primatenproduzenten vom Privatfernsehen sollen ja schließlich keine seriöse Konkurrenz bekommen.

Christoph Seils trifft in der *tageszeitung* den Kern: »Niemand soll den Ländern bei ihrer ideologiefixierten Schulpolitik mehr reinreden dürfen, auch nicht mit Finanzhilfen.«

Dass übrigens der Main künftig vielleicht giftmüllversetzt in den Rhein fließt, dürfte allerdings die Beziehungen der CDU-Länder Hessen und NRW angesichts ähnlicher Umweltvorstellungen kaum belasten.

Ebenfalls wichtig für die Sozialstaatsfeinde: Die Länder dürfen künftig eigenständig über die Besoldung ihrer Beamten entscheiden und das gesparte Geld den Privatunternehmen zuschanzen. Aber im Ernst: Die Gefahr, reiche Länder könnten den ärmeren durch höhere Gehälter Verwaltungsoberinspektorinnen oder Englischlehrer abwerben, scheint geringer als die, dass einige Länder die Kürzungsvorreiter spielen und anderen damit als Beispiel dienen.

»Schlichtweg aberwitzig« nennt Heribert Prantl in der *Süddeutschen Zeitung* das Vorhaben, die Gesetzgebungskompetenz im Strafvollzug voll und ganz den Ländern zu überlassen: »In den deutschen Gefängnissen soll es künftig nicht mehr einigermaßen einheitlich zugehen, so wie es der Bundesgesetzgeber jetzt vorschreibt, sondern so verschieden, wie es 16 Landtage wollen.« Dies kann tatsächlich heiter werden, besonders angesichts der Pläne zum Verkauf der Gefängnisse an Privatbetreiber.

Für die Reform wird das Grundgesetz an etwa vierzig Stellen geändert, darunter auch der Grundgesetzartikel 33 über die »herbrachten Grundsätze« des Beamtentums, die jetzt »fortzuentwickeln« seien. Der Bundesrat soll nur noch vierzig statt bisher sechzig Prozent der Gesetze durch Einspruch blockieren können.

»Mit der Föderalismusreform stärken wir den Gedanken der Subsidiarität«, meint Unions-Fraktionschef Volker Kauder.[5]

Das klingt im Prinzip richtig. Probleme sind möglichst dort zu lösen, wo sie auftauchen. Das Labskausrezept für die Rostocker Rathauskantine sollte ebensowenig in Berlin bestimmt werden wie die Wandfarbe einer Tuttlinger Turnhalle.

Dies hebt allerdings staatliche Verantwortung nicht auf. Nicht ohne Komik war daher, dass mitten in die Reformdebatte der Ruf mehrerer Politiker nach größerer Verantwortung von Bund und Ländern beim Kampf gegen Vogelgrippe platzte. Die Landkreise seien teilweise völlig überfordert, fand zum Beispiel Mecklenburg-Vorpommerns Landwirtschaftsminister Till Backhaus.

Transparenz und Diskussion als Reformmotor

Nun kann aber Subsidiarität nicht heißen, dass die Schulgebäude und Lehrbücher nun verstärkt bei der Verwandtschaft der Landesregierung oder der Gemeinderäte bestellt werden. Subsidiarität ohne Transparenz und Diskussion muss scheitern, was für die Beibehaltung oder Abschaffung öffentlicher Dienstleistungen ebenso gilt wie für die Verbesserung der Effektivität von Verwaltungsarbeit.

Ziele müssten »*vereinbart* und *nicht verordnet* werden«, fordert die Bull-Kommission, und zwar durch »aktive Einbindung der Mitarbeiterinnen und Mitarbeiter«. Vorgegebene strategische Ziele sollten »auf den unterschiedlichen hierarchischen Ebenen im wechselseitigen Gespräch zwischen Vorgesetzten und Mitarbeitern in konkrete, tätigkeitsbezogene Individualziele umgesetzt werden«. Diese Ziele sollten »herausfordernd, aber nicht unerreichbar sein; auch sollte die Zielerreichung von den Betroffenen direkt beeinflusst werden können«.[6] Das klingt schon anders als die Made-im-Speck-Märchen und Neidkampagnen.

Das durchschaubare Leistungsprinzip

Solche gemeinsam erarbeiteten und durchschaubaren Zielvereinbarungen sind nicht nur »unverzichtbares Rückgrat einer auf Effektivität und Effizienz gerichteten Verwaltungsarbeit«, sondern können auch Grundlage einer Leistungsbeurteilung sein.[7]

Es liegt nahe, dass »die motivierende Wirkung der Zielvereinbarungen nur dann wirklich erreicht wird, wenn die individuelle Zielerreichung in einer fühlbaren Form honoriert bzw. eine Zielverfehlung entsprechend sanktioniert wird«[8]. Wie erwähnt, steht und fällt hier alles mit der Transparenz als wichtigstem Feind von Patronage. Im Idealfall teilen die Mitarbeiter einer Abteilung die Beurteilung eines Kollegen.

Ein völlig anderer Geist, nämlich Feindseligkeit und Neidkomplex, spricht aus der Version des *Spiegel*-Redakteurs Roland Nelles von angeblichen Intentionen des Berliner Innensenators Ehrhard Körting und »anderer Länderexperten«. Für Nelles ist »Ende der Schonzeit« – also Beginn der Menschenjagd auf Beamte:

- »Führungspositionen in der Bürokratie könnten leichter als bisher auf Probe vergeben werden. Wer die erhoffte Leistung nicht bringt, wird zurückgestuft.
- Auch normale Beamte, die sich auf ihrem Posten ausruhen und ein vorgegebenes Pensum nicht erfüllen, sollen vom Dienstherren in der Gehaltsstufe herabgesetzt werden können. Das wäre das Ende des bisherigen Prinzips, wonach Beamte nicht für ihre Leistung, sondern für ihre Anwesenheit bezahlt werden.
- Besonders arbeitsscheue oder überforderte Staatsdiener – im Bürokratendeutsch ›Schlechtleister‹ genannt – könnten in einem neuen Disziplinarverfahren womöglich ganz vor die Tür gesetzt werden.«

Leitsatz des Artikels: »Ohne deutliche Kurskorrektur wäre eine Sanierung der notorisch klammen Landeshaushalte, die teilweise zu rund vierzig Prozent aus Personalkosten bestehen, nicht zu schaffen.«

Auf Deutsch: Es geht gar nicht um Verbesserung der Verwaltung, sondern um Menschenentsorgung zwecks Haushaltssanierung. Wie sagte der große Politologe Thomas Ellwein:

»Das Dilemma der Verwaltung ist ihre Verflechtung mit der Politik.«[9]

Der Solidarbeitrag der Staatsdiener

Einerseits ist die Forderung nach einem Solidarbeitrag für Beamte unanständig, wenn gleichzeitig den Multimillionären die Einkommenssteuer permanent gesenkt wird. Andererseits kann man nicht sagen, dass die höheren Einkommensgruppen der Beamtenschaft am Hungertuch nagen oder dass sie, verglichen mit Polizisten oder Krankenschwestern, zu schlecht bezahlt würden.

Durchaus diskussionswürdig sind daher Modelle wie das von Peter Grottian und Wolf-Dieter Narr, wonach die oberen Gehaltsgruppen auf zehn und die mittleren auf fünf Prozent ihres Gehalts bei entsprechend weniger Arbeit verzichten, um dadurch 200 000 bis 500 000 mehr Teilzeit- und Vollzeitarbeitsplätze zu schaffen. Grottian selbst ging übrigens 1985 mit gutem Beispiel voran und verzichtete auf eine halbe Planstelle.

Dass solch ein Beispiel Schule macht und gar zur Massenbewegung für die Besserverdiener in der Beamtenschaft wird, ist allerdings unter den gegenwärtigen Umständen kaum zu erwarten.

Dies beweist allerdings keineswegs den Egoismus der Professoren, Ministerialdirigenten oder Chefärzte. Im Gegenteil: Dass der raffgierige, skrupellose *Homo oeconomicus* das wahre Wesen des Menschen sei, mag vielleicht für marktradikale Theoretiker und Praktiker zutreffen. Allein die große Spenden- und Hilfsbereitschaft quer durch alle Schichten und nicht nur bei Katastrophen wie Hochwasser, Erdbeben oder Unwetter zeigt das Gegenteil: Die meisten Menschen sind sehr wohl zum Abgeben und damit zum Verzicht bereit, wenn sie den Sinn einsehen.

Nur gilt leider momentan frei nach Ulrich Wickert: »Der Solidarische ist der Dumme.«

Wer jetzt auf einen Teil des Gehalts verzichtet, kann sich ausrechnen, dass er damit zum Beispiel die Senkung des Spitzensteuersatzes finanziert. Drei Prozent Senkung bedeuten pro Einkommensmillion 30 000 Euro – angeblich für neue Arbeitsplätze. Aber wieso sollte der Inhaber einer Friseurkette, der wegen Kundenmangels kürzlich 200 Leute entlassen musste, jetzt wieder einen einzigen einstellen? Haben klamme Bürger plötzlich wieder Geld für den Friseur, nur weil der Friseur vom Staat Geld geschenkt bekommt?

Zudem hört der prinzipiell verzichtbereite Beamte vom Boom in der Luxusgüterindustrie und kann am 16. November 2005 in der *Frankfurter Allgemeinen Zeitung* lesen: »Der Sportwagenhersteller Porsche will nach dem elften Rekordgewinn in Folge die Dividende erneut erhöhen.« Und da weiß er, wie die gesparte Spitzensteuer wirklich angelegt wird.

Kann man es wirklich als »Sozialneid« abtun, wenn nicht nur Beamte, sondern eigentlich die weitaus meisten Bürger keine Lust haben, reiche Leute noch reicher zu machen? Man kann aber getrost darauf wetten, dass dieselben Beamten und dieselben Bürger sofort zum Verzicht bereit wären, wenn sie wüssten, dass wirklich jeder ebenfalls entsprechend seinen Möglichkeiten zur Kasse gebeten wird und das Geld dem Sozialstaat zugute kommt.

Diese Bereitschaft ist aber kaum zu erwarten, solange Meldungen wie diese unseren Alltag bestimmen: »Mit 55 Milliardären leben hier zu Lande mehr als in jedem anderen Land nach den USA.«[10]

Weg mit dem Berufsbeamtentum

Die vordemokratischen »hergebrachten Grundsätze des Berufsbeamtentums« hatten im Grundgesetz noch nie etwas zu suchen.

Der entsprechende Artikel 33, Absatz 5 ist zu streichen und das Berufsbeamtentum als anachronistisch abzuschaffen.

Würden von heute auf morgen die Beamten zu Staatsangestellten, so änderte sich für die Bezahlung, Art und Qualität der Arbeit nichts Wesentliches. Meist ist ohnehin nicht zu erkennen, ob der jeweilige Lehrer, Arbeitsvermittler oder Sachbearbeiter Beamter ist. Im Grunde unterscheiden sich beide Gruppen nur noch durch das Streikverbot für Beamte, und auch das bröckelt ja bekanntlich und konnte durch einfallsreiche Formen des Dienstes nach Vorschrift seit jeher unterlaufen werden.

Wo ein Wille ist, da ist auch ein Weg. Wollte man das Berufsbeamtentum wirklich abschaffen, so könnte man sämtliche Detailprobleme einschließlich der Änderung entsprechender Grundgesetzpassagen, der Abschaffung des Zulagendschungels und sogar der Versorgungsfrage leicht lösen.

Das Zinsargument – Rentenbeiträge fallen sofort an, Pensionen erst bei Fälligkeit – hat das verstandesbeleidigende Niveau des Werbeslogans »Jetzt kaufen, später bezahlen«. Also ob Renten und Pensionen nicht auch künftig ständig geändert würden!

Das Festhalten am Beamtentum hat mehrere Gründe, die teilweise nicht offen vorgetragen werden (können):

Die Angst mentaler Feudalfürsten, dass einfache Staatsangestellte ohne autoritäre Gängelung nicht loyal seien. Dies wird begleitet vom Irrglauben, ein Beamter – ob Polizist oder Staatssekretär – sei dem Vorgesetzten oder der Regierung verpflichtet. In Wahrheit ist er »dem deutschen Volke« und seinem Grundgesetz verpflichtet. Äußert sich zum Beispiel ein Staatssekretär im Sinne der Regierung und wird als Gegenleistung Minister, so ist das nicht besondere Loyalität und verdiente Belohnung, sondern ein korrupter Tausch. »Der Staat bin ich« gilt weder für Kanzler und Kanzlerinnen noch für Ministerpräsidenten. Vor diesem Hintergrund ist auch nicht einsichtig, dass wenigstens die

»besonders sensiblen« Bereiche wie Polizei, Militär, Justiz oder Finanzen mit Beamten besetzt sein müssten. Die Rechtsstaaten Großbritannien, Schweden, Schweiz und Niederlande kommen bekanntlich ganz ohne Beamte aus.

Das Aufeinanderhetzen von Beamten und Restbevölkerung ist als Spielart von »Teile und herrsche« ein unverzichtbarer Bestandteil marktradikaler Politik. Aus deren Sicht würde durch Abschaffung des Beamtentums auch noch diese Gruppe in die Armee der Gewerkschaftsführer eingegliedert. Deshalb wollen die großen Parteien lieber privatisieren als den Beamtenstatus zum Angestelltenverhältnis zu machen.

Unabhängig davon wäre ein erster Schritt, keine neuen Beamten mehr einzustellen und so das Beamtentum langsam auslaufen zu lassen – wobei einige »Staatsverschlanker« wie Heide Simonis dies nur als Etappe zum superschlanken Staat verstehen: Staatsangestellte machten bei Privatisierungen weniger Ärger, denn sie müssten nicht nachversichert werden.[11]

Festzuhalten ist, dass der Abbau von Beamtenprivilegien keinesfalls eine Angleichung nach unten bedeuten kann. Bekanntlich lassen Massenentlassungen die Börsenkurse explodieren und bei den Marktradikalen die Champagnerkorken knallen. Wer aber meint, die Abschaffung des Beamtentums wäre gleichbedeutend mit grünem Licht für menschenunwürdige Entsorgung von »Wohlstandsmüll«, dürfte auf den Widerspruch der überwältigenden Bevölkerungsmehrheit stoßen.[12]

Der Faktor Mensch

All diese Überlegungen aber sind für die Katz, wenn man den Faktor Mensch nicht berücksichtigt: Nur zufriedene Menschen arbeiten fleißig, gewissenhaft, kreativ und freundlich. Zufrieden aber sind die Menschen vor allem, wenn ihnen und ihrer Arbeit Respekt entgegengebracht wird, die Arbeitsbedingungen menschenwürdig sind und die Bezahlung angemessen ist.

Kurzum: An die Stelle des tumben und unmenschlichen Hetz- und Droharsenals muss wirkliche Motivation treten. Wer diese Selbstverständlichkeiten als »Extrawürste« empfindet, zeigt damit nur sein moralisch heruntergekommenes Staats- und Gesellschaftsverständnis und seine Realitätsferne.

Dass nämlich auch Staatsdiener »Angemessenheit« im Zweifelsfall nicht so sehr an den Slums von New York als vielmehr an den Einkommen durch bloßen Kapitalbesitz orientieren, wird man ihnen weder verbieten noch ausreden können, zumal ja die »Eliten des Volkes«, also die »Nieten im Nadelstreifen«, auch bei Kursverfall und roten Zahlen ihre Ansprüche an echten Erfolgstypen wie Bill Gates orientieren.

Dennoch spielt finanzielle Habsucht vielleicht für den soziopathischen Homo oeconomicus à la »Mein Auto, mein Haus, mein Boot«[13] die Hauptrolle, der Durchschnittsbürger legt aber mindestens ebensoviel Wert auf »Spaß an der Arbeit«. Die Pointe: Immer mehr Unternehmen erkennen, dass sich ein gutes Betriebsklima unterm Strich auch finanziell rechnet: Wer kann schon einem Chef, der die Untergebenen stets so höflich nach ihrer kritischen Meinung fragt und sich stets so fürsorglich nach der kranken kleinen Tochter erkundigt, ein paar liebenswürdig erbetene (kostenlose) Überstunden abschlagen?

Echter Bürokratieabbau

Nur auf der Grundlage motivierter und bürgernaher Staatsdiener ist an echten Bürokratieabbau überhaupt erst zu denken. So könnte eine öffentlich arbeitende, »interaktive« Kommission aus Juristen und Germanisten das Amtsdeutsch in Umgangssprache übersetzen, ohne den Inhalt unzulässig zu verflachen oder zu verfälschen. Netto ist nun mal etwas anderes als brutto und das BGB etwas anderes als das StGB und das Grundgesetz.

Gleiches gilt für die Beseitigung von Schildbürgerstreichen in Paragrafenform. Hierbei ist aber neben *wirklich* unabhängigen *echten* Experten auch Transparenz notwendig. Das sporadische Anprangern in den Medien ist zwar lobenswert, aber lange nicht ausreichend. Denkbar wären periodische Rechenschaftsberichte der verantwortlichen Politiker, etwa als Pendant zu Regierungserklärungen.

Ebenfalls nötig wäre Öffentlichkeit, um den Abbau des Rechts- und Sozialstaates unter dem Mantel der Entbürokratisierung zu verhindern. Dass etwa bei manchen Lebensmitteln Kilogrammpreise und Fettgehalt angegeben werden müssen, ist keine Überregulierung, sondern ein Mittel gegen die Mogelpackungs- und Gesundheitswerbungsbetrüger.

Die große Chance der Kleinunternehmen

Selbstverständlich kann Subsidiarität auch zur Privatisierung kleinerer Bereiche führen. Kantine, Wäscherei oder Raumpflege einer Behörde müssen nicht staatlich sein. Voraussetzung ist allerdings, und dies ist in 57 Jahren Bundesrepublik kaum gelungen:

- Die Privatisierung muss sich für den Steuerzahler und den Bürger lohnen, denn entgegen der Propaganda pseudochristlicher Fundamentalisten gehören Marktwirtschaft und Privatunternehmertum nicht zu den Zehn Geboten.
- Die Privatbetriebe müssen ein *nachweislich* besseres Preis-Leistungs-Verhältnis bei gleichzeitiger Verbesserung für die Beschäftigten bieten, anstatt nur eine Goldader für die Verwandtschaft des Bürgermeisters oder des Ministers darzustellen. Wucherpreise, Gammelnahrung, Arbeitsschutzverzicht und Kinderarbeit sind Stichwörter für Extremfälle.

Hier, wie bei allen für das Gemeinwohl wichtigen Privatbetrieben, steht und fällt alles mit der Kontrolle und der Sanktionierung.

Nimmt man allerdings anhand des BSE-Skandals die Überwachung von Privatlabors und die Sanktionen gegen Kriminelle ebenso zum Maßstab wie den Umgang mit den zahllosen Korruptionsaffären, die für gewöhnlich ohne jede Verurteilung im Sande verlaufen, so scheint dies ein naiver Wunsch. Diese Erfahrung erlaubt zwar zumindest die Prognose, dass Privatisierung in aller Regel Nachteile für die Allgemeinheit und die konkret Betroffenen zugunsten einiger Selbstbereicherer bedeutet, spricht aber nicht generell gegen Privatisierung im Sinne der Subsidiarität.

Teil VIII

Fazit

Noch einmal: Können wir uns das leisten?

Natürlich: Unter den Bedingungen der systematischen Staatsverarmung ruiniert der Behördenapparat unser Land. Isoliert betrachtet, hat Thomas Ellwein durchaus recht:

> »Wir werden uns in Deutschland auch weiterhin eine Verwaltung leisten, die wir uns nicht leisten können. Das Ende davon ist abzusehen.«[1]

Aber auch wenn es manchen nicht passt: Deutschland ist bei einem Bruttonationaleinkommen von 2,3 Billionen Euro (2005) hinter den USA und Japan das drittreichste Land der Welt. Die privaten Geldvermögen (also ohne Immobilienbesitz!) liegen gar bei 4 Billionen Euro, also 4000 Milliarden Euro. »Wir«, die achtzig Millionen Bürger, könnten uns also sogar das jetzige Beamtentum mit all den Verschwendungen und Überversorgungen finanziell durchaus leisten. Dies betonen auch zusehends Vertreter der sonst eher wirtschaftsfreundlich eingestellten Amtskirchen beider großer Konfessionen[2], so zum Beispiel die 26 kirchlichen Herausgeber des *Jahrbuchs Gerechtigkeit* vom November 2005. Der Sozialstaat sei »sein Geld wert« und dürfe nicht Opfer weiterer Kürzungen werden.

> »Wer den Sozialstaat erhalten will, der muss auch seine finanziellen Grundlagen sichern. Deutschland hat ein Gerechtigkeitsproblem. Wir brauchen eine Steuergerechtigkeit. Wer starke Schultern hat, muss auch mehr beitragen zur Finanzierung des Gemeinwesens.«[3]

Warum auch nicht? Die oberen zehn Prozent der privaten Haushalte verfügen über 47 Prozent des Nettovermögens und sogar über mehr als 50 Prozent des Geldvermögens.

Die Vermögen allein der zehn reichsten Deutschen summieren sich auf 75,7 Milliarden Euro, die der Top 100 auf über 250 Milliarden Euro.

In diesem Zusammenhang: Wer meint, mit der Drohung eines Auslandswohnsitzes partielle Steuerfreiheit erpressen zu können, sollte es mit dem Sozialstaat, seinen Gesetzen und seinen Bürgern zu tun bekommen. Der Vorschlag des Grünen Reinhard Bütikofer geht in die richtige Richtung: Als damaliger Parteichef regte er schon im Jahre 2003 an, Steuerflüchtlingen den Pass wegzunehmen: »Auch Boris Becker und Michael Schumacher sollten sich nicht der Finanzierung des Gemeinwesens entziehen können.« Wie in den USA sollten alle Staatsbürger unabhängig vom Wohnort in Deutschland steuerpflichtig sein. Bislang verliert Deutschland allein durch Steuerflucht mindestens 15 Milliarden Euro jährlich.

Gerade weil die Zahlen so eindeutig sind, wirkt die marktradikale Propaganda vom »Leben über unsere Verhältnisse« und »Ende der fetten Jahre« so absolut irreal und verlogen. Wieso sind sie dennoch »Mainstream«?

Der »Mainstream«: »Können Millionen Fliegen irren?«

Zunächst geht es hier um *veröffentlichte,* nicht etwa um *öffentliche* Meinung. Womit wir in den Medien zugemüllt werden, hat meist mit Volkes Meinung wenig zu tun: Hätte es das, dann wäre Schwarz-Gelb am Ruder und die Linkspartei unter 0,1 Prozent, und die Streikenden des öffentliches Dienstes wären Anfang 2006 infolge der erwähnten Hetzkampagnen vom Volke gesteinigt und nicht beklatscht und mit Speis und Trank versorgt worden. Politiker und Journalisten sind in den Augen der Bevölkerung nicht die mutigen Analytiker der Sachzwänge der Globalisierung, sondern zählen zu den unbeliebtesten Berufsgruppen.

Die Panikmache rund um die »Schuldenuhr« des FDP-nahen Bundes der Steuerzahler bedient Urgroßmutters Milchmädchenlogik: »Anständige Menschen haben keine Schulden.« Das wird die Versandhäuser, Autokonzerne und Geldinstitute aber freuen: Bloß keine Schrankwand und keinen Wagen mehr auf Raten kaufen, bloß keinen Kredit mehr aufnehmen. Das gesamte Bankenwesen lebt ausschließlich von der »Schuldenmacherei«!

Übrigens: »Mainstream« war vor Galileo Galilei, dass die Erde eine Scheibe ist. Und der Beweis hätte glatt von der Initiative Neue Soziale Marktwirtschaft sein können: »Wäre die Erde eine Kugel, so müssten die Australier den ganzen Tag auf dem Kopf stehen.«

Stellt sich die Frage, warum ganze Kohorten von Meinungsmachern diesen offenkundigen Unfug nachbeten.

Ein Großteil der marktradikalen Politiker und Medienleute produziert sicher das, was der Princetoner Philosophieprofessor Harry G. Frankfurt in seinem gleichnamigen Buch »Bullshit« nennt:

> »Der Bullshitter ... steht weder auf der Seite des Wahren noch auf der des Falschen. Es ist ihm gleichgültig, ob seine Behauptungen die Realität korrekt beschreiben. Er wählt sie einfach so aus oder legt sie sich so zurecht, dass sie seiner Zielsetzung entsprechen.«[4]

Weil er mangels Kompetenz die Wahrheit gar nicht kennt, lügt er eigentlich nicht bewusst, sondern labert irgendein Zeug, um bestimmte Ziele zu erreichen. Und diese Ziele heißen schlanker statt sozialer Staat, Privatisierung und freie Marktwirtschaft.

Wieso kommen Leute, deren Kenntnis wirtschaftlicher Zusammenhänge kaum Abiturientenniveau erreicht, ausgerechnet auf diese Ziele? Quatschen sie wirklich nur hirnlos nach, um »dazuzugehören«, so wie sie früher angeblich auf Bob Dylan und Tucholsky, Pink Floyd und Samuel Beckett, Art déco und Peter Sloterdijk standen, um »in« zu sein?

Eine bösartige Antwort liefert der Volksmund: »Ein Abgeordneter ist nicht an Weisungen gebunden, aber an Überweisungen.« Ob nun Geld fließt oder nicht: Wieviel wert ist die Agitation von Politikern für private Versicherungen, wenn sie selbst in Beiräten privater Versicherungen sitzen?

Nun wimmelt es im Bundestag nur so von Versicherungsbeiräten: zum Beispiel Guido Westerwelle bei der Hamburg-Mannheimer, Hildegard Müller bis zu ihrem Aufstieg zur Staatsministerin bei der Barmenia, Friedrich Merz sogar als Chef des Beirats und Mitglied des Aufsichtsrats der AXA.

Nicht zufällig lautet ein beliebter Kabarettistenvorschlag, Politiker sollten doch ähnlich wie Sportler die Logos ihrer Sponsoren deutlich sichtbar an der Kleidung tragen.

Da sie das nicht tun und sogar den Eindruck erwecken, als dürften Details ihrer Nebentätigkeiten um nichts in der Welt ans Tageslicht kommen, denkt sich der Bürger sein Teil. Dann hält er am Ende jeden, der irgendwie Partei für Privatvorsorge ergreift, für einen bezahlten Versicherungslobbyisten – und wählt ihn einfach nicht.

Ebenso scheint auch all die aufwendige Propaganda von der Unbezahlbarkeit des Sozialstaats und dem Sachzwang zur Volksverarmung nicht einmal am Niveau der Argumente, sondern schon an der Unglaubwürdigkeit ihrer Vertreter zu scheitern.

Wie so oft im Leben ist das Sich-Herausreden sehr umständlich: »Liebling, lass dir erklären. Es ist nicht, wonach es aussieht.« Das sagt der beim Seitensprung erwischte Filmheld, und Ähnliches sagt angesichts des Arm-Reich-Gefälles der wirtschaftsliberale Politiker.

Die Wahrheit dagegen ist weniger kompliziert. »Eins und eins, das macht zwei« – und wenn man diese Lösung hundertmal als »Populismus« verunglimpft.

Ebenso einfach ist die Wahrheit der Staatsarmut, wie folgendes Beispiel zeigt: Eine Wohngemeinschaft mit zehn Leuten. Jeder zahlt im Schnitt 500 Euro ein. In der Kasse müssten also 5000 Euro sein. Einer aber zahlt nicht nur nichts ein – so dass nur 4500 Euro in der Kasse sind –, er nimmt sich auch noch 4000 Euro heraus und sagt den anderen, sie würden über ihre Verhältnisse leben und müssten sparen. Wie lange würden sich die anderen WG-Mitglieder das bieten lassen? Sollte der Schmarotzer nun behaupten, seine Bereicherung sei durch die WG-Satzung abgedeckt: Was würde die WG-Mehrheit wohl mit der Satzung tun? Und würde der Schmarotzer nun behaupten, eine gerechte Verteilung der Pflichten und Rechte sei Gleichmacherei wie in der DDR – so wären wir schon dicht an der Realität.

Ebenfalls »Bullshit« ist das Gerede vom »demografischen Faktor«: Erstens bedeutet steigende Produktivität ja gerade, dass ein Arbeitender immer mehr Rentner ernähren kann. Zweitens sind Kapazitäten im verarbeitenden Gewerbe derzeit nur zu etwa achtzig Prozent ausgelastet, von den »brachliegenden« Millionen Arbeitslosen ganz zu schweigen. Das Land könnte also bei einer vernünftigen Politik noch reicher sein. Dass die komatöse Inlandsnachfrage steigt, wenn die Kunden immer weniger Geld zum Einkaufen haben, ist eine skurrile marktradikale Propagandalüge: Entweder wissen die Propagandisten, dass dies nicht funktionieren kann, oder sie können es mangels fachlicher und intellektueller Potenz nicht überprüfen.

Ähnliches gilt für die amüsante Ausrede »Sachzwang Globalisierung«: Globalisierung bedeutet nichts anderes als internationaler Marktradikalismus: Keine göttlichen Naturgesetze, sondern Menschen führen Ölkriege, senken Spitzensteuern oder verscherbeln existenznotwendiges Gemeineigentum an raffgierige Betrüger. Wurde der marktradikale »Washington Consensus« Herrn Bush von Gott im brennenden Dornbusch überreicht und dem Lissabonner EU-Gipfel von Jesus übermittelt, oder haben ihn Menschen erfunden und für die EU übernommen?[5] Zünden sich »Sachzwänge« oder superreiche Menschen mit 100-Euro-Scheinen ihre Cohibas an, während jährlich mehr als zehn Millionen andere Menschen an Hunger sterben?

Wo hakt es? Politikerschelte und Public Choice

Nun kann man auf dieser marktradikalen Grundlage natürlich keine grundgesetzkonforme Reform des öffentlichen Dienstes und des Beamtentums erwarten. Aber auch bei der Abschaffung des Sozialstaats und der Herausprivatisierung der Staatsdiener tun sich die politischen Machthaber schwer. Warum eigentlich, wo man doch eine Zweidrittelmehrheit im Bundestag und bei Bedarf mit der kaum sozialverdächtigen FDP auch im Bundesrat hat?

Eine der genialsten Erklärungen überhaupt – und schon deshalb hat die marktradikale Theorie wenigstens einen gewissen Unterhaltungswert – ist die These, die Parteien hätten Angst vor dem Wähler, ließen sich quasi vom Volk auf der Nase herumtanzen und trauten sich nicht an die irrsinnig alternativlosen »schmerzhaften Einschnitte«.

Abgedeckt wird dies von der *Ökonomischen Theorie der Demokratie* ihres Vordenkers Anthony Downs. Danach

> »ist das Hauptziel jeder Partei der Wahlsieg. Daher zielt alles, was sie tut, darauf ab, die Zahl der für sie abgegebenen Stimmen zu

maximieren, und sie behandelt ihr politisches Programm lediglich als Mittel zu diesem Zweck.«⁶

Dass den Parteien irgendwelche Ideologien oder Inhalte weitgehend schnurz sind, kann man sofort unterschreiben. Wieso aber regt man sich künstlich darüber auf, dass die Abgeordneten des Volkes angeblich seinen vermeintlichen Willen umsetzen? Wissen all die Lichtgestalten in Regierung und Parlament tatsächlich besser als die Bürger selbst, was für das Volk das Beste ist, können es aber nur nicht »vermitteln« und deshalb ohne Stimmenverluste nicht umsetzen?

Falsch ist zunächst die mitschwingende Unterstellung, die Bevölkerung gehe schlampiger mit dem Geld um als die Politik – was ja ohnehin kaum möglich erscheint. Hans Herbert von Arnim verweist auf umfangreiche empirische Studien, wonach die Bevölkerung bei direktem Einfluss wie durch Volksentscheid bedeutend rationaler entscheidet und insbesondere sparsamer mit Steuergeldern umgeht.⁷ Na klar: Die Bevölkerung baut keine überflüssigen Mülldeponien und Festhallen, weil sie weder vom Müllentsorger geschmiert wird noch mit dem Baulöwen verwandt ist.

Es ist also Unsinn, dass das Volk die Politik von richtigen Maßnahmen abhalte.

Abgesehen davon, dass die Bezeichnung des wahlkampfbedingten Verzichts auf einen allzu empörenden Abbau von Rechts- und Sozialstaat als »Wohltat« und »Volksbeglückung« menschenverachtender Blödsinn ist: Steckt hinter dem Wehklagen über die »Feigheit vor dem Feind Wähler« nicht eine verbissen antidemokratische Haltung, die das Volk und seine Wahlen nur als Störenfried bei der Ausplünderung des Staates zugunsten der Reichen sieht?

Die Frage lautet also: Wieviel ist es den Bürgern wert, dass sie die existentiellen Grundbedürfnisse vom Staat erhalten oder garantiert bekommen und nicht zu völlig unsicherer Qualität und zu Wucherpreisen von zwielichtigen Privatanbietern kaufen müssen?

Wie viele Bürger wollen einen Sozialstaat, der alle schwächeren und in Not geratene Menschen auffängt, und wie viele eine Ellbogengesellschaft, in der nur die überleben können, die ohne die geringsten Rücksichten, Skrupel und Tabus ihre eigenen Interessen vertreten?

Sollten die Befürworter der Ellbogengesellschaft in der Minderheit sein, so haben sie sich den Gesetzen und Gepflogenheiten des Sozialstaats anzupassen.

Statt also die Staatsverarmung als »alternativlosen Sachzwang« hinzunehmen und zur Finanzierung eines Fasses ohne Boden auch noch das letzte Tafelsilber an diejenigen zu verscherbeln, die diesen Staat erst arm gemacht haben und an dieser Armut prächtig verdienen, sollte der Staat sich seines Sozialstaatscharakters besinnen und sich das Geld von denen mit den »starken Schultern« holen.

Ganz in diesem Sinne ergab im Frühjahr 2006 eine Umfrage, dass die meisten Deutschen mehr Sozialstaat und weniger soziale Unterschiede wünschen und dafür sogar mehr Steuern zahlen würden, vor allem aber einen höheren Spitzensteuersatz befürworten.

Fast zeitgleich forderte der damals designierte SPD-Chef Kurt Beck mehr Steuergelder, damit der Staat seine Aufgaben erfüllen könne. SPD-Quotenlinke wie Ottmar Schreiner erzählten daraufhin etwas von dreißig bis vierzig Milliarden Euro Einnahmen durch höhere Steuern auf große Vermögen. Dabei ist unerheblich, dass die SPD spätestens seit der rot-grünen Ära »Linkes« nur dann fordert, wenn das Scheitern durch die Mehrheitsverhältnisse gesichert ist und es beim Wähler Punkte bringt. Wichtiger als

Mutmaßungen über die Integrität von SPD-Führern ist der Sachverhalt selbst. So lobt der Amsterdamer Professor für Politik und Ökonomie Michael R. Krätke, Beck habe

> »einen einfachen und richtigen Gedanken ausgesprochen, der in Deutschland einer Revolution gleichkommt. ... Es handelt sich bei den öffentlichen Ausgaben für Bildung und Erziehung, für Ausbildung, für Gesundheit, ja sogar für die Familienförderung nicht um Luxus, nicht um Konsum, sondern um notwendige ›Investitionen‹. Nach der geltenden Konvention ... sind sie das nicht, sondern gelten als ›Konsum‹. Dafür gibt es keinen vernünftigen Grund – es sei denn das Dogma: Nur was einigen Privatleuten Gewinn bringt, darf als Investition gelten.«

»Der Staat« aber, das sind immer noch seine Bürger oder sollten es sein. An ihnen und an ihren parlamentarischen und außerparlamentarischen Aktivitäten liegt es, in welche Richtung sich die Gesellschaft und damit auch öffentlicher Dienst und Berufsbeamtentum entwickeln. Auch im Umgang zwischen Bürgern und Staatsdienern gilt wechselseitig: »Wie man in den Wald hineinruft ...« Dieser Umgang sollte nicht länger von interessengesteuerten Hetzkampagnen infiziert, sondern von gegenseitigem Respekt und Verständnis für die Interessen des anderen geprägt sein.

Damit all dies aber nicht im Antiquariat der frommen Wünsche endet, ist unbedingte Transparenz geboten. Die Staatsbediensteten existieren nicht im luftleeren Raum: Sie sind real existierenden Dingen wie Drohungen, Willkür und Mobbing von innen ebenso ausgesetzt wie Einschüchterungs- und Bestechungsversuchen von außen, vor allem aber den erwähnten Versuchen bewusster Ruinierung öffentlicher Bereiche zum Wohl der Privaten. Daher muss ein »neuer öffentlicher Dienst« auch möglichst *öffentlich* sein. Nicht die ehrlichen Staatsdiener und Politiker müssen das Licht scheuen und im trüben fischen. Wirksame Kontrollen und empfindliche Bestrafung von Verstößen verstehen sich von selbst.

Aber auch dies ist aus verständlichen Gründen von der Politik nicht unbedingt zu erwarten und erst recht nicht von ihren »antibürokratischen bürokratischen Monstern« wie Hartz IV oder Gesundheitsreform, sondern hängt in erster Linie ebenfalls vom »mündigen Bürger« selbst ab.

Was mündige Bürger sind, zeigt sich bislang leider nur in Grenzfällen wie den erwähnten Hochwasserkatastrophen: Während angesichts der Existenznot Hunderttausender verzweifelter Bürger unsere Spitzenpolitiker und ihre Ministerialbürokratie als »Solidaritätsmaßnahmen« lang und breit über die Verschiebung der Steuerreform zankten und in der *Süddeutschen Zeitung* am 17. August 2002 der ironische Satz zu finden war: »So schlimm die Fluten auch sein mögen: Sie sind keine Entschuldigung, um Europas gemeinsame Währung zu gefährden«, überlegten die »Normalbürger« nicht lange, sondern fuhren aus Nachbargemeinden und der ganzen Republik zu Tausenden vor Ort, schleppten Sandsäcke, räumten überflutete Häuser und richteten Gulaschkanonen ein.

Selbstverständlich waren auch Staatsdiener unter den ehrenamtlichen Helfern – aber sie halfen als »Freizeitvergnügen«: Dienstlich waren ihnen meist die Hände gebunden.

Allerdings sind mündige Bürger auch keine Deppen: Wenn nach einer Studie vom Herbst 2006 zwei Drittel der Deutschen ihren Staat für sozial ungerecht halten und sie das Gefühl haben, ihr Beitrag zur Solidarität und damit zum echten Bürokratieabbau diene nur der weiteren Bereicherung der oberen Zehntausend, dann werden sie sich selbstverständlich nur mit angezogener Handbremse engagieren.

Wer also über Beamtentum, Behördenapparat und Bürokratieabbau redet, darf zur sozialen Gerechtigkeit nicht schweigen.

Danksagung

Für freundliche Hilfe, »sachdienliche Hinweise«, wertvolle Informationen ebenso wie für konstruktive Kritik danke ich namentlich

Holger Fischer von McKinsey

Florian Havemann, Richter am Verfassungsgericht des Landes Brandenburg

Britta Müller vom Deutschen Beamtenbund

Heiko Pfaff vom Statistischen Bundesamt

Michael Reinert vom Bundesrechnungshof

Bettina Schoenau von der Industrie- und Handelskammer Berlin

Christine Stüben, Büroleiterin des CDU-Bundestagsabgeordneten Michael Fuchs

Andreas Täuber vom Bundeslandwirtschaftsministerium

Henning Voßkamp, Moderator von RBB 88,8

Elmar Waldschmitt von der Arbeitsgemeinschaft Selbständiger Unternehmer (ASU)

Frank Wallau vom Institut für Mittelstandsforschung Bonn

Michael Zielasko von der Gewerkschaft der Polizei

sowie all jenen, die aus verständlichen Gründen lieber ungenannt bleiben möchten.

Ein besonders herzliches Dankeschön gilt Wolf-Dieter Narr, Holger Keller und vor allem Karin.

Literatur

Andersen, Uwe/Woyke, Wichard (Hrsg.): *Handwörterbuch des politischen Systems der Bundesrepublik Deutschland.* Leske+Budrich, Opladen 2003.

Bannenberg, Britta/Schaupensteiner Wolfgang J.: *Korruption in Deutschland. Portrait einer Wachstumsbranche.* Beck, München 2004.

Battis, Ulrich: *Allgemeines Verwaltungsrecht.* C. F. Müller, Heidelberg 2002.

Battis, Ulrich: *BBG. Bundesbeamtengesetz. Kommentar.* Beck, München 2004.

Becker, Heinz. B.: *Die funktionelle und berufsethische Abgrenzung von Beamten und Arbeitnehmern im öffentlichen Dienst.* Lit, Münster 1988.

Bellers, Jürgen (Hrsg.): *Politische Korruption. Vergleichende Untersuchungen.* Lit, Münster 1989.

Benz, Wolfgang: »Versuche zur Reform des öffentlichen Dienstes in Deutschland 1945–1952. Deutsche Opposition gegen alliierte Initiativen«, in: *Vierteljahreshefte für Zeitgeschichte 2* (1981), S. 216–245.

Beucker, Pascal/Überall, Frank: *Die Beamtenrepublik.* Campus, Frankfurt 2004.

Blanke, Thomas: »Koalitionsfreiheit und Streikrecht im öffentlichen Dienst«, in: *Arbeit und Recht,* Jahrgang 37 (1989), S. 1–10.

Böhret, Carl/Konzendorf, Götz: *Handbuch Gesetzesfolgenabschätzung (GFA). Gesetze, Verordnungen, Verwaltungsvorschriften.* Nomos, Baden-Baden 2001.

Broszat, Martin: *Der Staat Hitlers.* dtv-Weltgeschichte des 20. Jahrhunderts. Deutscher Taschenbuch Verlag, München 1969.

Bull, Hans Peter: *Allgemeines Verwaltungsrecht.* 3. Auflage. Athenaeum, Kronberg im Taunus 1982.

Bull, Hans Peter: »Bürokratieabbau«. Stellungnahme zu der öffentlichen Anhörung des Innenausschusses des Deutschen Bundestages am 28. Juni 2004. Innenausschuss, A-Drucksache 15(4)121 A.

Bull, Hans Peter: »Das öffentliche Dienstrecht in der Diskussion«, in: *Die öffentliche Verwaltung* 57 (2004), S. 155–163.

Bull, Hans Peter: »Reform des öffentlichen Dienstes«. Stellungnahme für die Anhörung des Innenausschusses des Deutschen Bundestages am 1. März 2004. Innenausschuss, A-Drucksache 15(4)84.

Deffner, Sibylle: *Die Nachkriegswirren im bayerischen Volksschulwesen 1945–1954 unter besonderer Berücksichtigung der amerikanischen Re-educationsbemühungen*. Dissertation an der Friedrich-Alexander-Universität Erlangen-Nürnberg 2001.

Downs, Anthony: *Ökonomische Theorie der Demokratie*. Mohr Siebeck, Tübingen 1968.

Ellwein, Thomas: *Verwaltung und Verwaltungsvorschriften*. Westdeutscher Verlag, Opladen 1989.

Ellwein, Thomas/Hesse, Joachim Jens: *Der überforderte Staat*. Suhrkamp, Frankfurt am Main 2002.

Engelmann, Bernt: *Die Beamten*. Steidl, Göttingen 1992.

Engels, Friedrich: »Der Status Quo in Deutschland«, in: *Karl Marx – Friedrich Engels – Werke*. Band 4. Dietz, Berlin/DDR 1972, S. 40–57.

Faust, Frank/Klöckner, Bernd W.: *Beamte – die Privilegierten der Nation*. Wiley, Weinheim 2005.

Frankfurt, Harry G.: *Bullshit*. Suhrkamp, Frankfurt am Main 2006.

Friedman, Milton: *Capitalism and Freedom*. University of Chicago Press, Chicago und London 1962.

Geißler, Heiner (Hrsg.): *Unterrichtsplanung zwischen Theorie und Praxis*. Ernst Klett, Stuttgart 1979.

Giordano, Ralph: *Die zweite Schuld oder Von der Last, ein Deutscher zu sein*. Droemer Knaur, München 1990.

Greve, Michael: *Der justitielle und rechtspolitische Umgang mit den*

NS-Gewaltverbrechen in den sechziger Jahren. Europäischer Verlag der Wissenschaften, Frankfurt am Main 2001.

Grottian, Peter (Hrsg.): *Wozu noch Beamte?* Rowohlt, Reinbek 1996.

Grottian, Peter/Narr, Wolf-Dieter: »Abschaffung des Berufsbeamtentums?«, in: Grottian, Peter, a. a. O., S. 123–154.

Hennis, Wilhelm: *Max Weber und Thukydides. Nachträge zur Biographie des Werks.* Mohr Siebeck, Tübingen 2003.

Hennis, Wilhelm: *Politikwissenschaft und Politisches Denken.* Politikwissenschaftliche Abhandlungen II. Mohr Siebeck, Tübingen 2000.

Herrmann, Ulrich: *Wie lernen Lehrer ihren Beruf?* Beltz, Weinheim/Basel 2002.

Hickel, Rudolf/Kisker, Klaus Peter/Mattfeld, Harald/Troost, Axel (Hrsg.): *Politik des Kapitals – heute.* Festschrift zum 60. Geburtstag von Jörg Huffschmid. VSA, Hamburg 2000.

Kisker, Klaus Peter: »Empörung der modernen Produktivkräfte«, in: Hickel, Rudolf/Kisker, Klaus Peter/Mattfeld, Harald/Troost, Axel (Hrsg.): *Politik des Kapitals – heute.* Festschrift zum 60. Geburtstag von Jörg Huffschmid. VSA, Hamburg 2000, S. 65–73.

Kogon, Eugen: »Das Recht auf politischen Irrtum«, in: Kleßmann,

Krätke, Michael R./Krovoza, Alfred/Oethen, Hinrich: *Ökonomie ohne Arbeit – Arbeit ohne Ökonomie?* Offizin, Hannover 1997.

Leyendecker, Hans: *Die Korruptionsfalle.* Rowohlt, Reinbek 2003.

Maier, Hans, u. a. (Hrsg.): *Politik, Philosophie, Praxis.* Festschrift für Wilhelm Hennis zum 65. Geburtstag. Stuttgart 1988.

Mayntz, Renate: *Soziologie der öffentlichen Verwaltung.* 4. durchgesehene Auflage. C. F. Müller, Heidelberg 1997.

Merseburger, Peter: *Willy Brandt 1913–1992. Visionär und Realist.* Deutsche Verlagsanstalt, Stuttgart/München 2002.

Mommsen, Hans: *Aufstieg und Untergang der Republik von Weimar 1918–1933.* Ullstein, Berlin 2001.

Mommsen, Hans: *Beamtentum im Dritten Reich.* Deutsche Verlagsanstalt, Stuttgart 1966.

Mommsen, Hans: »Wohlerworbene Rechte und Treuepflichten«, in: Grottian, Peter, a. a. O., S. 19–36.

Rux, Johannes: »Das Remonstrationsrecht – Eine Tradition des liberalen Rechtsstaats?«, in: *beamte heute,* März 1992, S. 10–14.

Schaarschmidt, Uwe (Hrsg.): *Halbtagsjobber? Psychische Gesundheit im Lehrerberuf – Analyse eines veränderungsbedürftigen Zustandes.* Beltz, Weinheim 2005.

Sinn, Hans-Werner: *Ist Deutschland noch zu retten?* Econ, München 2004.

Smith, Adam: *The Wealth of Nations.* Modern Library Edition, New York 1937.

Smith, Adam: *Theorie der ethischen Gefühle.* Felix Meiner, Hamburg 1994.

Steinkemper, Bärbel: *Klassische und politische Bürokraten in der Ministerialverwaltung der Bundesrepublik Deutschland.* Carl Heymanns, Köln 1974.

Weber, Max: *Gesammelte Politische Schriften.* UTB, Stuttgart 1988.

Weber, Max: *Wirtschaft und Gesellschaft.* Mohr Siebeck, Tübingen 1980.

Wieczorek, Thomas: *Die Normalität der Politischen Korruption. Das Beispiel Leuna/Minol.* Dissertation an der Freien Universität Berlin 2002.

Wieczorek, Thomas: *Die Stümper.* Knaur, München 2005.

Wunder, Bernd: *Geschichte der Bürokratie in Deutschland.* Suhrkamp, Frankfurt am Main 1986.

Wunder, Bernd: »Herrschaft – Staatsdienst – Dienstleistung«, in: Grottian, Peter, a. a. O., S. 37–59.

Anmerkungen

Teil I – Der Beamtenstaat – Fakten, Fakten, Fakten

1 Darunter versteht man Ämter, Behörden, Gerichte und rechtlich unselbständige Einrichtungen und Unternehmen des Bundes und der Länder, Gemeinden/Gemeindeverbände, kommunale Zweckverbände und Bundeseisenbahnvermögen sowie rund 185 000 Soldaten.
2 einschließlich 272 000 bei Post, Telekom und Postbank sowie 228 000 bei der Bahn.
3 ohne Bahn, Post sowie den »mittelbaren öffentlichen Dienst«, also etwa Beamte bei der Bundesagentur für Arbeit, der Deutschen Bundesbank oder den Körperschaften und Stiftungen des öffentlichen Rechts.
4 *Zukunft des öffentlichen Dienstes – öffentlicher Dienst der Zukunft.* Bericht der von der Landesregierung Nordrhein-Westfalen eingesetzten Kommission. Düsseldorf, Januar 2003, S. 43.
5 *Dritter Versorgungsbericht der Bundesregierung,* a. a. O., S. 64–66.
6 Ebenda, S. 97.

Teil II – Wo kommen die Beamten eigentlich her?

1 Panisbriefe (Litterae panis, Vitalltium, Alimoniae) waren Brot- oder Versorgungsbriefe, durch die deutsche Kaiser seit dem 13. Jahrhundert bedürftigen Personen »ohne Unterschied des Standes, Geschlechtes oder der Religion« teils lebenslängliche Versorgung garantierten.
2 Heribert Prantl, a. a. O.
3 Ebenda.
4 Bernd Wunder, a. a. O., S. 40.
5 Hans Mommsen, a. a. O., S. 22.

6 Karl Marx: »Zur Kritik der Hegelschen Rechtsphilosophie. Kritik des Hegelschen Staatsrechts«, nach dem Manuskript von 1843, in: *Karl Marx – Friedrich Engels – Werke.* Band 1. Dietz, Berlin/DDR 1976, S. 203–333. Siehe auch Hans Mommsen, a. a. O., S. 22.
7 Mommsen, a. a. O., S. 22.
8 Zitiert nach Hans Mommsen, a. a. O., S. 23.
9 wonach auch bei der Besetzung nichtjuristischer Führungspositionen Bewerber mit juristischer Ausbildung bevorzugt wurden.
10 letztere allerdings völlig unverbindlich und eher vergleichbar mit den peinlichen öffentlich-rechtlichen Wohltätigkeitsheucheleien zur besten Fernsehzeit.
11 Bernd Wunder, a. a. O., S. 42.
12 Hans Mommsen, a. a. O., S. 29.
13 Ebenda.
14 Ihm gehörten übrigens mit Wilhelm Frick als Innenminister und Hermann Göring als Minister ohne Geschäftsbereich zunächst nur zwei weitere Nationalsozialisten sowie als Vizekanzler von Papen an.
15 Hans Mommsen, a. a. O., S. 31.
16 vor dem 30. Januar 1933 eingetreten.
17 »Mitteilung über die Dreimächtekonferenz von Berlin (›Potsdamer Abkommen‹), vom 2. August 1945«, in: *Amtsblatt des Kontrollrats in Deutschland,* Ergänzungsblatt Nr. 1, S. 13–20.
18 Joachim Tornau: »Nationale Traditionen unseres Volkes. Anspruch und Wirklichkeit des Antifaschismus in der DDR«, in: Peter Aufgebauer/Nathalie Kruppa (Hrsg.): *Beiträge zur Geschichte, Politik und Kultur der späten Neuzeit, Fundus – Forum für Geschichte und ihre Quellen,* Heft 4.
19 »Gesetz Nr. 104 zur Befreiung von Nationalsozialismus und Militarismus« (»Befreiungsgesetz«) vom 5. März 1946.
20 wie im Befreiungsgesetz und in der Direktive 38 des Alliierten Kontrollrats vom 12. Oktober 1946 festgelegt. Siehe: »Zur Entnazifizie-

rung«, in: *Direktive Nr. 38 – Alliierter Kontrollrat* vom 12. Oktober 1946.
21 nach dem 30. Januar 1933.
22 die seit dem 31. Dezember 1938 hierzu ernannt wurden.
23 soweit nach dem 31. März 1933 ernannt.
24 Irmgard Hochreither: »Eine zweite Chance für Hitlers Helfer«, in: *stern.de* vom 25. August 2005.
25 Nicht zufällig wurde die Parole vom Nazirichter und späteren Ministerpräsidenten Baden-Württembergs, Hans Filbinger, für den Landtagswahlkampf 1976 erfunden und im gleichen Jahr für den Bundestagswahlkampf von der Bundes-CDU benutzt.
26 Clemens Vollnhals: »Entnazifizierung. Politische Säuberung unter alliierter Herrschaft«, in: Hans-Erich Volkmann (Hrsg.): *Ende des Dritten Reiches – Ende des Zweiten Weltkriegs. Eine perspektivische Rückschau.* Piper, München 1995, S. 369 ff.
27 Die Gesamtzahl wird auf bis zu zehn Millionen geschätzt, wie etwa vom SPD-Politiker Dieter Wiefelspütz. Siehe: Philipp Gessler: »Schily will nicht nach Nazis forschen«, in: *die tageszeitung,* Nr. 7665 vom 17.5.2005, S. 7.
28 So behielt er die Kürzung der Beamtengehälter durch die Regierung Heinrich Brüning bei. Vergleiche: Hans Mommsen, a. a. O., S. 31.
29 Hans Mommsen, a. a. O., S. 31 f.
30 »Die Affäre Fischer oder: Der Aufstand der Diplomaten«, in: *Monitor,* Nr. 531 vom 7. April 2005.
31 Lutz Niethammer: *Entnazifizierung in Bayern. Säuberung und Rehabilitierung unter amerikanischer Besatzung.* Frankfurt a. M. 1972, S. 531.
32 Zitiert nach: Pascal Beucker/Frank Überall: *Die Beamtenrepublik.* Campus, Frankfurt 2004, S. 50.
33 Vergleiche dazu: a) Wolfgang Benz: »Versuche zur Reform des öffentlichen Dienstes in Deutschland 1945–1952. Deutsche Opposi-

tion gegen alliierte Initiativen, in: *Vierteljahreshefte für Zeitgeschichte* 2/1981, S. 230 f.

b) Sibylle Deffner: *Die Nachkriegswirren im bayerischen Volksschulwesen 1945–1954. Unter besonderer Berücksichtigung der amerikanischen Re-educationsbemühungen.* Dissertation an der Friedrich-Alexander-Universität Erlangen-Nürnberg 2001, S. 105.

34 Gemeint ist das »Gesetz zur Regelung der Rechtsverhältnisse der unter Artikel 131 des Grundgesetzes fallenden Personen« vom 11. Mai 1951. Bundesgesetzblatt I 1951, S. 307 f. Das Gesetz trat rückwirkend zum 1. April 1951 in Kraft.

35 Hervorhebung vom Autor.

36 Mit dem Besatzungsstatut wurde die direkte Militärregierung der westlichen Besatzungsmächte beendet. Die politischen Kontrollbefugnisse wurden auf die Alliierten Hohen Kommissare John J. McCloy (USA), André François-Poncet (Frankreich) und Sir Brian Robertson (Großbritannien) übertragen.

37 Als Erfinder des Begriffs gilt der damalige Innenminister Schleswig-Holsteins, Paul Pagel, der ihn 1951 in seinem Tagebuch notierte.

38 Regierungserklärung des Bundeskanzlers Konrad Adenauer vom 20. September 1949.

39 Philipp Gessler, a. a. O.

40 Bundesgesetzblatt I 1950, 207. Neu bekanntgemacht am 30. Juni 1950 (Bundesgesetzblatt I 1950, 279) als »Bundesfassung des Deutschen Beamtengesetzes«. Alle die Ideologie des Nationalsozialismus betreffenden Bestimmungen wurden aufgehoben durch Verordnungen der Zonenbefehlshaber unmittelbar nach der Übernahme der Regierung durch die Alliierten.

41 Kiesinger war seit 1933 NSDAP-Mitglied, ab 1940 im Reichsaußenministerium, stieg dort bis zum stellvertretenden Abteilungsleiter für Propaganda auf und war auch für die Verbindung zum Propagandaministerium von Joseph Goebbels zuständig. Nach 1945 wurde er

von den Alliierten verhaftet und 18 Monate interniert. Von 1958 bis 1966 war er Ministerpräsident von Baden-Württemberg.

42 Philipp Gessler, a. a. O.

43 Vergleiche die Doktorarbeit von Michael Greve: *Der justitielle und rechtspolitische Umgang mit den NS-Gewaltverbrechen in den sechziger Jahren.* Europäischer Verlag der Wissenschaften, Frankfurt am Main 2001.

44 Hans Wüllenweber: »BGH: NS-Blutrichter waren Kapitalverbrecher«, in: *Berliner Zeitung* vom 12. Januar 1996, S. 7.

45 Der Nürnberger Juristenprozess war das dritte Nachfolgeverfahren des Nürnberger Prozesses.
Während der Hauptkriegsverbrecherprozess vor einem internationalen Militärtribunal (IMT oder IMG, Internationaler Militärgerichtshof) stattfand, waren die Folgeprozesse rein amerikanisch.
Anklagepunkte waren Verschwörung zur Begehung von Kriegsverbrechen und Verbrechen gegen die Menschlichkeit, Kriegsverbrechen, Verbrechen gegen die Menschlichkeit sowie Mitgliedschaft bei verbrecherischen Organisationen. Angeklagt waren 16 hohe Justizbeamte und Richter des NS-Regimes. Das Urteil wurde am 3. und 4. Dezember 1947 verkündet. Vier Angeklagte wurden freigesprochen, je einer schied wegen Krankheit und Selbstmord aus. Es gab keine Todesurteile, sondern nur Zuchthausstrafen.

46 Susanne Schott, a. a. O., S. 176. Dies widersprach sogar dem 131er-Gesetz, das in Paragraf 7 Beförderungen untersagt, die »wegen enger Verbindungen zum Nationalsozialismus vorgenommen wurden«. Bemessungsgrundlage hätte also nicht seine Stellung als Oberlandesgerichtspräsident sein dürfen, zu dem ihn erst die Nazis befördert hatten, sondern die eines Landgerichtsdirektors sein müssen.

47 Irmgard Hochreither, a. a. O.

48 Ebenda.

49 Hans Mommsen, a. a. O., S. 35.

Teil III – Die Beamten – Eine ganz besondere Spezies

1 Walter Spieß: »Alimentationsprinzip«, in: Internetseite des Deutschen Beamtenbundes vom 26. November 2005.
2 Hans Mommsen, a. a. O., S. 35.
3 »Its major function must be to protect our freedom both from the enemies outside our gates and from our fellow-citizens: to preserve law and order, to enforce private contracts, to foster competitive markets.« Milton Friedman: *Capitalism and Freedom*. The University of Chicago Press, Chicago und London 1962, S. 2.
4 Milton Friedman: *Capitalism and Freedom*. University of Chicago Press, Chicago und London 1962, S. 14.
5 »Privatisierung«, in: Internetseite der Friedrich-Naumann-Stiftung.
6 SPD-Parteivorstand: »Demokratie in Staat und Gesellschaft«. Impuls-Papier zur Sitzung der Programmkommission am 19. Februar 2005, S. 20.
7 Susanne Tölke: »18.11.1837: Göttinger Sieben protestieren«, in: *Kalenderblatt* vom 18. November 2002, Bayern2Radio.
8 Allerdings sind auch diese Beamten zumindest per Eid »dem ganzen Volk« und nicht etwa Regierungen oder gar Personen verpflichtet.
9 Beamtenrechtsrahmengesetz Paragraf 31, Absatz 1.
10 Bernd Wunder, a. a. O., S. 53.
11 Bernd Wunder, a. a. O., S. 57. Wobei mit schwindender Ununterscheidbarkeit der Parteiideologien die Parteibuchwirtschaft zusehends zur reinen Vetternwirtschaft, zur »Versorgungskarawane«, mutiert. Umgekehrt nämlich werden auch Spitzenbeamte problemlos von der Konkurrenzregierung übernommen, wie etwa Gerhard Schröders Wirtschaftssekretäre Georg-Wilhelm Adamowitsch und Bernd Pfaffenbach von der Regierung Merkel.
12 Selbst im Impulspapier »Das Soziale neu denken« der Deutschen Bischofskonferenz wird dem INSM-Kuratoriumsvorsitzenden Hans Tietmeyer und dem damals unvermeidlichen Professor Paul Kirchhof für die Mitarbeit »herzlich gedankt«.

13 Hervorhebungen vom Autor.
14 Bernd Wunder, a. a. O., S. 57.
15 Reinhard Wilke: »Aus der ›Froschperspektive‹«, in: *vorwärts* vom 1. Dezember 2003.
16 Bundesamt für Verfassungsschutz: »Was ist der Unterschied zwischen radikal und extremistisch?«, in: Internetseite des Bundesamts für Verfassungsschutz. URL: »www.verfassungsschutz.de«, Link »Fragen und Antworten«.
17 Bernd Wunder, a. a. O., S. 57.
18 Aktenzeichen: BVerfGE 19, 303. Vergleiche dazu: Thomas Blanke: »Koalitionsfreiheit und Streikrecht im öffentlichen Dienst«, in: *Arbeit und Recht,* Jahrgang 37 (1989), S. 1–10.
19 Ebenda.
20 Aktenzeichen: BVerwGE 69, 208.
21 Urteil des Bundesgerichtshofs »Haftung des Staates für Fluglotsenstreik« vom 16. Juni 1977. Aktenzeichen: III ZR 179/75.
22 Paragraf 17 des Beamtenrechtsrahmengesetzes.
23 Paragraf 72 des Bundesbeamtengesetzes vom 1. Oktober 1974.
24 Paragraf 72a, Absatz 1 des Bundesbeamtengesetzes.
25 BBG § 52 (1): Der Beamte dient dem ganzen Volk, nicht einer Partei. Er hat seine Aufgaben unparteiisch und gerecht zu erfüllen und bei seiner Amtsführung auf das Wohl der Allgemeinheit Bedacht zu nehmen. BBG § 53: Der Beamte hat bei politischer Betätigung diejenige Mäßigung und Zurückhaltung zu wahren, die sich aus seiner Stellung gegenüber der Gesamtheit und aus der Rücksicht auf die Pflichten seines Amtes ergeben.

Grundgesetzartikel 5 (1): Jeder hat das Recht, seine Meinung in Wort, Schrift und Bild frei zu äußern und zu verbreiten und sich aus allgemein zugänglichen Quellen ungehindert zu unterrichten. Die Pressefreiheit und die Freiheit der Berichterstattung durch Rundfunk und Film werden gewährleistet. Eine Zensur findet nicht statt.

(2) Diese Rechte finden ihre Schranken in den Vorschriften der all-

gemeinen Gesetze, den gesetzlichen Bestimmungen zum Schutze der Jugend und in dem Recht der persönlichen Ehre.
26 Köhler trat 1981 der CDU bei. Während der Präsidentschaft ruht die Mitgliedschaft.
27 Bundesvorstand der Gewerkschaft der Polizei: »Dienstpflichten und Dienstpflichtverletzungen II. Dienstpflichten bei der Arbeit/Disziplinarstrafen«, in: *GdP Infothek: Beamte Nr. 13* vom März 1998.
28 Remonstrieren (lateinisch): Einwände erheben, Gegenvorstellungen entwickeln.
Das Remonstrationsrecht ist in Paragraf 56 des Bundesbeamtengesetzes geregelt:
(1) Der Beamte trägt für die Rechtmäßigkeit seiner dienstlichen Handlungen die volle persönliche Verantwortung.
(2) Bedenken gegen die Rechtmäßigkeit dienstlicher Anordnungen hat der Beamte unverzüglich bei seinem unmittelbaren Vorgesetzten geltend zu machen. Wird die Anordnung aufrechterhalten, so hat sich der Beamte, wenn seine Bedenken gegen ihre Rechtmäßigkeit fortbestehen, an den nächsthöheren Vorgesetzten zu wenden. Bestätigt dieser die Anordnung, so muß der Beamte sie ausführen, sofern nicht das ihm aufgetragene Verhalten strafbar oder ordnungswidrig und die Strafbarkeit oder Ordnungswidrigkeit für ihn erkennbar ist oder das ihm aufgetragene Verhalten die Würde des Menschen verletzt; von der eigenen Verantwortung ist er befreit. Die Bestätigung hat auf Verlangen schriftlich zu erfolgen.
(3) Verlangt der unmittelbare Vorgesetzte die sofortige Ausführung der Anordnung, weil Gefahr im Verzuge besteht und die Entscheidung des nächsthöheren Vorgesetzten nicht rechtzeitig herbeigeführt werden kann, so gilt Absatz 2, Satz 3 und 4 entsprechend.
29 Aktenzeichen: BVerwG 2 WD 12.04.
30 Die Verschwiegenheitspflicht im Bundesbeamtengesetz ...
Paragraf 61: (1) Der Beamte hat, auch nach Beendigung des Beamtenverhältnisses, über die ihm bei seiner amtlichen Tätigkeit be-

kanntgewordenen Angelegenheiten Verschwiegenheit zu bewahren ... (2) Der Beamte darf ohne Genehmigung über solche Angelegenheiten weder vor Gericht noch außergerichtlich aussagen oder Erklärungen abgeben. Die Genehmigung erteilt der Dienstvorgesetzte oder, wenn das Beamtenverhältnis beendet ist, der letzte Dienstvorgesetzte. (3) Der Beamte hat, auch nach Beendigung des Beamtenverhältnisses, auf Verlangen des Dienstvorgesetzten oder des letzten Dienstvorgesetzten amtliche Schriftstücke, Zeichnungen, bildliche Darstellungen sowie Aufzeichnungen jeder Art über dienstliche Vorgänge, auch soweit es sich um Wiedergaben handelt, herauszugeben. Die gleiche Verpflichtung trifft seine Hinterbliebenen und seine Erben. (4) Unberührt bleibt die gesetzlich begründete Pflicht des Beamten, Straftaten anzuzeigen und bei Gefährdung der freiheitlichen demokratischen Grundordnung für deren Erhaltung einzutreten.

... und im Strafgesetzbuch

Paragraf 353b: (1) Wer ein Geheimnis, das ihm als 1. Amtsträger, 2. für den öffentlichen Dienst besonders Verpflichteten oder 3. Person, die Aufgaben oder Befugnisse nach dem Personalvertretungsrecht wahrnimmt, anvertraut worden oder sonst bekanntgeworden ist, unbefugt offenbart und dadurch wichtige öffentliche Interessen gefährdet, wird mit Freiheitsstrafe bis zu fünf Jahren oder mit Geldstrafe bestraft. Hat der Täter durch die Tat fahrlässig wichtige öffentliche Interessen gefährdet, so wird er mit Freiheitsstrafe bis zu einem Jahr oder mit Geldstrafe bestraft.

31 Johannes Rux, a. a. O.
32 Ebenda.
33 Bruno Schirra: »Der gefährlichste Mann der Welt«, in: *Cicero,* August 2005.
34 Bundesbeamtengesetz § 62: (1) Die Genehmigung, als Zeuge auszusagen, darf nur versagt werden, wenn die Aussage dem Wohle des Bundes oder eines deutschen Landes Nachteile bereiten oder die Erfüllung öffentlicher Aufgaben ernstlich gefährden oder erheblich

erschweren würde. (2) Die Genehmigung, ein Gutachten zu erstatten, kann versagt werden, wenn die Erstattung den dienstlichen Interessen Nachteile bereiten würde.

(3) Ist der Beamte Partei oder Beschuldigter in einem gerichtlichen Verfahren oder soll sein Vorbringen der Wahrnehmung seiner berechtigten Interessen dienen, so darf die Genehmigung auch dann, wenn die Voraussetzungen des Absatzes 1 erfüllt sind, nur versagt werden, wenn die dienstlichen Rücksichten dies unabweisbar erfordern. Wird sie versagt, so hat der Dienstvorgesetzte dem Beamten den Schutz zu gewähren, den die dienstlichen Rücksichten zulassen.

(4) Über die Versagung der Genehmigung entscheidet die oberste Aufsichtsbehörde.

§ 63: Auskünfte an die Presse erteilt der Vorstand der Behörde oder der von ihm bestimmte Beamte.

35 Im April 2002 beschloss der Landtag einstimmig die Einsetzung eines zweiten Parlamentarischen Untersuchungsausschusses (2. PUA) in der laufenden Wahlperiode. Aufgabe des Ausschusses ist laut Plenarbeschluss die »Klärung von Rechtsverletzungen und sonstigem Fehlverhalten durch Mitglieder der Landesregierung oder Beschäftigte des Landes bei Vergabeverfahren, Verfügungen über Landesvermögen und Ausübung von Nebentätigkeiten sowie sonstige Aktivitäten«.

36 »Gesetz zur Regelung des Zugangs zu Informationen des Bundes« vom 5. September 2005, in: Bundesgesetzblatt I 2005, 2722.

37 nach Artikel 103, Absatz 3 des Grundgesetzes.

38 Paragraf 48 des Bundesbeamtengesetzes.

39 Hans Peter Bull: »Das öffentliche Dienstrecht in der Diskussion«. Stellungnahme für die öffentliche Sachverständigenanhörung des Bundestagsinnenausschusses am 1. März 2004 zum Thema »Öffentlicher Dienst«, S. 10. Vergleiche auch: Bernd Wunder: *Geschichte der Bürokratie in Deutschland.* Suhrkamp, Frankfurt am Main 1986, S. 207.

40 Hans-Werner Sinn: »Sieben Wahrheiten über Beamte«, in: *ifo-Standpunkt,* Nr. 56 vom 11. Oktober 2004.
41 Frank Faust/Bernd W. Klöckner: *Beamte – die Privilegierten der Nation.* Wiley, Weinheim 2005.
42 Vergleiche: Albrecht Müller: *Die Reformlüge.* Droemer, München 2004, S. 161–169.
43 Frank Faust …, a. a. O., S. 65–68.
44 Ebenda, S. 73.
45 Frank Faust …, a. a. O., S. 89 f. Dieser Humbug basiert offenbar auf der vom Marktradikalismus verwendeten Grenznutzenlehre, wonach man subjektives Empfinden in Zahlen ausdrücken kann. Über diesen Unfug schrieb bereits 1932 der Wirtschafts-Nobelpreisträger Karl Gunnar Myrdal, sie führe »zu einer leeren Formel, deren psychologischer Erkenntnisgehalt gleich Null ist. Mit großem Aufwand theoretischen Scharfsinns bringt man schließlich auf der Basis reiner Zirkeldefinitionen nichts anderes zustande als eine umständliche Formulierung einer begrifflichen Tautologie.« Gunnar Myrdal: *Das politische Element in der nationalökonomischen Doktrinbildung.* Junker & Dünnhaupt, Berlin 1932, S. 20.
46 Treuhandanstalt (Hrsg.): *Dokumentation 1990–1994,* Band 13. Berlin 1994, S. 662. Vergleiche: Thomas Wieczorek: *Die Normalität der Politischen Korruption. Das Beispiel Leuna/Minol.* Dissertation an der Freien Universität Berlin 2002, S. 123 f.
47 Brief von Birgit Breuel an Minister Waigel vom 30. Juni 1991, in: Treuhandanstalt …, a. a. O., Band 13, S. 666.
48 Beschluss des Zweiten Senats des Bundesverfassungsgerichts vom 30. März 1977, 24. Aktenzeichen: BVerfGE 44, 249.
49 Ebenda.
50 Bundesbesoldungsgesetz vom 1. September 1980, zuletzt geändert am 22. September 2005, in: Bundesgesetzblatt I 2005, 2809.
51 Franz Müntefering dürfte Rekordbenutzer der Schulterfloskel sein.

52 Beschluss des Zweiten Senats des Bundesverfassungsgerichts vom 24. November 1998. Aktenzeichen: BVerfGE 99, 300.

53 Ebenda.

54 Udo Löffler/Michael Stolzke: »Motivation als das Wichtigste«. Interview mit Ernst Ulrich von Weizsäcker, in: *Forum Bildung* vom 21. März 2001.

55 Quelle: dbb beamtenbund und tarifunion

56 »›Ostbesoldung‹ ist verfassungsgemäß«, in: Pressemitteilung Nr. 52/2003 des BVerfG vom 17. Juli 2003.

57 Hans Wolfgang Brachinger: »›Euro gleich Teuro‹ – so falsch ist das gar nicht: Wahre, gemessene und wahrgenommene Inflation«, in: *Statistisches Monatsheft Baden-Württemberg* 5/2005, S. 44–47.

58 Beschluss des Zweiten Senats des Bundesverfassungsgerichts vom 12. Februar 2003. Aktenzeichen: 2 BvR 709/99.

59 Walter Spieß, a. a. O.

60 »Beihilfe«, in: Onlinelexikon *Versicherungsnetz.de*

61 Walter Spieß, a. a. O.

62 Urteil des Zweiten Senats des Bundesverfassungsgerichts vom 27. September 2005. Aktenzeichen: 2 BvR 1387/02.

63 Vergleiche: Thomas Wieczorek: *Die Stümper,* a. a. O., S. 231.

64 Bundesbesoldungsgesetz, a. a. O.

65 Für Geringverdiener in der Privatwirtschaft wurde zeitgleich mit Hartz IV ein Kinderzuschlag von bis zu 140 Euro eingeführt, denn: »Ohne Kinderzuschlag wären diese Eltern zusätzlich auf Arbeitslosenhilfe bzw. ab 01.01.2005 auf Arbeitslosengeld I/II angewiesen.« Quelle: Internetseite des Bundesfamilienministeriums. URL: www.bmfsfj.de/RedaktionBMFSFJ/Broschuerenstelle/Pdf-Anlagen/A-Z-zum_20Kinderzuschlag.property=pdf.bereich=,rwb=true.pdf

Soll heißen: Dies würde also die Statistik noch mehr verhunzen, so dass ausländische Investoren denken könnten, in Deutschland gebe es Armut.

66 Quelle: dbb beamtenbund und tarifunion
67 »Verordnung über die Gewährung von Erschwerniszulagen« vom 26. April 1976, in: Bundesgesetzblatt I 1976, 1101. Zuletzt geändert am 21. Juni 2005, in: Bundesgesetzblatt I 2005, 1818.
68 Ebenda, 1976, Paragraf 22.
69 Ebenda, Paragraf 21, Absatz 1.
70 Ebenda, Paragraf 21, Absatz 2.
71 Ebenda, Paragraf 23h.
72 Ebenda, Paragraf 23l.
73 Ebenda, Paragraf 23k.
74 Der Text ist aktuell und Bestandteil der »Verordnung über die Gewährung von Mehrarbeitsvergütung für Beamte (MvergV)« vom 26. April 1972, in: Bundesgesetzblatt: I 1972, 747. Zuletzt geändert am 9. November 2004, in: Bundesgesetzblatt I 2004, 2774.
75 »Unseriöse Studie über Beamtenpensionen löst landesweiten Protest aus«, in: Pressemitteilung des Bundes der Strafvollzugsbediensteten (BSBD) – Landesverband Nordrhein-Westfalen, vom 9. März 2004.
76 Leitsätze zum Urteil des Zweiten Senats des Bundesverfassungsgerichts vom 27. September 2005. Aktenzeichen: 2 BvR 1387/02.
77 *»Dritter Versorgungsbericht der Bundesregierung«,* a. a. O., S. 65.
78 Urteil des Zweiten Senats des Bundesverfassungsgerichts vom 27. September 2005. Aktenzeichen: 2 BvR 1387/02.
79 Internetseite der Deutschen Tinnitusliga.
80 Bundesrechnungshof: *Ergebnisbericht 2004* vom Juli 2004, S. 95.
81 Frank Faust …, a. a. O., S. 57.
82 Annett Conrad, »Tinnitus und Magendrücken«, in: *Der Spiegel,* Nr. 17 vom 22. April 2002.
83 Frank Donovitz/Johannes Röhrig: »Auffälliger ›Grübelzwang‹«, in: *stern.de* vom 26. Februar 2003.
84 »Post bestreitet gezielte Frühpensionierungen«, in: *Berliner Zeitung* vom 7. Februar 2003, S. 26.
85 Frank Donovitz …, a. a. O.

86 Paragraf 42, Absatz 1 des Beamtenrechtsrahmengesetzes. Ausnahmen sind unter anderem eine schriftstellerische, wissenschaftliche, künstlerische oder Vortragstätigkeit, außerdem die mit Lehr- oder Forschungsaufgaben zusammenhängende selbständige Gutachtertätigkeit von Lehrern an öffentlichen Hochschulen und Beamten an wissenschaftlichen Instituten und Anstalten sowie die Arbeit in Gewerkschaften, Berufsverbänden oder Selbsthilfeeinrichtungen der Beamten.

87 Frank Faust …, a. a. O., S. 151 ff.

88 Pascal Beucker … a. a. O., S. 129.

89 Bundesvorstand der Gewerkschaft der Polizei: »Dienstpflichten und Dienstpflichtverletzungen II. Dienstpflichten bei der Arbeit/ Disziplinarstrafen«, in: *GdP Infothek: Beamte Nr. 13* vom März 1998.

90 Hans-Werner Sinn, a. a. O.

Teil IV – Ausgewählte Berufsgruppen

1 »Its major function must be to protect our freedom both from the enemies outside our gates and from our fellow-citizens: to preserve law an order, to enforce private contracts, to foster competitive markets.« Milton Friedman: *Capitalism and Freedom*. The University of Chicago Press, Chicago und London 1962, S. 2.

2 »Gewerkschaft der Polizei: Kein Einsatz der Bundeswehr bei Fußball-WM«, Mitteilung der GdP vom 27. Dezember 2005.

3 Internetseite der SPD Bayern vom 21. September 2004.

4 »Junge Gruppe der GdP: Lebensarbeitszeitkonto«, in: Internetseite der GdP.

5 Peter Voß: »Der Journalist in der digitalen Welt. Anforderungen an ein sich wandelndes Berufsbild«. Vortrag. Manuskript zur Sendung in 3sat am 30. September 2001, in: Martin Fromm/Frank Haase/Peter F. Schlottke (Hrsg.): *Machbarkeit von Zukunft*. Schriftenreihe

Medienpädagogischer Forschungsverbund Südwest, Bd. 5. Nomos Verlagsgesellschaft, Baden-Baden 2001, S. 129–144.

6 Aktenzeichen: 2 B 11152/04. dpa-Meldung vom 3. Mai 2005. Zitiert in: Internetseite skh.de

7 Marga Bayerwaltes: *Große Pause! Nachdenken über Schule.* Antje Kunstmann Verlag, München 2002.

8 Ebenda.

9 »Männer suchten einen Beruf ohne Risiko, Frauen wollten Beruf und Familie verbinden können«, lautet eine fast wortgleiche Äußerung Herrmanns in einem *Zeit*-Interview – ohne abwertenden Unterton. »Lehrern fehlt der Leistungsmaßstab«. Ein Gespräch von Nadja Kirsten mit dem Pädagogikprofessor Ulrich Herrmann, in: *Die Zeit,* Nr. 48 vom 21. November 2002, S. 76.

10 »Gut sein lohnt sich nicht«. Ein Gespräch von Nadja Kirsten mit dem Didaktik- und Schulpädagogikprofessor Ewald Terhart, in: *Die Zeit,* Nr. 12 vom 13. März 2003, S. 76.

11 Ewald Terhart: »Mögliche Wege aus der Stagnation«, in: *ph Akzente,* Zeitschrift der Pädagogischen Hochschule Zürich, Nr. 1/2004, S. 5.

12 Cicero: *Reden gegen Catilina I, 1, 2.*

13 Uli Kulke: »»Die unteren Schichten fallen ab«, in: *Die Welt* vom 6. Januar 2006, S. 27.

14 »Eine gehörige Portion Gleichgültigkeit«, in: *Der Spiegel* vom 10. April 2006, S. 10.

15 Zur ausführlichen Darstellung der Studie vergleiche: Uwe Schaarschmidt (Hrsg.): *Halbtagsjobber? Psychische Gesundheit im Lehrerberuf – Analyse eines veränderungsbedürftigen Zustandes.* Beltz, Weinheim 2005.

16 »Potsdamer Lehrerstudie – erste Schlussfolgerungen«, in: Internetseite der Uni Potsdam. URL: www.persoenlichkeitspsychologie-potsdam.de/Ergebniszusammenfassung.pdf

17 »Beamtentum der Lehrer abschaffen«, Interview mit Dieter Len-

zen im *General-Anzeiger* vom 15. November 2004. Zitiert in: »Chancen für alle«, Internetportal der Initiative Neue Soziale Marktwirtschaft.

18 nach Seneca, *Epistulae* 106, 12, wo das Wort als Kritik am damaligen Studienbetrieb in umgekehrter Fassung steht: »Wir lernen (ja nur) für die Schule, nicht für das Leben!«

19 »Leistungsfeindliches Dienstrecht«, in: *Informationsdienst des Instituts der deutschen Wirtschaft Köln* vom 2. Juni 2006.

20 Marc Brost/Christian Tenbrock: »Der Wohlstand von morgen«, in: *Die Zeit,* Nr. 5 vom 26. Januar 2006.

21 Für sie ist der Lehrermangel zu guten Teilen hausgemacht. Allein die Kürzung der Referendariatsplätze von 1900 auf 1500 in den vergangenen drei Jahren habe fatale Folgen gehabt, sagt Matthias Jähne von der Lehrergewerkschaft GEW.

22 Karl-Heinz Reith: »Die neue Pisa-Studie mit Licht und Schatten«. dpa-Meldung vom 14. Juli 2005.

23 »Die Ehemaligen wurden gebraucht«, in: *UniSpiegel,* Nr. 2 vom 9. Mai 2005.

24 Ebenda.

25 Bundesbeamtengesetz, Paragraf 66, und Beamtenrechtsrahmengesetz, Paragraf 42.

26 Otmar Wassermann: »Wahrheit über Fließbandgutachter keine Ehrverletzung«, in: Internetseite *toxcenter.de*

27 Aktenzeichen 10 154/95 vom 11. November 1996.

28 George Turner: »Wie misst man die Leistung eines Professors?«, in: *Der Tagesspiegel Online* vom 20. Dezember 2001.

29 »Heidelberger Mathematik im Focus-Ranking auf Platz eins«, Pressemitteilung der Ruprecht-Karls-Universität Heidelberg vom 1. Oktober 2005.

30 Katja Simons: Bericht zu der GAIN-Veranstaltung am 15. Mai 2004 in New York, in: *gain-network.org*

31 zum Beispiel die Talk-Show-Stars Arnulf Baring, Hans Tietmeyer,

Rolf Peffekoven, Paul Kirchhof, Dieter Lenzen, Bernd Raffelhüschen und Thomas Straubhaar.

32 Anthony Downs: *Ökonomische Theorie der Demokratie.* Mohr Siebeck, Tübingen 1968, S. 26 und 34.

33 Dietmar Hawranak/Jörg Schmitt: »Der Professor und das Geld«, in: *Der Spiegel,* Nr. 25 vom 19. Juni 2006, S. 44.

34 Manuel J. Hartung: »Mehr als einen Schnaps drauflegen«, a. a. O.

35 zum Beispiel bei der Post nach Paragraf 4, Absatz 3 des Postpersonalrechtsgesetzes.

36 Urteil des Oberverwaltungsgerichts Rheinland-Pfalz vom 18. Juni 2004 – Aktenzeichen 10 A 11206/03.

37 »BA-Chef Weise soll Schwarzarbeit zugelassen haben«, in: *Spiegel Online* vom 7. April 2004.

38 Bundesrechnungshof: *Bemerkungen 2005 zur Haushalts- und Wirtschaftsführung des Bundes.* Bonn 2005.

39 Stefan Machura: »Wie politisiert ist die Ministerialverwaltung?«, in: Internetseite der Ruhr-Uni Bochum.

40 »Diese ganze Generation ist eine Fehlbesetzung«. Interview mit Wilhelm Hennis, in: *stern.de* vom 28. Januar 2004.

41 Beamtenrechtsrahmengesetz (BRRG), Paragraf 31 (1).

42 Hans Herbert von Arnim: *Das System.* Droemer, München 2001, S. 161.

43 Hans Herbert von Arnim: »Sechzehn etwas andere Fragen an den Kanzler und seinen Herausforderer«, in: *Zeit-Fragen,* Nr. 36 vom 2. September 2002.

44 Lisa Wurscher: »Berater-Verträge: Was die Regierung so nebenbei ausgibt«, in: ARD-Magazin *plusminus* vom 28. Juni 2005. Hervorhebung vom Autor.

45 »Gelesen, gelacht, gelocht«, Südwest-Fernsehen vom 30. Mai 2005.

46 Vergleiche: Bundestagsdrucksachen 15/2458 vom 4. Februar 2004 und 5/2762 vom 24. März 2004.

47 ohne Ausschreibung.
48 »Wann guter Rat, wann teurer Rat? Eckpunkte für den wirtschaftlichen Einsatz externer Berater durch die Bundesverwaltung«, in: Pressemitteilung des Bundesrechnungshofs vom 19. Dezember 2005. Vergleiche auch: »Gelesen, gelacht ...«, a. a. O.
49 »Wann guter Rat ...«, a. a. O.
50 »Gelesen, gelacht ...«, a. a. O.
51 »Wann guter Rat ...«, a. a. O.
52 »Diese ganze Generation...«, a. a. O.
53 Paragraf 57 des Bundesbeamtengesetzes. Der Beamte muss aus seinem Amt ausscheiden, wenn er die Wahl zum Abgeordneten des Bundestages annimmt. Das Nähere wird durch Gesetz bestimmt.
54 Hans Herbert von Arnim: »Sechzehn ...«, a. a. O.
55 Anders verhält es sich natürlich mit Beamtenfunktionären, die wie alle bezahlten Lobbyisten die Interessen ihrer Auftraggeber vertreten.
56 Wolf-Dieter Narr, a. a. O., S. 76.

Teil V – Die Bürokratie

1 Alfred Hartenbach: »Standortvorteil Recht«. Vortrag auf der Veranstaltung der IHK Kassel am 6. Juli 2005.
2 Wolf-Dieter Narr, a. a. O., S. 64.
3 Max Weber: *Wirtschaft und Gesellschaft*. Mohr Siebeck, Tübingen 1980, S. 650 ff.
4 Bayerische Staatsregierung, Deregulierungskommission: *Entbürokratisieren, deregulieren, flexibilisieren*. München 2003.
5 Junge Liberale: »Verkehrspolitik ohne tempoideologische Tabus«. Beschluss vom 30. Bundeskongress am 10. April 2005.
6 »Null-Promille-Grenze für Fahranfänger: Gefahr der Überregulierung«, in: Internetportal *anwaltmagazin.de* vom 15. April 2005.

7 »Verbraucherpolitik im Dialog«, in: Thesenpapier des BDI vom 15. Oktober 2004.
8 Milchindustrie-Verband: »Erwartungen der Deutschen Milchindustrie an die künftige Politik der Bundesrepublik Deutschland«, in: *Milch & Markt* vom August 2005.
9 Bundesratsempfehlung der 813. Sitzung am 8. Juli 2005: »Vorschläge des Bundesrates zur Deregulierung des EU-Rechts«. Bundesratsdrucksache 286/01/05, S. 178 f.
10 Bundesratsempfehlung der 813. Sitzung, a. a. O., S. 23.
11 Ebenda, S. 81.
12 Manfred Kriener: »Lieber nicht so genau hinschauen«, in: *die tageszeitung,* Nr. 8021 vom 14. Juli 2006, S. 11.
13 Ebenda, S. 147.
14 Ebenda, S. 146.
15 Ebenda, S. 19.
16 Guido Kleinhubbert: »Entfesselte Sammler«, in: *Der Spiegel,* Nr. 49 vom 5. Dezember 2005, S. 58.
17 »Einsturz von Supermarkt-Dach endet glimpflich«, in: Bayerischer Rundfunk vom 6. Februar 2006.
18 Bundesgesetzblatt 2005 I, S. 1666.
19 Christian Reiermann: »Gründlich mit Anspruch«, in: *Der Spiegel* vom 25. Februar 2006, S. 107.
20 Bayerisches Staatsministerium für Umwelt, Gesundheit und Verbraucherschutz: »Bernhard: Bayern lehnt zusätzliche EU-Bürokratie beim Hochwasserschutz ab«, in: Pressemitteilung vom 26. Januar 2006.
21 Siehe etwa: »Das Wahlprogramm zur Europawahl«, Internetseite der FDP Rheingau-Taunus vom 16. Januar 2004.
22 Jürgen Bellers: »Einleitung«, in: Jürgen Bellers (Hrsg.): *Politische Korruption. Vergleichende Untersuchungen.* Lit, Münster 1989, S. 2.
23 Britta Bannenberg/Wolfgang J. Schaupensteiner: *Korruption in Deutschland. Portrait einer Wachstumsbranche.* Beck, München 2004.

24 Wolfgang J. Schaupensteiner: »Korruption in Deutschland. Das Ende der Tabuisierung«, in: Mark Pieth/Peter Eigen (Hrsg.): *Korruption im internationalen Geschäftsverkehr. Bestandsaufnahme, Bekämpfung, Prävention.* Luchterhand, Neuwied 1999, S. 136 f.

25 Vergleiche zum Beispiel: Runderlass des nordrhein-westfälischen Innenministeriums, zugleich im Namen des Ministerpräsidenten und aller Landesministerien, vom 26. April 2005.

26 Jacob van Klaveren: »Die historische Erscheinung der Korruption, in ihrem Zusammenhang mit der Staats- und Gesellschaftsstruktur betrachtet«, in: *Vierteljahreszeitschrift für Sozial- und Wirtschaftsgeschichte,* 44/1957, S. 289 ff.

27 Carl Böhret/Götz Konzendorf: *Moderner Staat – Moderne Verwaltung. Leitfaden zur Gesetzesfolgenabschätzung.* Im Auftrag des Bundesministeriums des Innern und des Innenministeriums Baden-Württemberg. Berlin/Stuttgart 2000.

28 BDI: »Fünf Thesen zur Gesetzesfolgenabschätzung in Europa«, in: *bdi-online,* 2005.

29 Institut für Mittelstandsforschung: *Ermittlung bürokratischer Kostenbelastungen in ausgewählten Betrieben.* Gutachten im Auftrag des Bundesministeriums für Wirtschaft und Technologie, Bonn 2006.

30 Max Bollinger: »Träume zum Jahreswechsel«, in: Internetseite von Rainer Gaiß.

31 Das Deutsche Lebensmittelbuch ist eine Leitsatzsammlung und wird unter anderem vom Bundesministerium für Verbraucherschutz veröffentlicht.

32 Friedrich Engels: »Der Status Quo in Deutschland«, in: *Karl Marx – Friedrich Engels – Werke.* Band 4. Dietz, Berlin/DDR 1972. S. 53 f.

33 »Bürokratieabbau – Ein prima Beschäftigungsprogramm«, in: Internetseite *Förderland* vom 26. Januar 2006.

34 Robert Kurz: »Schrecken ohne Ende«, in: *Freitag,* Nr. 23 vom 9. Juni 2006.

35 »Entrepreneurin des Jahres fälscht Daten«, in: *Der Spiegel* vom 5. Juni 2000, S. 75.
36 Bundesregierung: »Bürokratieabbau stärkt die Wirtschaft«, in: Internetseite der Bundesregierung.
37 *Informationsdienst des Euro Info Centre,* Ausgabe 11, 2005.
38 HansPeter Bull: »Bürokratieabbau«. Stellungnahme zu der öffentlichen Anhörung des Innenausschusses des Deutschen Bundestages am 28. Juni 2004. Innenausschuss, A-Drucksache 15(4)121 A, S. 7.
39 In manchen Bundesländern heißt diese Landesmittelbehörde Regierung oder Bezirksregierung.
40 Darunter wird hier die Verlagerung von Entscheidungen und Aktionen auf die niedrigstmögliche Ebene verstanden. Der Begriff wird zusehends dazu missbraucht, um unter Verdrehung der Devise »Frage nicht, was dein Land für dich tun kann ...« die Bürger zum Beispiel aufzufordern, ihre krankenversicherten Angehörigen aus eigener Tasche selbst zu pflegen und möglichst zu behandeln und damit den Krankenkassen Geld zu sparen. Ähnliches geschieht bei den Staatsaufgaben Schulrenovierung oder Straßenpflege.
41 Ebenda, S. 399.
42 Stadt Bochum Organisations- und Personalentwicklung in Zusammenarbeit mit dem Germanistischen Institut der Ruhr-Universität Bochum: *Tipps zum einfachen Schreiben.*
43 Bayerische Staatsregierung, Deregulierungskommission: *Entbürokratisieren, deregulieren, flexibilisieren.* München 2003.

Teil VI – Allheilmittel Privatisierung?

1 Peter Grottian/Wolf-Dieter Narr: »Abschaffung des Berufsbeamtentums?«, in: Peter Grottian (Hrsg.), a. a. O., S. 130.
2 »Platzeck fordert neuen Sozialstaat«, in: *Der Spiegel,* Nr. 16 vom 10. April 2006, S. 35.

3 »Steinbrück: Sozialstaat so nicht mehr finanzierbar«, in: *tagesschau. de* vom 16. Januar 2006.
4 Konrad-Adenauer-Stiftung (Hrsg.): *Das Ahlener Programm der CDU der britischen Zone vom 3. Februar 1947.*
5 Ebenda. Hervorhebungen vom Autor.
6 »Its major function must be to protect our freedom both from the enemies outside our gates and from our fellow-citizens: to preserve law and order, to enforce private contracts, to foster competitive markets.« (»Seine vorrangige Aufgabe muss sein, unsere Freiheit zu schützen sowohl gegen den äußeren Feind als auch gegen unsere Mitbürger, um mit ›Law and Order‹ private Geschäftsbedingungen zu garantieren und konkurrierende Märkte zu schützen.«) Milton Friedman: *Capitalism and Freedom.* The University of Chicago Press, Chicago und London 1962, S. 2.
7 Klaus Peter Kisker: »Empörung der modernen Produktivkräfte«, in: Rudolf Hickel/Klaus Peter Kisker/Harald Mattfeld/Axel Troost (Hrsg.): *Politik des Kapitals – heute.* VSA-Verlag, Hamburg 2000, S. 70.
8 Caritas, Diakonisches Werk, Deutsches Rotes Kreuz, Arbeiterwohlfahrt, Zentralwohlfahrtsstelle der Juden in Deutschland und Paritätischer Wohlfahrtsverband.
9 Siehe auch: »Milliardenverlust durch manipulierte Abrechnungen«, in: *Transparency International Deutschland* vom 27. April 2000.
10 Leo Colic/Gottlob Schober: »Pflege ohne Gnade – Die AOK macht Druck«, in: *Report Mainz* vom 13. September 2004.
11 »Viele Demonstranten ignorieren die Realität«, in: *Der Tagesspiegel Online* vom 30. August 2004.
12 »Um die Kinder allein ging es nie«. Ein Gespräch mit dem Pädagogen Wolfgang Tietze über Versäumnisse der Politik und die Qualität der Kitas, in: *Die Zeit,* Nr. 6 vom 1. Februar 2006, S. 79.
13 Rechnungshof Hessen: *Zusammenfassende Berichte über die Feststellungen von allgemeiner Bedeutung.* Achter Zusammenfassender Bericht 1999.

14 Stellungnahme des Senats und der Bezirksämter zum Jahresbericht 2004 des Rechnungshofs über die Prüfung der Haushalts- und Wirtschaftsführung sowie der Haushaltsrechnung 2002, Drucksache Nr. 15/2853.

15 »Kontroverse Debatte über Sozialticket«, in: *Berliner Morgenpost* vom 8. Februar 2004.

16 »Keine Leute: Hausmeister musste Senioren pflegen«, in: *Die Welt* vom 4. September 2001, S. 46.

17 »Eklatante Mängel in Pflegeheimen des DRK«, in: *epd sozial* 25 vom 18. Juni 2004.

18 Karlheinz Bayer: »30 Milliarden Cash – oder das Märchen von der demographischen Entwicklung: 10 Jahre Pflegeversicherung«, in: *Landesärztekammer Baden-Württemberg* vom 9. Mai 2004.

19 Sandra Louven: »Enron-Pleite stellt den US-Wirtschaftsliberalismus in Frage«, in: *Der Tagesspiegel Online* vom 17. Februar 2002.

20 nicht einmal beim Problem der Korruption. Letztere wird – wie etwa ein Erdbeben – ausschließlich unter dem Aspekt des unternehmerischen Risikos gesehen, nämlich als mathematisches Produkt von Höhe der Strafe und Wahrscheinlichkeit der Entdeckung. Folglich wird auch die Bestrafung wie eine Strafsteuer behandelt. Vergleiche dazu: Velma Montoya Thompson/Earl A. Thompson: »Achieving optimal fines for political bribary: A suggested political reform«, in: *Public Choice* 77/1993, S. 773–779.

21 Internetseite der Allianz.

22 Albrecht Müller: *Die Reformlüge*. Droemer, München 2004, S. 115–125.

23 Frank Schirrmacher: *Minimum*. Blessing, München 2006.

24 Ebenda, S. 253.

25 Albrecht Müller: »Verrentet & verkauft: Zerstörung der Solidarischen Altersversorgung«, in: *Freitag,* Nr. 49 vom 9. Dezember 2005.

26 Ebenda.

27 Andrea Becker (ver.di): »Privatisierung im Gesundheitswesen«, Rede auf dem Kongress der Werkstatt Dortmund am 17. und 18. Juni 2005.

28 ein Wirtschaftsclub, in dem 1000 Mitglieder aus verschiedenen Sparten wie Banken, Versicherungen, Industrieunternehmen, Immobilienwirtschaft, IT und Handwerk versammelt sind. Die Mehrzahl der Mitglieder kommt aus dem Mittelstand. Der Verein versteht sich als Netzwerk, als Interessenvertreter der Berliner Wirtschaft und als Brückenbauer zu Wissenschaft, Kultur und Bildung. Der Club will Einfluss auf die Entwicklung der Stadt nehmen und lädt regelmäßig zu Vorträgen und Diskussionen ein.

29 Christian Esser/Bettina Renner/Rita Stingl: »Falsche Auskunft«, in: *Frontal21* vom 22. April 2003.

30 Philip Blom: »Die falsche Art Schnee auf den Schienen«, in: *Berliner Zeitung* vom 2. März 2001, S. 13.

31 J. Metzner: *Die TRANSRAPID-Versuchsanlage,* herausgegeben von: Industrieanlagen-Betriebsgesellschaft mbH (IABG), Lathen/Ems.

32 »Bahn-Kontrolleure verdreifachen ihre Bezüge«, in: *netzeitung.de* vom 25. März 2006.

33 Felix Kurz: »Briefe im Weiher«, in: *Der Spiegel,* Nr. 21 vom 23. Mai 2005, S. 58.

34 »Post will jetzt auch den Müll wegbringen«, in: *sueddeutsche.de* vom 10. Mai 2006.

35 Mike Külpmann/Eva Müller: »Privatrisiko: Überfälle auf Postagenturen«, in: *Monitor,* Nr. 550 vom 27. Juli 2006.

36 Ewald B. Schulte: »Rebell aus Wiesbaden«, in: *Berliner Zeitung* vom 20. Dezember 2005, S. 1.

37 Werner Rügemer: »Gewiss auch mit Damen«, in: *Freitag,* Nr. 5 vom 3. Februar 2006.

38 Jörg Rüdiger: »Teilprivatisierung der Sonderabfallentsorgung – ein erfolgreiches Geschäftsmodell«. bvse-Forum Sonderabfallentsorgung am 27./28. Oktober 2004.

39 Vergleiche: Oliver Bruttel: »Privatisierung der öffentlichen Arbeitsvermittlung?«, in: *Marktwirtschaft und Politik,* Nr. 94 vom Oktober 2005, S. 4.

40 »BSE-Tests in staatlicher Verantwortung«, in: *LGL.Bayern.de* vom 14. Juli 2005.

41 »BSE-Tests: Mängel auch in NRW-Privatlabor«, in: *wdr.de* vom 18. Februar 2002.

42 »Staatsanwalt ermittelt gegen Dresdner OB«. dpa-Meldung, zitiert in: *Berliner Morgenpost* vom 13. Juli 2005.

43 Hans Peter Bull: »Reform des öffentlichen Dienstes«. Stellungnahme für die Anhörung des Innenausschusses des Deutschen Bundestages am 1. März 2004. Innenausschuss, A-Drucksache 15(4)84, S. 2.

44 »Oskar Lafontaine: Die Folgen der falschen Steuerpolitik liegen auf dem Tisch«. Presseerklärung vom 18. April 2006.

45 »Analyse: Keine Euphorie und anhaltender Steuerstreit«. dpa-Meldung vom 11. Mai 2006.

Teil VII – Was wirklich getan werden kann und muss

1 *Zukunft des öffentlichen Dienstes – öffentlicher Dienst der Zukunft.* Bericht der von der Landesregierung Nordrhein-Westfalen eingesetzten Kommission. Düsseldorf, Januar 2003, S. 15.

2 Max Weber: *Wirtschaft und Gesellschaft,* a. a. O., S. 650 ff.

3 Peter Grottian/Wolf-Dieter Narr, a. a. O., S. 127.

4 Günter Bannas: »Vielfalt oder Gleichmacherei«, in: *faz.net* vom 7. März 2006.

5 in einer Bundestagsrede am 10. März 2006.

6 *Zukunft des öffentlichen Dienstes ...,* a. a. O., S. 115.

7 Ebenda, S. 110.

8 Ebenda, S. 114.

9 Thomas Ellwein: *Das Dilemma der Verwaltung. Verwaltungsstruk-*

tur und Verwaltungsreform in Deutschland. Bibliographisches Institut, Mannheim 1994, S. 121.
10 »Deutsche verlieren den Anschluss«. dpa-Meldung, zitiert in: *Spiegel Online* vom 10. März 2006.
11 Heide Simonis: »Beamte oder nicht – das ist nicht die Frage«, in: Peter Grottian (Hrsg.), a. a. O., S. 112.
12 Gerade die Streiks des öffentlichen Dienstes in den sensiblen Bereichen Müllentsorgung und Klinik im Jahre 2006 zeigten, dass auch die wüstesten Hasskampagnen gewisser Medien und Marktradikaler (Motto: »Wir ersticken im Müll« oder »Ärztestreik riskiert Menschenleben«) nicht verfingen.
13 Die Ausreden, der Homo oeconomicus sei privat ganz anders, sind bekannt, spielen aber in der Theorie »de facto nur eine geringe Rolle. Viele Vertreter des Ansatzes haben ein weit holzschnittartigeres Menschenbild.« Es werden »Selbstsucht und Rationalität schlicht gleichgesetzt«. Roland Sturm: *Politische Wirtschaftslehre.* Leske + Budrich, Opladen 1995, S. 24.

Teil VIII – Fazit

1 Thomas Ellwein: *Das Dilemma,* a. a. O., S. 121.
2 So wurde das Impulspapier der deutschen Bischofskonferenz »Das Soziale neu denken« laut Vorwort weitgehend vom CDU-Marktradikalen Paul Kirchhof und dem Chef der Initiative Neue Soziale Marktwirtschaft geschrieben. Siehe: Die deutschen Bischöfe: *Das Soziale neu denken* vom 12. Dezember 2003, S. 4.
3 »Armes reiches Deutschland, das Jahrbuch der Gerechtigkeit«, in: *NachDenkSeiten* vom 7. November 2005.
4 Harry G. Frankfurt: *Bullshit.* Suhrkamp, Frankfurt am Main 2006, S. 63.
5 Der »Washington Consensus« entstand Anfang der 90er Jahre als Kampfprogramm der internationalen Finanzinstitutionen. Auf dem

Lissabonner EU-Gipfel im März 2000 wurde er übernommen. Wichtigste Ziele sind neben »Haushaltsdisziplin« und Steuersenkungen »weitgehende Privatisierung öffentlicher Unternehmen und Einrichtungen ... Deregulierung, Entbürokratisierung und Abbau staatlicher Einflussnahme«. Quelle: Schlussbericht der Bundestags-Enquete-Kommission »Globalisierung der Weltwirtschaft – Herausforderungen und Antworten« vom 12. Juni 2002, in: Bundestagsdrucksache 14/9200, S. 74.

6 Anthony Downs, a. a. O., S. 34.

7 Hans Herbert von Arnim: *Vom schönen Schein der Demokratie.* Knaur, München 2002, S. 290 ff.

Register

A

Ackermann, Josef 193
Adenauer, Konrad 42, 45, 47, 50, 69, 170
Altenpflege 264 f., 268 ff.
Altersvorsorge 113
Althaus, Dieter 110
Ambrozek, Libor 290
Amnesty International 150
Amtsdeutsch 250, 313
Amtsgeheimnis 85 f.
Amtsgericht Leer 134
Amtsgericht Potsdam 192
Amtspflichtverletzung 97
Andrä, Hans-Peter 219
AOK Baden-Württemberg 265
Arbeiterwohlfahrt (AWO) 263 f., 266
Arbeitsgemeinschaften deutscher Polizeipräsidenten 286
Arbeitslosigkeit 95, 292 f.
Arbeitspflicht 74 ff.
Arbeitsstättenverordnung 240
Arbeitsvermittlung 62, 292 f.
Arbeitszeit 75 f., 153
Arnim, Hans Herbert von 85, 190, 196, 203, 323
Arnold, Hans 52
Ärztebund 41
Auen-Institut 222
Auftragsvergabe ohne Ausschreibung 224
Austermann, Dietrich 137
AXA 320

B

Backhaus, Till 305
Bad Reichenhall, Eissporthalle 219
Bannenberg, Britta 225
Barmenia 277, 320
Battis, Ulrich 168, 171, 173, 179, 200
Bauämter 15
Bayerische Staatsregierung 43
– Deregulierungskommission 215, 251
Bayerisches Landesamt für Gesundheit und Lebensmittelsicherheit (LGL) 294
Bayerisches Oberstes Landesgericht 191
Bayerisches Rotes Kreuz (BRK) 263
Bayerisches Umweltministerium 191, 222
Bayerwaltes, Marga 154
Beamte in der Politik 202–206
–, politische 188–206
Beamtengehälter 106–111, 140, 142
Beamtengesetze 31
Beamtenhilfswerk 123
Beamtenproblem 15
–, Entwicklung des 22 ff.
Beamtentum 57
– Entstehung 29–34
– Nachkriegszeit 37–54
– Nazizeit 35 f.
– Rechte 92–124
– Vergleich mit Privatwirtschaft 140–144
Beamter, Titel 29
BearingPoint 183
Beck, Kurt 324 f.
Beck, Volker 123
Becker, Andrea 275
Beckstein, Günther 148, 219
Befehlsverweigerungs-Urteil 80 f.
Beförderung auf den letzten Drücker 130
Behörden, überflüssige 15, 232, 242 ff.
Beihilfen 111 ff.
Bellers, Jürgen 224
Berater 183, 187, 193, 196–201, 220
Berger, Roland 183, 193 f., 200 f.
Bergsdorf, Wolfgang 143
Berufsbeamtentum 57, 73, 189 f., 309 ff.
–, hergebrachte Grundsätze des 10, 57, 73, 91, 112, 309
Berufsverband für Altenpflege (DBVA) 265
Berufsverbot 69 f.
Besoldungsgruppen 107
Bestechlichkeit 228
Bestechung 228
Beucker, Pascal 116
Bierl, Leonhard 82
Bildung 23, 61, 151–169
– in Schweden 166 ff.
Bismarck, Otto von 33, 213
Blüm, Norbert 154

Blutspendeskandal 263
Boehringer Ingelheim 277
Bölling, Klaus 200
Bollinger, Max 233
Bönte, Andreas 143
Bonusmeilen-Affäre 123
Bosbach, Wolfgang 123, 130
Brandt, Willy 23, 51, 66, 68 f., 194, 220
Breschnew, Leonid Iljitsch 68
Breuel, Birgit 98
Broszat, Martin 35
Brüderle, Rainer 134 f.
BSE 85, 216, 294, 314
Bsirske, Frank 67
Bull, Hans Peter 90, 241
Bull-Kommission 241, 297, 306
Bund der Steuerzahler 123, 319
Bundesagentur für Arbeit 15, 183–187, 239, 248, 293
– Ausleihung von Westbeamten in den Osten 110 f., 181, 184
Bundesamt für Verfassungsschutz 66, 70 f., 191, 245
Bundesanstalt für Arbeit 183, 239
Bundesaußenministerium 51 ff.
Bundesbank 192, 194
Bundesbeamtengesetz (BBG) (1953) 46, 72 f., 79, 136
– § 52 76
– § 54 72, 79
– § 58 64
– § 61 83
Bundesbesoldungsgesetz 107
– § 2 101
Bundesbesoldungsordnungen 107 f.
Bundesdisziplinargesetz (2001) 89
– § 14 90
Bundeseisenbahnvermögen 279
Bundesfinanzministerium 193
Bundesgerichtshof (BGH) 47, 50, 67, 74
Bundesgesundheitsministerium 130
Bundesgrenzschutz 280
Bundesinnenministerium 47, 199, 229
Bundesinstitut für Sportwissenschaft 199
Bundesjustizministerium 209
Bundeskartellamt 288
Bundeskostenreisegesetz 236
Bundeskriminalamt (BKA) 82, 84
Bundesmonopolverwaltung für Branntwein 242

Bundesrat 89, 217 f., 238, 303 ff., 322
Bundesrechnungshof 130 ff., 186 f., 193, 196, 198 f., 201, 224, 292
Bundesrechtsrahmengesetz (BRRG) (1957) 46, 64
Bundestag 45, 73, 87, 90, 98, 112 f., 202 ff., 250, 277, 280, 303, 320, 322
Bundesumweltschutzministerium 224
Bundesverband der Deutschen Industrie (BDI) 216, 229
Bundesverband der Deutschen Spirituosen-Industrie und -Importeure e. V. (BSI) 215
Bundesverbraucherministerium 88
Bundesvereinigung der Prüfingenieure 219
Bundesverfassungsgericht (BVG) 66 f., 73, 76 f., 99, 109, 113 f., 116, 126, 128 f., 147
Bundesversammlung 49
Bundesverteidigungsministerium 199
Bundesverwaltungsgericht 73, 80
Bundeswehr 81, 183, 192, 199, 234, 237
Bundeswirtschaftsministerium 111, 197, 235
Bündnis 90/Die Grünen 49, 89, 123, 224, 318
BundOnline 2005 198
Bürgerbüros 248
Bürgernähe 247–251
Bürokratie 188 f., 209 f., 301 f.
– Abbau 220 f., 313, 326
–, Notwendigkeit der 211 ff.
–, sekundäre 36
–, Wesen der 212
Bush, George W. 322
Bütikofer, Reinhard 318
BVS 219

C

Caritas 262, 264
Cato, Marcus Porcius 255
Charité 276
Christiansen, Sabine 94, 177
Christlich Demokratische Union Deutschlands (CDU) 48 f., 53, 60, 68, 70, 78, 84, 86, 88, 110, 123, 130, 137, 150, 191 ff., 204, 216, 220 f., 274, 303 ff.
– Ahlener Programm 257
– Spendenaffäre 82
Christlich-Soziale Union (CSU) 60, 86 ff., 181, 201, 220, 239, 303 ff.
Cicero 84

Clement, Wolfgang 110, 185
ctt 262

D

Daimler-Benz Aerospace AG (DASA) 192
DaimlerChrysler AG 178, 191 f.
Daseinsfürsorge 61
Deggerich, Markus 49
Demografischer Faktor 321
Deregulierung 215–220, 224–228
Deupmann, Ulrich 125
Deutsche Bahn AG (DB) 14, 25, 133, 279–283
Deutsche Bank 193
Deutsche Börse 239
Deutsche Bundesbahn 279
Deutsche Bundespost 180, 284
Deutsche Dienststelle 243
Deutsche Gesellschaft für Unfallheilkunde 170
Deutsche Kommunistische Partei (DKP) 68
Deutsche Polizeigewerkschaft (DPolG) 74
Deutsche Post AG 14, 25, 133 ff., 180, 250, 284 ff.
Deutsche Reichsbahn 279
Deutsche Steuer-Gewerkschaft (DStG) 127
Deutsche Telekom AG 14, 110, 133 ff., 180 f., 184, 195
Deutscher Akademischer Austausch Dienst (DAAD) 174
Deutscher Beamtenbund 57, 74 f., 92, 103, 111 f., 123
Deutscher Beamtenwirtschaftsring (DBW) 123
Deutscher Gewerkschaftsbund (DGB) 73, 123, 192
Deutscher Journalistenverband 84
Deutscher Lehrerverband Hessen 235
Deutscher Reichstag 39
Deutsches Beamtengesetz (1937) 35, 46
Deutsches Institut für Menschenrechte (DIMR) 265
Deutsches Krebsforschungszentrum 177
Deutsches Rotes Kreuz (DRK) 262 f., 269
Deutsches Turnfest 122
Deutschland AG 301 f.
Deutschnationale 35
Dienst nach Vorschrift 74
Dienstaufsichtsbeschwerde 249
Dienstbezüge 106–111, 140, 142
Diensteid 64 ff., 91
Dienstrechtsreformgesetz (1997) 103
Dienstunfähigkeit 152
Diestelkamp, Bernd 43
Diller, Karl 195
Diskriminierungsverbot 69
Diskussion 306
Dister, Emil 222
Disziplinarrecht 89 f., 307
Doerfert, Hans-Joachim 262
Dohnanyi, Klaus von 194
Dosenpfand 237
Downs, Anthony 322
Dresdner Bank 239
Drittmittel 173 f.
Dudenhöfer, Ferdinand 177

E

E.ON Ruhrgas AG 192 f., 283, 287 ff.
Edelstein, Wolfgang 155
efv-AG 221
Eichel, Hans 193, 195, 204
Eigenverantwortung 218 f.
Ein-Euro-Job 264, 266
Einkommensteuergesetz § 34 236
Ekholm, Mats 167 f.
Ellwein, Thomas 307, 317
Emnid 248
EnBW 288
Energieversorgung 62, 287 ff.
Energy 287
Engels, Friedrich 237
Enron 271, 274
Entnazifizierung 37–42, 45, 50
Ernst & Young 183, 239
Ernst August, König von Hannover 63
Erschwerniszulagenverordnung (EZulV) 119
Erzieherin 246
EU-Kommission 222, 240
Europäischer Gerichtshof 243
Europaparlament 203
Europarat 86
EU-Tabakwerbeverbot 216
EU-Vergaberecht 237
EU-Vogelflugrichtlinie 79/409/EWG 218
Extremistenbeschluss 66 ff., 70 f.

F

Fachhochschule Gelsenkirchen 177
Fahrholz, Bernd 239
Faktor Mensch 311 f.
Fallpauschalengesetz 275
Familienzuschlag 114 ff.
Fehrle, Brigitte 296
Fernuniversität Hagen 168
Filbinger, Hans 48 f., 72, 79, 169
Filmbewertungsstelle Wiesbaden 242
Finanzämter 248
Finanzgericht Düsseldorf 235
Fischer, Joschka 51 f., 154
Flick-Affäre 81
Föderalismusreform 303 ff.
Förster, Klaus 81 f.
Fortress 296
Frankfurt, Harry G. 319
Französische Revolution 31
Freie Demokratische Partei (FDP) 49, 60, 78, 84, 86, 89, 134 f., 211, 215, 223, 293, 296, 303, 319, 322
Freie Marktwirtschaft 59 f., 144, 219, 258, 319
Freie Universität Berlin 162, 266
Freie Wohlfahrtspflege 261–266
Frenkel, Rainer 200
Friderichs, Hans 82
Friedman, Milton 59, 147, 258
Friedrich II., König von Preußen 30
Friedrich II., röm. Kaiser 29
Friedrich Wilhelm I., König von Preußen 30, 57
Friedrich Wilhelm II., König von Preußen 58
Friedrich-Naumann-Stiftung 60
Friedrich-Wilhelm-Universität Berlin 170
Frühpensionierung 14, 131–135, 152
Fürsorgepflicht 99, 111 f.
Fürstendiener 29, 31, 57
Fußballweltmeisterschaft (2006) 141, 238, 244
Fussek, Claus 264

G

Gabriel, Sigmar 288
Galilei, Galileo 319
Gammelfleischskandal 87 ff., 217
Gates, Bill 312
GATS-Abkommen (1994) 259
Gatzer, Werner 195
Gaus, Bettina 244
Gefahrenstoffverordnung 217
Geheimnisverrat 84
Gehorsamspflicht 79
Geis, Norbert 87
Geißler, Heiner 110, 259
Generalverdacht 296
Gerichte 40
Gerster, Florian 183, 187, 239
Gesetz über die Anpassung von Versorgungsbezügen 235
Gesetz zur Befreiung von Nationalsozialismus und Militarismus (1946) 38, 40
Gesetz zur Umsetzung von Vorschlägen zu Bürokratieabbau und Deregulierung aus den Regionen 220
Gesetz zur vorläufigen Regelung der Rechtsverhältnisse der im Dienst des Bundes stehenden Personen (1950) 46
Gesetz zur Wiederherstellung des Berufsbeamtentums (1933) 35
Gesetze 209, 212 ff.
–, überflüssige 232–241
Gesetzesfolgenabschätzung 229
Gesundheit 275 ff.
– Reform (2003) 275
Gewerkschaft der Polizei (GdP) 79, 136, 148 ff.
Gewerkschaft Erziehung und Wissenschaft (GEW) 67, 165
Globalisierung 321
Globke, Hans 47
Glos, Michael 156, 230
Goebbels, Joseph 34
Goppel, Alfons 263
Göttinger Sieben 63, 81
Graf, Hans-Wolff 221
Graf, Jeanine 239
Greuling, Heinz 167
Grimm, Jacob 63
Grimm, Wilhelm 63
Grottian, Peter 255, 308
Grundgesetz 43, 305, 309
– Art. 3 69, 190
– Art. 5 76, 171
– Art. 9 74
– Art. 17 249
– Art. 20 60 f., 301

– Art. 21 68 f.
– Art. 28 301
– Art. 33 57, 59, 112, 305, 310
– Art. 34 97
– Art. 131 43 ff.
Grüne siehe Bündnis 90/Die Grünen
Grüttner, Michael 170
Gurkenkrümmung 223
Gusy, Christoph 141
Gysi, Gregor 154

H

Haftungsausschluss 97 ff.
Halsch, Volker 194 f.
Hamburg-Mannheimer 320
Hardenberg, Karl August Fürst von 31
Hartenbach, Alfred 209 f.
Hartmann, Alfred 47
Hartz IV 110 f., 183 ff., 238, 246, 250
Hauptlandespragmatik über die Dienstverhältnisse der Staatsdiener 31
Hayek, Friedrich August von 258
Heesen, Peter 74
Heinemann, Gustav 50
Hendricks, Barbara 195
Hennis, Wilhelm 190, 201
Henzler, Herbert 220
Henzler-Kommission 220
Hermann, Christopher 265
Herrmann, Jürgen 204
Herrmann, Ulrich 154 ff.
Herrmann, Ulrike 266
Herzog-Kommission 201
Hesse, Hermann 42
Hiedl, Heinrich 263
Hindenburg, Paul von 35
Hingabepflicht 72 ff., 90
Hitler, Adolf 35 ff., 41 f., 46 ff., 52, 58, 171, 250, 257
Hochschule 61, 170
Hochwasserschutz 222
Hohe Kommissare 44
Hohlmeier, Monika 156
Höhn, Bärbel 294
Holocaust 37, 68, 171
Huber, Erwin 220
Hugenberg, Alfred 60
Humanistische Union 82
Hundt, Dieter 211

I

IBM 183
IFO-Institut 92
IG Bergbau, Chemie, Energie 288
Image Shop 124
Informationsfreiheitsgesetz (IFG) 86 ff.
Initiative Bürokratieabbau 209
Initiative Neue Soziale Marktwirtschaft (INSM) 66, 95, 162, 165, 176, 221, 319, 319
Inkompetenz 196–201
Innenministerium Baden-Württemberg 229
Inquire AG 239
In-sich-Beurlaubung 180 ff.
Institut der deutschen Wirtschaft (IW) 126, 153, 164, 237
Institut für Mittelstandsforschung 209, 229
Irakkrieg 81
Irrgang, Lutz 70

J

Jagoda, Bernhard 183
Jubelbeschluss 238
Juden 33, 35, 37, 49, 53
Jugendamt 267
Junge Liberale (Julis) 215
Junge Union 125
Juristenmonopol 32, 43
Juso 204
Justiz 47 f., 50

K

Kabinett der nationalen Konzentration 34 f.
Kaleve, Christina 265
Kalter Krieg 41, 45, 49, 68, 94, 170
Kampeter, Steffen 193
Katastrophenschutz 61
Katholische Kirche 66
Kauder, Volker 305
Kfz-Zulassungsstellen 248
Kienbaum 152
Kiesinger, Kurt Georg 47
Kinderbetreuung 265 ff.
Kirchenministerium 39
Klasen, Dirk 285
Klaveren, Jacob van 228
Kleinunternehmer 313 f.
Klie, Thomas 270
Klosa, Hans-Dieter 286

Kluge, Jürgen 201
Koch, Roland 70, 75, 148, 304
Koch-Weser, Cajo 193 f.
Kohl, Helmut 117, 130, 143, 221, 303
Köhler, Horst 49, 78, 221
Köhler, Otto 98
Kolbe, Fritz 52
Kommunikation 62
Kommunisten 35
Kopftuchurteil 76 f.
Körperschaftsreform (1999) 259
Korruption 224–228, 239, 263, 289, 296, 314
Körting, Ehrhard 307
Kosten, laufende 14
Krankenkassen 264, 269
Krankenversicherung 14, 111 ff.
Krankheit, erfundene 177
Krapf, Franz 51
Krätke, Michael R. 325
Kreuz, Lothar 170
Kriegsverbrecher 49
Kriminologisches Forschungsinstitut Niedersachsen (KFN) 158
Kronawitter, Hildegard 220
Krupa, Matthias 194
Kultusministerkonferenz 165
Künast, Renate 130
Kurz, Robert 238

L

Lafontaine, Oskar 245, 297, 303
Lambsdorff, Otto Graf 82
Landesbesoldungsgesetze 107
Landesbesoldungsordnungen 107
Landesrechnungshof Berlin 224
Landesregierung Nordrhein-Westfalen 241
Landesverfassungsschutz Hessen 70
Landgericht Bonn 81
Landgericht Heidelberg 172
Landgericht Koblenz 262
Landgericht München 235
Landgericht Rheinland-Pfalz 235
Landgericht Trier 284
Lau, Dieter 123
Laufbahnen 107
Lauschangriff 147
Lauterbach, Karl 277
Lautz, Ernst 50
Lebenshaltungskosten 109

Lebensmittelkontrolle 294
Lebensqualität 62
Lebensstandard 24 f.
Lechner, Kurt 216
Lehrer 14, 38, 74, 77, 131, 135, 151–169, 195, 203 f.
– Ausbildung 163 ff.
– Beamtenstatus 168 f.
– Mangel 165 f.
– als Opfer 160 ff.
Lehrl, Siegfried 158
Leipziger Löwen 141
Leistungsprinzip 102–106, 173 ff., 306 f.
Lemke, Willi 156
Lenzen, Dieter 162
Leutheusser-Schnarrenberger, Sabine 84
Lex, Hans Ritter von 47
Linkspartei 78, 89
Lorscheid, Helmut 82

M

Maier, Winfried 82
Mainstream 318–322
Marx, Karl 31, 251
Massfeller, Franz 47
Materialprüfungsamt Dortmund 287
Maut-System 197
Max-Planck-Gesellschaft 155
McKinsey 183, 187, 193, 200 f., 220
Medien 318
Medizinischer Dienst 264, 269
Mehdorn, Hartmut 279, 282 f.
Meinungsäußerung, Recht auf freie 76
Meller, Eberhard 288
Menschenrechte 62, 66
Menschenwürde 95, 100, 164, 169, 264 f.
Mercedes-Benz AG 191
Mercedes-Benz Belgium 191
Merkel, Angela 53, 200, 205, 216, 239, 277, 338
Merz, Friedrich 320
Metzger, Oswald 95, 126
Metzger, Reiner 88
Mikich, Sonia 143
Milbradt, Georg 110
Militärgesetz Nr. 15 (1949) 43 f.
Ministerialverwaltung 188
Mirow, Thomas 194 f.
Mißfelder, Philipp 125

Mobilität 61
Molière 302
Mommsen, Hans 54, 59, 66
Müller, Albrecht 272
Müller, Bianca 150
Müller, Hildegard 220, 277, 320
Müller, Michael 222
Müller, Udo 224
Müller, Werner 192 f., 282
Müllskandal Köln 290 f.

N

Nahrungsmittelskandal 85, 87 ff., 216 f.
Narr, Wolf-Dieter 206, 255, 308
Nationaldemokratische Partei Deutschlands (NPD) 245
Nationalsozialistische Deutsche Arbeiterpartei (NSDAP) 35 ff., 40 f., 43–53, 58, 60, 68 f., 78 f., 170 f.
Nationalsozialistischer Deutscher Studentenbund (NSDStB) 48
Nato 51, 163
Nayhauß, Mainhardt Graf von 202
Neal, Derek 175
Nebentätigkeit 14, 32, 136 ff., 172
Neid auf Beamte 93 f.
Nelles, Roland 307
Neoliberalismus 258
Neonazis 141
Neutralität, politische 77
Neutralitätspflicht 33, 76 ff.
Niebuhr, Barthold Georg 32
Niedersächsische Gesellschaft für Sonderabfall 291
Nitrofenskandal 85
Notstandsgesetze (1968) 69
NS-Lehrerbund 41
Nürnberger Juristenprozess (1947) 49
Nüßlein, Franz 52

O

Oberfinanzdirektion Koblenz 82
Oberfinanzdirektionen 15, 242
Oberländer, Theodor 47
Oberlandesgericht Schleswig 235
Oberverwaltungsgericht Mecklenburg-Vorpommern 192
Oberverwaltungsgericht Rheinland-Pfalz 136, 152

OECD 157, 162 f.
Oertel, Gabriele 238
Özdemir, Cem 203

P

Papen, Franz von 34
Paritätischer Wohlfahrtsverband 264
Partei des Demokratischen Sozialismus (PDS) 49
Parteibuchwirtschaft 34, 190 f.
Parteienprivileg 68
Peffekoven, Rolf 176
P.E.N. 49
Pensionen 22 ff., 33, 125–135
Personalkosten 22
Personalstand 21 f.
Peter-Vischer-Schule Nürnberg 166
Petrel, Peter 90
Pfaff, Christian 80 f.
Pfahls, Holger 100, 115, 191
Pfeiffer, Christian 158
Pflanzenschutzmittel 217
Pflegedienst 269
Pflegeheim 264, 268 ff.
Pflegeheimskandal 269
Pflüger, Friedbert 53
Pisa-Studien 154, 157 ff., 166, 260
Platzeck, Matthias 256
Politikerschelte 322–326
Polizisten 147 ff.
Porsche 309
Poß, Joachim 274
Postbank 14, 133 ff., 180
Postsportverein Leer e. V. 135
Pötschke-Langer, Martina 177
Potsdamer Abkommen 37
Prantl, Heribert 305
Preußischer Staatsrat 39
Preußisches Allgemeines Landrecht (1794) 30, 58
Privatisierung 255–260, 295 ff., 313 f.
– Arbeitsvermittlung 292 f.
– Bahn 279–283
– Energieversorgung 287 ff.
– Gesundheit 275 ff.
– Lebensmittelkontrolle 294
– Müllentsorgung 290 f.
– Post 284 ff.
– Rente 271 ff.

– Sozialfürsorge 261–270
Privatvorsorge 271 ff.
Privatwirtschaft, Vergleich mit 140–144
Pro Seniore 264 f.
Professor 170–179
– Leistungsprinzip 173 ff.
Proudfoot 298
Psychiatrische Klinik der Universität Erlangen-Nürnberg 158
Puschmann, Hellmut 262

R

Rabatt 123 f.
Radikalenerlass 66 ff.
Raffelhüschen, Bernd 176
Ragati, Manfred 266
Rank, Yvonne 286
Rechnungshof Hessen 267
Recht 209 f.
Regelaltersgrenze 14, 33
Regeln zum Arbeitsschutz auf Baustellen (RAB) 218
Regierungspräsidien 15, 242
Reichsfeinde 33
Reichsgericht 40
Reichsministerium für Rüstung und Kriegsproduktion 39
Reichsministerium für Volksaufklärung und Propaganda 36, 39
Remonstrationspflicht 79–83
Renazifizierung 44, 51, 69
Rente 271 ff.
Repp, Wolfgang 69
Republikaner (USA) 45
Rhiel, Alois 288
Ribbentrop, Joachim von 53
Richling, Mathias 219
Richter 38 f., 41, 47 f., 50, 65, 68, 79, 99, 107 ff., 122, 190
Richter, Frank 148
Riester-Rente 272 f.
Rinser, Luise 42
Roche 277
Roemer, Walter 47
Roos, Werner 287
Rosenkranz, Jan 242
Roßberg, Ingolf 296
Rothenberger, Curt 50
Röttgen, Norbert 220

Röttgers, Hanns Rüdiger 132
Rubner, Jeanne 162
Rüdiger, Jörg 291
Rügemer, Werner 289
Ruhrkohle AG (RAG) 193, 283
Rütli-Schule Berlin-Neukölln 159 f.
RWE 287 f.

S

SA 48
Sammlungsgesetz 218
SAP 239
Sarrazin, Thilo 224 f., 268
SBB 279
Schaarschmidt, Uwe 160 f.
Schäuble, Wolfgang 148
Schaupensteiner, Wolfgang J. 225, 227
Scheinarbeitsverhältnis 292
Schildbürgerstreich 15, 211
Schiller, Friedrich 67
Schily, Otto 53, 83 f., 87, 140
Schiphorst, Bernd 183
Schirra, Bruno 84
Schirrmacher, Frank 273
Schlechtleister 307
Schlegelberger, Franz 50
Schmid, Carlo 190
Schmidt, Helmut 51, 200
Schmidt, Ulla 130, 156, 277
Schmidt, Volker 70
Schmiergeld 224, 227, 263, 290
Scholz, Olaf 277
Scholz, Rupert 191
Schönbohm, Jörg 148 f.
Schreiner, Ottmar 324
Schrempp, Jürgen 192
Schröder, Gerhard 102, 192, 194, 202, 239, 303
Schule 61
–, Gewalt an 159 f.
– in Schweden 166 ff.
Schüler 157 ff.
– Nachhilfe 166
Schultz, Reinhard 288
Schwache 261–270
Schweden, Bildungssystem in 166 ff.
SD 51, 53
Seehofer, Horst 88, 201, 217
Seils, Christoph 304

Senat von Berlin 165, 224 f., 246, 267 f.
Seneca 164
Seuchen 85
Sicherheitsgewerbe, privates 140 f.
Siemens AG 281
Simon, Heinrich 32
Simonis, Heide 84, 311
Sinn, Hans-Werner 92 f., 142
Skolverket 167 f.
Smith, Adam 258
Solidarbeitrag 308 f.
Sommer, Michael 73, 92
Sommer, Ron 181
Sozialdemokratische Partei Deutschlands (SPD) 34 f., 49, 60, 66, 83, 85, 124, 148, 156, 190, 192, 194 f., 204, 220, 222, 224, 256, 274, 277, 288, 303 f., 324 f.
Sozialistische Einheitspartei Deutschlands (SED) 38
Sozialstaat 62, 221, 229 ff., 255 f., 259, 261, 317 f., 320, 322, 324
Sozialstaatsgebot 60, 116, 301
Späth, Lothar 49
Spieß, Walter 57 f.
Springer-Konzern 137
SS 36, 40, 51, 53, 170
Staat
– Kernaufgaben 59 ff., 178, 201, 260
–, schlanker 59 f., 116, 147, 213, 246, 301, 311, 319
–, starker 59, 258
Staatsanwaltschaft Heidelberg 172
Staatsanwaltschaft Köln 289
Staatsanwaltschaft Potsdam 84
Staatsarmut 321
Staatsdiener 31, 57
–, überflüssige 245 f.
Staatsverschuldung 259
Stadtrat Dresden 296
Stadtwerke 289
Stange, Gustav-Adolf 192
Statistisches Bundesamt 269
Steag 193
Stein, Karl Freiherr vom und zum 31
Steinbrück, Peer 194 f., 256
Steingart, Gabor 278
Steuergeldverschwendung 97, 227, 244, 317
Stiftung Warentest 279

Stoiber, Edmund 85, 181
Straffreiheitsgesetz (1949/1954) 45 f.
Strafgesetzbuch 171
– §§ 331–335 227
– § 353b 83
Straftat im Amt 249
Straubhaar, Thomas 165
Strauß, Franz Josef 191
Streikbruchverweigerung 73
Streikverbot 72 ff., 310
Streitkräfteamt Bonn 81
Struck, Peter 277, 303
Studentenbewegung 23, 137, 171

T

Tacke, Alfred 192 ff.
Tagesmutter 265 ff.
Tarifautonomie 74
Taucher-Zulagen 119 ff.
T-Com 180
Terhart, Ewald 156
Teufel, Erwin 48 f.
Thedieck, Franz 47
Thielker, Eva 263
Thierse, Wolfgang 202
ThyssenKrupp AG 281
Tietmeyer, Hans 221
Tietze, Wolfgang 266
Tilly, Ulrich 130
T-Online 195
Transparency International 127, 178, 193
Transparenz 306
Transrapid 281
Treuepflicht 63–72, 90
Treuhandanstalt 98
Triebig, Gerhard 172
Trittin, Jürgen 224, 237
Turner, George 173 f.

U

Überregulierung 215 f., 218, 236
– der EU 222 f.
Uhlenberg, Eckhard 88
Umweltschutz 61, 216 ff.
Uniklinikum Tübingen 276
Universität 61, 170
Universität Georgia Augusta, Göttingen 63
Universität Heidelberg 174
University of Chicago 175

Unkündbarkeit 93–97
UNO 268 ff.

V

Vattenfall Europe 288
Verband der Beschäftigten der BA im dbb/tarifunion (VBBA) 183
Verband der Elektrizitätswirtschaft 288
Verbraucherinformationsgesetz 88 f.
Verdi 275, 288
Verein Berliner Kaufleute und Industrieller 276
Verkehrswacht Bad Mergentheim 122
Verordnung über den Sonderurlaub für Bundesbeamtinnen, Bundesbeamte, Richterinnen und Richter des Bundes (1965) 122
Verschwiegenheitspflicht 83–89
Versicherungsbeirat 320
Versorgungsänderungsgesetz (2001) 128
Versorgungskosten 23 ff.
Versorgungsrücklage 128
Verwaltung des ehemaligen Reichsbahnvermögens 279
Verwaltungsgericht 89
Vialon, Friedrich Karl 47
Virtueller Arbeitsmarkt 239
Vivento 110
Vogelgrippe 305
Vogt, Adolf 263
Volksgerichtshof 50
Vorteilsgewährung 228
Vorteilsnahme 227
Voß, Peter 151

W

Wachschutz 140 f.
Waffen-SS 40
Wagner, Christean 147
Waigel, Theo 98
Waldschadensbericht 217
Wallau, Frank 230
Wallraf, Jan 160
Washington Consensus 322
Wassermann, Ottmar 172
Weber, Max 212, 301
Wehrmacht 47 f., 243
Weidenfeld, Ursula 277
Weimar, Karlheinz 266
Weimer, Wolfram 84
Weise, Frank-Jürgen 183, 239
Weizsäcker, Ernst Ulrich von 106
Weizsäcker, Richard von 51, 190
Weltbank 193
Welteke, Ernst 192
Welthandelsorganisation (WTO) 259
Werner-Bonhoff-Preis wider den Paragrafen-Dschungel 221
Westerwelle, Guido 303, 320
West-Ost-Gefälle 108 ff., 115 f.
Westrick, Ludger 47
Wickert, Ulrich 78, 308
Widmann, Arno 245
Wieczorek-Zeul, Heidemarie 204
Wieland, Michel 263
Wiesheu, Otto 239
Wilhelm II., Kaiser von Deutschland 33
Wilke, Reinhard 68
Wohlfahrtsverbände 261
Wörner, Manfred 191
Wowereit, Klaus 87
Wulff, Christian 200
Wunder, Bernd 65, 68, 70 ff.
Württembergische Verfassungsurkunde (1819) 80

Z

Zentralrat der Juden 49
Zentrumspartei 34 f.
Zollkriminalamt (ZKA) 82
Zulagen 117–122
– für Taucher 119 ff.
Zum goldenen Hirschen 224
Zwangsversetzung 75